唐浩明——著

參

張之洞

這是一個成功的人生——
少年解元，青年探花，中年督撫，晚年宰輔。
這也是一個備受奚落的人物——
起居無時，號令無節，行爲乖張，巧於仕宦。

國家圖書館出版品預行編目資料

張之洞／唐浩明著. -- 初版. -- 臺北市：遠流, 2002[民91]
冊； 公分

ISBN 957-32-4712-7(全套：平裝). -- ISBN 957-32-4713-5(第1冊：平裝). -- ISBN 957-32-4714-3(第2冊：平裝). -- ISBN 957-32-4715-1(第3冊：平裝). -- ISBN 957-32-4716-X(第4冊：平裝). -- ISBN 957-32-4717-8(第5冊：平裝). -- ISBN 957-32-4718-6(第6冊：平裝)

857.7　　91013621

張之洞〈參〉（共六冊）

作　者　唐浩明
主　編　李佳穎
執行編輯　洪淑暖
封面設計　唐壽南
發行人　王榮文
出版發行　遠流出版事業股份有限公司
臺北市汀州路三段一八四號七樓之五
郵撥：0189456-1　電話：(02)2365-1212
傳真：(02)2365-7979　(02)2365-8989
著作權顧問　蕭雄淋律師
法律顧問　王秀哲律師／董安丹律師
印　刷　一展印刷事業有限公司
初版一刷　2002年9月1日
初版二刷　2003年3月15日
ISBN　957-32-4712-7（全套：平裝）
ISBN　957-32-4715-1（第三冊：平裝）

YLib 遠流博識網
http://www.ylib.com　E-mail:ylib@ylib.com

定價250元

目錄 中卷（上）

第一章 試辦洋務

第一章 試辦洋務

1 為籌銀錢，張之洞冒險重開闈賭

鄭觀應從南洋回到廣州的當天下午，張之洞便丟開手頭的要務，在總督衙門單獨接見這位《盛世危言》的作者。鄭觀應雙眼深陷，形容清奇，迥然別於官場上那些腦滿腸肥、大腹便便的庸官俗吏，不能不令張之洞刮目相看。

四十多歲見多識廣的鄭觀應，在這位新近立下大軍功的制台面前並無半點自卑之感。他侃侃而談自己少年去上海錢莊做學徒，後來又去輪船招商局做事的經歷，當談到他如何擠垮美國旗昌公司的時候，張之洞聽了捧腹大笑，極口誇獎他的膽識和氣魄。從下午到深夜，張之洞從這位涉足洋務十多年的實幹家那裏獲得了許多新的知識。夜已深沉，鄭觀應告辭的時候，張之洞請他考慮振興粵省的實業方案，鄭觀應欣然答應。

三天後，鄭觀應向張之洞提交一份長達十五頁的興粵實業方案，其中包括治水師，設水師學堂，造軍艦，練陸軍，辦軍火廠及煉鐵廠和機器鑄幣廠等。鄭觀應這些建議均合張之洞的心意，他決定全盤採納，逐年實施。

當務之急是要編練一支不同於綠營、團練的新式軍隊。這支軍隊要全部使用西洋武器，並按西洋操演之法予以訓練。張之洞將此事交給熟悉西洋軍法的記名總兵李先義，規定編制二千五百人，期望它能成為廣東省的一支百戰百勝的軍隊，故而將它命名為廣勝軍。

隨後，他在廣州城北石井壙開辦槍彈廠。通過鄭觀應從上海泰來洋行購來一批英國機器。這種機器可造毛瑟、梯尼、士乃得、諸士得四種子彈，每天可生子彈八千粒。

與此同時，張之洞利用黃埔附近的原博學館舊址，開設水陸師學堂。水師學堂聘請英國教師任教，其中又分輪機製造運用堂和艦船駕駛攻戰堂。陸師學堂聘請德國教師任教，分為馬步堂、槍炮堂、營造堂。水師陸師學堂的學生規定學期為三年，畢業後擇優者出國深造，大部分留下做為水師和陸師的軍事教官。又利用原黃埔船塢，設立造船廠，以便自造小型戰船。

就在張之洞大張旗鼓準備在廣東興辦一番強國實業的時候，一個嚴峻的問題異常突出地擺在他的面前，這便是「經費」二字。練廣勝軍要銀錢，辦學堂要銀錢，造軍艦更要銀錢，一時間各種需要銀錢的稟帖如雪花般地飛到總督衙門，雄心勃發的制台面對着這些稟帖，愁緒滿懷，一籌莫展。

廣東的藩庫，早在關外大捷之前便已清洗一空，萬不得已才又向香港滙豐銀行借銀一百萬，到了越南戰爭停火的時候，這筆銀子已用得差不多了。幸虧藩司龔易圖手腳緊一些，使得藩庫還存有十三四萬兩銀子。練軍設廠辦學堂，這幾件事一做，不到三個月，十三四萬銀子便又花光了。當張之洞把黃埔船廠急需二萬兩銀子購買機件的稟帖交給龔易圖時，龔藩司哭喪着臉對張之洞說：「實在沒銀子了，不要說二萬，此刻就是二千都拿不出？」

「沒銀子怎麼買機件？」張之洞發火了。「這鐵艦也不是為我張某人造的，誤了事，你龔易圖負得了責任嗎？」

龔易圖這幾個月來，因為撥款的事常挨張之洞的訓。他發現自從關外那一仗後，張之洞的性格有了明顯的變化。過去不僅對巡撫兩司這樣的大員客客氣氣，就是對府縣官員也不大發脾氣，現在不同了。他對人說話都帶着命令的口氣，不容你提出不同的看法，甚至連解釋幾句也不耐煩聽，動不動就用「你負得了責任」這樣咄咄逼人的話來壓人。龔易圖聽說左宗棠跟人說話就一向是這種口氣，看來張之洞是在模仿左宗棠。唉，若是這樣，今後得處處小心才是。

「張大人，」龔易圖用近於低聲下氣的口吻說，「卑職知道造鐵艦是為了廣東的海防，您為這些事情操心費力，別人看不到，卑職還看不到嗎？只是這藩庫確是沒有銀子了，卑職既無點石成金的本事，也不能去強行搜刮百姓啊！」

「誰要你去搜刮百姓了？」張之洞沒好氣地說了一句，便擺了擺手，「你回去吧！」

龔易圖忙起身告辭，直到走出督署大門，才長長地透了一口氣。

藩庫是沒有多少銀子了，龔易圖並沒有說假話。這些，張之洞心中是有數的。再逼他有甚麼用呢？共事一年多了，張之洞已把常與之打交道這幾個廣東大員摸透了，都不是能吏幹員，更談不上大才，他們只知道按部就班，照章辦事，沒有人想去出點新主意。若要給他們下一個考語的話，用「平庸」二字最為貼切。

龔易圖是平庸到了骨髓，再不可救藥了。至於倪文蔚，除平庸外還要加上「老朽不堪」四字。張之洞真想倪文蔚能有自知之明，能自己提出致仕養老；要不，朝廷來一紙命令，調他到別的省去，哪怕是升個總督也罷，到時自己好提名一個能幹的人來接替，大家也好一起共襄大業。可這倪文蔚就是賴在廣州不動，張之洞也奈何他不得。無論是龔易圖，還是倪文蔚，都不能指望他們想出甚麼法子來籌集銀錢，這副重擔，只有自己一人來承擔了。

從哪裏去弄銀子呢？再向匯豐銀行借款是不行了，就是你不怕背重息，但前款未還，又開口，人家也不會借呀！廣東商務發達，從商人那裏去敲點銀子來？但憑甚麼叫他們出血呢！弄不好會惹出麻煩來，這條路也不能走。向朝廷開口？練軍設廠辦水陸師學堂，並不是朝廷要你做的事，朝廷又哪會給你撥款呢？倘若引來個「經費支絀，諸務暫停」之類的上諭，反而更不妙！你是執行，還是不執行呢？條條道路都不通，惟一的指望還是靠自己。廣東還有辦法可想嗎？

張之洞身邊最親近的幾個人桑治平、楊銳、辜鴻銘等都知道總督的這個難題，他們也在着急，但也都沒有好辦法。

鄭觀應知道了總督的難處，見眾人都無法為他分憂，終於忍不住來到督署，找上張之洞。

「張大人，籌款的事，我有個想法。」鄭觀應坐在張之洞的面前，遲疑了一下，說，「我也不知道這個法子可行不可行，我想了好幾天，又想說又怕說。看您好些天了都還沒有好辦法，我只得橫下心來，跟您說說，行不行由您自己拿主意。」

張之洞見鄭觀應這副小心謹慎的模樣，不禁笑了起來，說：「陶齋，你是個走南闖北見過許多世面的人，怎麼也這樣不爽快起來？籌款一事大大為難了我，我的確還沒有甚麼好法子。你有甚麼想法你只管說，能行就行，不能行的我自然不會去做。比如你叫我去打家劫舍，像晁蓋那樣去取人家梁中書十萬生辰綱，我自然不會幹的。」

鄭觀應也被總督的這句話逗笑了，說：「打劫的事，我當然不會勸您去做。不過，這事，在有些人看來，也是很不光彩體面的，跟取生辰綱也差不了多少。」

「到底是甚麼，你就明說，別繞圈子了，說得我心裏癢癢的。」

「好，我就明說吧！」張之洞的這幾句話消除了鄭觀應的心理障礙，他放心大膽說了起來。「大人是北方人，不知南方人愛賭博的特性，尤其是閩粵兩省，不論士農工商、男女老幼個個都嗜賭如命。」

張之洞笑了：「你這話說得也太過份了些吧！」

「不過份。」鄭觀應正正經經地說，「不但好賭，且賭的花樣很多，規模很大。這賭博業就有大量的銀錢在流通。」

一聽到「銀錢」二字，張之洞的興趣立即高漲：「你是廣東人，一定深知其中內情。你倒是要細細說得我聽，讓我也長長見識。」

「我先給大人說說福建的花會。」鄭觀應微微地笑了笑，說，「這種花會以三十六個字為賭。」

「三十六個字！」張之洞插話，「哪三十六個字？」

「沒有固定的，由主花會者選擇，不過都是些常見常用的字，選定後公佈於眾。主花會者，從中挑出一字來，暗地裏寫好，然後用紙包緊密，高高地懸掛在屋樑上。屋裏擺着一張大桌子，桌子上排列着這三十六個字。大家都可以來猜這個字。比如說有人猜，主花會者懸在樑上的字是『鄭』字，於是就在鄭字上押一文錢，也可以押十文八文百文千文，隨你。如果猜中了，主會者則送你三十二倍的錢。若押的一文，則給三十二文。押的千文，則可得三萬二千文。」

張之洞說：「一千文錢變成了三十兩銀子，這不立刻就發了一筆小財？」

「是呀！」鄭觀應說，「故而當地有句流行的話說：一文可充飢，百文可製被，千文可娶妻。如押對了一千文錢，便可以拿贏來的錢討個老婆了。」

張之洞說：「主會者說話算數嗎？如果許多人都押對了，他又付得起嗎？」

「大人問得好。」鄭觀應說，「這主會者必定是有錢人家，要麼有田產，要麼有舖面，大家信得過，才會把錢押給他。若是毫無一點家當的人，是不可能做主會者的。這是多年來傳下來的老風俗，若是虧了，主會者賣田賣屋也會要付的。不付會犯眾怒，他也在地方上呆不下去。」

張之洞點點頭，右手習慣性地捋起胸前的長鬍鬚，興致濃厚地聽下去。

「押字的人還可以自己不來，託人辦理，主會者也會僱一批人，稱做走腳。走腳走村竄戶，找上門來。你押甚麼字押多少錢，走腳給你一張收條，押中了，走腳將錢送上門，從中收取二成的腳費。如此，局面就擴得非常大，甚至閨閣中的女流也可以來押。」

「啊！」張之洞聽來入神了。「福建的女人也有這種興致。」

「女人的興致還大些。」鄭觀應笑了笑說，「大人您想想，這女人平時不出門，外面的事都不知道，日子過得比男人單調枯燥得多。這一押起字來，一顆心就被字給勾住了，日子就過得比平日大不同了。左鄰右舍的女人一見面，談的就是押字，話題就多了；押不押得中不可估計，說起來就更顯得有趣味。於是有的女人就吃齋求卜，有的進寺院燒香拜佛求菩薩保祐，也有的女人真的夜裏就夢到菩薩來告訴她，醒來後趕緊就去押這個字，弄得神魂顛倒，寢食俱廢。您看，這日子過得不就豐富多彩了？」

張之洞笑道：「是不錯，平添了許多內容。」

鄭觀應說：「這不很好嗎，閨閣中最難耐的是寂寞，有這事讓她們去掛心，也就不寂寞了。」停了一會，鄭觀應又說：「不過，麻煩事也就跟着來了。贏了好，押字換來高興。輸了呢，那就不妙了，丈夫打罵，公婆責備，於是瞞着家人再押，想把本賺回，結果又輸，典當首飾衣物。首飾衣物當盡，則不顧廉恥了。寡婦因此失節，良婦因此改嫁，傷風敗俗，莫此為甚。」

張之洞頷首說：「這就是賭博給凡夫俗子帶來的禍害。別的地方只是男人賭，沒想到福建的婦人賭癮也這樣大。」

鄭觀應說：「福建、廣東一帶的婦人大都吃苦耐勞，當家理事的能力往往強過男人，故而她們參與賭博的興趣也不弱於男子。」

「說說廣東吧，廣東人是怎麼個賭法。」張之洞暫且置籌銀於一邊，了解民風民俗，對於一個總督來說也是很重要的呀！

「廣東人是拿鄉試中式的姓來打賭，誰猜中誰贏。這叫做賭闈姓。」

「真是豈有此理！」張之洞生起氣來。「鄉試是何等莊重清貴之事，怎麼能跟賭博聯在一起！」

「於此便可見廣東人好賭成癖，不管清貴卑污，甚麼東西都可以拿來賭，甚麼東西都可以賭得有滋有味。我先說幾個小賭給大人聽聽。」鄭觀應端起茶杯，喝了一口，說，「比如有個人有一件很好的衣服要賣，標價三串錢，因為價太高，沒有人來買。於是他拆開來，以一百文錢為一標，拆成三十標，當眾抓鬮，誰抓了這件衣服就歸誰，以一百文錢買三串錢的衣，太划算了，故人人都樂意來參加。」

張之洞說：「三十人參加，只有一人得到，沒有得到的，那一百文錢不就白丟了？」

鄭觀應說：「沒抓到，那一百文錢是白丟了，但損失很小，若抓到了，則收益很大，碰碰運氣嘛，廣東人最是喜歡碰運氣了。一個人的一生說穿了就是碰運氣。小的事碰對了，得小運，大的事碰對了，得大運。一生得了幾個大運，這一生命就好了。連曾文正公都說不信書，信運氣嘛。」

張之洞慢慢捋着黑白相間的長鬚，默不做聲，似有許多感悟一時都向心中湧來。

「民間是這樣，官府也這樣辦。三年前，一個大商人犯了事，他的豪華宅園籍沒歸公，作價十萬銀子。沒有人買得起，就將它分為二萬標，一標五兩，結果被城郭一個買菜的農夫買去了。他拿這個豪宅沒有用，於是減去二萬，以四両一標，再賣，結果被一個秀才買去。那個秀才得了這座宅子，高興得見人就問，你知道我是哪個嗎？」

張之洞奇怪了：「他為甚麼要這樣問？」

「他怕自己是在做夢，要別人證實一下是真的呀！」

「哈哈哈！」張之洞掀開鬍鬚，快樂得大笑起來。

「現在來講這個賭闈姓的事。」鄭觀應見總督大人這樣樂意地聽他講賭博的事，自己的興致也高漲了許多。「闈賭是廣東最大的賭，遍設全省九府四州二廳，沒有一處不參與。辦賭的人不是票號老闆，便是本地的大富家，每逢鄉試之年的二月初一日開局，一直到主考進闈之日止。大姓不賭，專賭小姓冷僻姓，辦賭者要把不賭的大姓，如劉、李、張、王、陳等公佈出來，其他未公佈的姓則可賭，以二十姓為一條。列出若干條來，或十條或十五條。每條都可以押，押金一元、二元直到十元，聽便。然後再以押金多少為十類，相同的押金為一類，一類中又分若干列，一列以千人為限，滿了一千人後再開一列，故而每一條中列數不等，有的姓押的人多，列數多，有的姓押的人少，則列數少。一元類的一列則為一千元，二元類的一列則為二千元。將此分為兩部分：十成取一歸辦賭的主人，十成取九歸投標者，內中又分頭標、二標、三標。頭標分十成之六，二標分十成之二，三標分十成之一。頭、二、三標這樣分：二十姓中猜中十姓的算頭標，猜中六姓之上的算二標，猜中三姓之上的算三標。」

張之洞說：「這中間的頭緒還挺複雜的嘛！」

「是很複雜，我只說了個大概，內裏還有許多細節，我還沒說哩。一元類的頭標是六百元，二標二百元，三標一百元。若是十元類，頭標則是六千元，二標二千元，三標一千元。有幾個人中了頭標，則幾個人平分，比如說，這一千人中有一百人中了頭標，投的都是一元的標，則一百人分六百元，每人分六元，若投的是十元的標，則一人分六十元。因為參加的人多，所以總數很大，全省大約有二三千萬的投標數。」

「慢點。」張之洞看出這中間的要害來了。他停止捋鬚，打斷鄭觀應的話。「你剛才說開辦的人抽十成之一，若二千萬的總投標數，他就得到二百萬，若三千萬的總投標數他就得三百萬是嗎？」

「是的。」鄭觀應知道張之洞的心已被開辦者所獲取的暴利打動了。「他這是包贏不輸，而且是淨得，連開支費他都不出，因為這中間還有一項規定，從剩下的九成再取十分之一來作為所有的局用及腳費紙張等經費。這筆錢便轉到投標者身上了，開辦人是淨得總數的一成。」

「那不行，官府要抽稅。」張之洞的口氣，聽起來像是三分氣憤七分嫉妒似的。

「這事行了許多年，過去都沒有明文抽稅，只是開辦者背地給各衙門送紅包。紅包有大有小，大的數萬元，小的三五百元不等。自從長毛作亂後，軍餉浩大，藩庫拿不出錢來，巡撫衙門就打起這事的主意了。咸豐三年軍需局成立，便下令要先前辦賭的人出血。辦賭人無法，湊了四十二萬銀子給軍需局。從那以後便成了定例，而且每次都有增加。到了同治二年，增加到一百五十萬兩，抽得辦賭者一個個心疼得不得了。」

「有甚麼心疼的？這都是不義之財。辦賭的交出不要心疼，官府抽了也不理虧。」張之洞彷彿一時之間斷然拿定主意似的。「陶齋，你的點子想得好，我也不增加了，就依同治二年的例，一百五十萬銀子。鄉試之年要到明年，只是我眼下急需銀錢用，等不及，要前年辦賭的那些人馬上湊一百五十萬兩給我應急；不然，明年本督就不准他們辦。」

鄭觀應見張之洞立即就決定下來，而且大開獅子之口，張嘴便是一百五十萬，心裏不免吃了一驚。他既佩服張之洞這種辦事的魄力，又擔心辦賭人反對，因為十多年前的高額徵稅是要負擔軍餉，現在國內並無戰爭，那些貪財如命的辦賭人會肯出這多血嗎？起身告辭的時候，他特為叮囑一句：「張大人，這是一件大事，你還得多聽聽別人的看法。特別是廣東省的撫、藩、臬三台，聽聽他們是怎麼說的。」

張之洞為此很興奮。他給桑治平、楊銳、辜鴻銘幾個人說了這件事。大家都贊成，尤其楊銳更是拍手叫好，認為這是取之於民、用之於民的大好事，何樂而不為？桑治平也覺得事屬可行，只是不必定一個固定的數目，不如也來個提成，從主辦者的手裏提取四成或五成。張之洞認為這個建議很好，說：

「就定五成吧！官府和辦家對半分。就這樣，他們也賺得太多了。我若不許他們辦，他們一文錢也賺不到。」

張之洞已在心裏將這事定了。過幾天，他把廣東撫、藩、臬三憲請來商量這件事。誰知，他的話才講完，倪文蔚就連連擺手，龔易圖一臉驚色，沈鎔經面無表情。三大憲的反應，大出張之洞意料之外。六十五歲鬚髮皆白的倪文蔚急急地說：「張大人，闈賭一事禁止十來年了。那年英翰做粵督時開禁過一次，結果彈章四起，年底英翰便因此革了職，氣得他一病不起，第二年便含恨去世了。張大人，英制台是前車之轍，闈賭萬不可再開。」

原來，此賭早已禁止，這一點鄭觀應並未說明，張之洞還不知道。不過英翰革職是在同治十三年，當時正在四川做學政的張之洞知道，他是為着一樁貪污案被革職的。第二年死時，朝廷又說他與此案無關，還給他一個「果敏」的美謚。

見張之洞撫鬚吟沉，默不做聲，一向會看臉色行事的龔易圖，估計張之洞被巡撫的這幾句話說得打消此念了，便壯着膽子補充：「張大人，卑職知道，您是因為設廠辦學堂缺銀錢，逼得無法才這樣做。您這番苦心，卑職明白，別人卻不一定明白，還以為大人您為謀利而不擇手段。倪大人說得好，闈賭決不能開，因為這裏面弊病太多，得不償失。」

張之洞目光峻厲地望着龔易圖：「這裏面有哪些弊病，你說說。」

望着張之洞凶凶的眼光，龔易圖生出幾分怯意來。他看了一眼倪文蔚，倪文蔚忙給他打氣：「龔方伯，闈賭弊病，是明擺着的，張大人來廣東不久，不了解內情，你揀幾條重要的，說來聽聽。」

倪文蔚這種擺老的口氣，幾個月前張之洞還覺察不出，現在聽起來很是不舒服。

龔易圖略為想了一下說：「這闈賭第一個弊病就是褻瀆了鄉試。鄉試乃朝廷三年一次的掄才大典，入闈者盡皆十年寒窗苦讀的秀才，他們都是功名在身的人，中式者更是將來國家的棟樑之材，怎麼能容忍無知無識的愚民村婦拿他們的姓作為賭注來戲弄玩耍呢？」

龔易圖的話有道理，做過兩度鄉試主考官的張之洞不能不贊同。

「其次，有押銀元數目巨大的人，為獲暴利，則拿銀子去收買主考和副主考，請主考、副主考在最後圈點時，照顧他所押的那些姓。這樣一來，鄉試以文錄取便變成以姓錄取了，公正沒有了，王法沒有了，貽害甚大。」

張之洞心裏想：考場舞弊最令人痛恨，如此說來，廣東的舞弊又多了一層，的確有危害。

「第三，鄉試之年，從二月初一日開局，到四月初一放榜，整整兩個月，所有投標之人都為此事弄得士人無心讀書，農人無心種田，工匠無心做事，商人無心經營。因投標人多，整個廣東士農工商幾乎都停止下來，這對廣東全省有多大影響？」

張之洞心想：影響是有，要說全省士農工商都停業，說得也過份了吧！

「還可以說出好些弊病來，我看這幾條就已足夠厲害了。」

張之洞轉臉問沈鎔經：「你看呢？」

沈鎔經遲疑片刻答：「剛才倪撫台和龔藩台的話都有道理，我看此事朝廷既然早已禁止，自然是弊病太多的緣故，應以不開禁為好。」

送走廣東三大員後，張之洞對闈賭開禁不開禁猶豫起來了。

倪文蔚、龔易圖的話確是有道理，倘若自己仍在京師做朝官的話，得知這樣的事必定會堅決反對，因為不需要任何道理，僅將鄉試與賭博連起來就覺得十分倒胃口了。可是現在，有過三四年督撫經歷的張之洞，對於當年那種書生意氣，已不再持全盤肯定的態度。

過去那些京師清流朋友們，自以為天下事事事關心，但就是不談生財獲利之事，幾乎所有的清流都認為言利非君子之所為。今日的張之洞方才真正明白，天下實事的興辦莫不是建築在財力的基礎上，而其最終目的又莫不落腳在利益二字上。不談財、不言利就不能有芸芸眾生的安居樂業，也不能有國家的強大興盛。就拿眼下來說，若沒有銀錢，則一切美好的想法都不能付諸實現。

他素來敢作敢為，並不在乎別人怎麼看待的，往日無權無勢的小京官尚且心高膽大，何況如今是八面威風實權在握的南國總督，其他的均可置之一旁不顧，最令他猶豫不定難下決心的是朝廷曾有禁止闈賭明令。不請示，則是有意違抗朝命；請示了，則又明擺着辦不成。辦不成則籌不到銀錢，沒有銀錢則一切新舉措都將半途而廢。

就在張之洞最為苦惱的時候，省撫台衙門的巡捕趙茂昌來到總督簽押房。

「香帥。」

趙茂昌親親熱熱地叫了一聲張之洞，這一聲與眾不同的稱呼，讓張之洞的心中油然生出幾分驚喜來。他身為制軍，可稱作大帥。字香濤，按當時官場的慣例是可以稱為香帥的。但還從來沒有誰這樣稱呼他，這中間另有一個緣故。總督都可叫大帥，但對於文人出身而從來沒有帶過兵打過仗的總督，人們通常還是不稱他為帥，人們只是將幾位立有軍功的總督稱為某帥，時下最有名的幾大帥就是曾做過兩廣、兩江總督的峴帥劉坤一，現任兩江總督的九帥曾國荃，署理過兩江總督現任兵部尚書的雪帥彭玉麟，以及剛剛去世的前兩廣總督軒帥張樹聲。張之洞雖十分羨慕這種稱呼，但比起劉、曾、彭、張，他自知還比不上。可是，現在就有人這樣叫他了，心裏雖得意，畢竟是第一次，他還覺得不太習慣。

「竹君，你不要這樣叫我，我沒有上過沙場，稱帥總有點名不副實。」

「香帥，稱你為帥是最名副其實了。」趙茂昌一本正經地說，「上沙場攻城略地，其實是將的事，運籌帷幄決勝千里，才是帥的事。您選賢任能，制定方略，提供軍需，掌握全局，坐鎮廣州而決勝於鎮南關外，這才是真正的大帥，古之張良、謝安，今之曾文正公，都沒有跨馬揮刀，衝鋒陷陣，誰能說他們不是大兵家呢？要我說，九帥、峴帥他們還真的比不上香帥您哩！他們只是勝了自家人，您是勝了洋人，滅了洋人的威風，長了我們中國人的志氣。您不叫大帥，這天下還有誰可當得上大帥呢？」

趙茂昌的馬屁，拍到點子眼上，張之洞聽着心裏舒服極了。他想想也是：帥和將就是不同，打中國人和打洋人就更不同了，自己還真的是名副其實、最有資格叫大帥的人！

張之洞對眼前這個面龐清秀、身材勻稱的文巡捕頓時生出很大的好感來，以素日少有的慈祥語氣對這個比自己小二十歲的納貲出身的後輩說：「竹君，你剛才是要對我說甚麼話呀！」

「香帥。」見總督如此親切地叫他的表字，趙茂昌知道剛才這幾句話甚得張之洞的歡心，遂氣勢旺壯地說：「我聽說您這幾天為闈賭一事在愁悶。」

張之洞想：這事有說能辦的，有說不能辦的，趙茂昌也是個明白曉事的人，何不叫他說說自己的看法呢。於是打斷他的話：「這事能辦不能辦，你不要有顧慮，放開膽子來跟我說說。」

「卑職來廣東四五年，這闈賭之事也聽得多了。說不好的人大都是官府裏的人，說好的大多是百姓。百姓說的是真心話，官府人說的多半是假話。」

「你這話是怎麼說的？」張之洞目光銳利地望着趙茂昌。

「從表面上的大道理來說，將鄉試舉子的姓名與賭博聯在一起的確有辱斯文，一旦有人來攻訐，主政的人總覺得於理有虧，禁止才是理所當然的。公開場合，他們不得不禁止這種賭博。但是有此賭，於公於私都有好處，故他們骨子裏並不想禁，因而說的都是假的，表裏不一。」

「嗯。」張之洞下意識地點了點頭。

「於公來說，闈賭能給官府帶來一宗大款項，解決不少困難。於私來說，從省到府縣，哪級官吏不從中得到收益？一下子禁止，大家都沒有了，口裏雖說好，心裏卻不是味道。老百姓則不一樣，他們不要說甚麼臉面話，心裏怎麼想的，口裏就怎麼說，也不去考慮久遠的得失，甚麼事能給他們眼前好處，他們就去做。」

趙茂昌見張之洞的眼神裏滿是期待，乾脆直截了當地說：「香帥，您還不大清楚，這廣東人天性好賭，賭能給他們帶來極大的歡樂。好比說，他用氣力賺來一串錢，他心裏沒有多大歡樂，若着用賭博賺來一串錢，他就歡樂無比。即使他為這一串錢耗費一串五甚至兩串，他也會感到快樂。又如，官府要他們捐錢買公益事，他們決不肯捐，捐一文錢就如同要他們出一碗血一樣。但是換一個方法，讓他們花一百文、二百文去買一根籤，然後憑這根籤去抽號，若抽到了則可得一個價值十倍百倍的禮物，明知抽到的機會極小，他們也會樂意去做，而官府則因此獲得一大筆銀錢。這樣做，彼此皆大歡喜，何樂而不為？」

張之洞微笑着：「這真是各地有各地的風俗，各地有各地的人性。北人質樸實在，這種投機取巧的事，大都不屑於為。」

「正是這話。」趙茂昌忙恭維。「若說我們吳人，也不會這樣。吳人精明，算一算，一千人、一萬人中才有幾個人中彩頭，自己明擺着得不到，何苦去送一百文錢？還不如拿這一百文買幾個燒餅，可以填飽肚子，划算得多。」

「照你這樣說，在廣東開辦闈賭，是於國於民都有利無弊的。」

「卑職以為是這樣。」趙茂昌點頭。「其實，這些年來闈賭明裏是禁了，暗地裏還在進行，只是不在廣州，而搬到了澳門。洋人是不禁賭的，只要你照他們的規矩納稅，甚麼賭都可以在他那裏賭。人家只重實在，才不去管那些虛文呢！」

「重實在，不管虛文。」趙茂昌這句話撥動了張之洞的心弦。他彷彿從這句普普通通的話裏，頓時領悟了許多。

「香帥，眼看着我們中國的銀錢，就這麼白白流進洋人的腰包，這也說不過去呀！」趙茂昌見張之洞沉吟不語，知道總督是在認真聽他的話，於是把這個扎眼的要害又加重了一句。

「只是這闈賭，」張之洞像是自言自語，「朝廷有明文禁止呀！」

「香帥。」趙茂昌思索一會兒說，「卑職想，這事可以先辦着，不要向朝廷奏明，說不定朝廷也改變了主意。萬一有人告狀，朝廷追究下來，也不怕，把萬不得已的苦衷向朝廷講清楚，卑職想朝廷也會原諒的。要緊的是，由賭局上繳的這筆錢要做到賬目十分清楚，一筆一筆用到哪裏去了，都要明明白白，誰也不能貪污一絲一毫。另外，還要嚴格規定，賭局的稅只上繳督署，其他過去的各種規費一概禁止。這樣，辦賭的省去許多打點，上繳給督署的錢就會拿得利索。香帥，依卑職看，出之於民的銀錢，只要用之於民，就不怕台諫的責難，不怕朝廷的追究。」

張之洞瞇起兩隻長大的眼睛，將趙茂昌細細地打量着。他突然發覺，坐在眼前的這個年輕後生，原來是一個有膽有識的辦事之才！

「竹君，明天我跟倪撫台打個招呼。後天，你就到我這兒來做巡捕。」

「卑職謝香帥的提拔。」

趙茂昌忙起身作揖。不僅因為督署高過撫署，更因為張之洞大才高名，敢作敢為，跟着前途無限的張香帥，要百倍勝過日薄西山的倪撫台！

「闈賭一事，開禁不開禁，我還要再好好思量思量。」張之洞捋着鬍鬚慢慢地說，「若是開禁的話，我就委託你來辦這件事。你可要像剛才跟我說的那樣，把這事辦好，辦得無任何把柄給別人拿住！」

「香帥如此信任卑職，卑職一定肝腦塗地，為大人辦好這事！」

趙茂昌心中頓時驚喜萬分，暗暗地想：倘若闈賭交給我來辦理，只辦三科，我就要讓三四十萬銀子悄沒聲息地進入趙家賬戶！

張之洞打發桑治平、楊銳、大根等人到廣州城內城外去詢問百姓對闈賭的看法。詢問的結果，大部分讀書人不贊成重開闈賭。除開士人外，絕大部分人都贊成開禁，許多人說十來年沒有辦這事了，一想起來就心癢癢的，若開禁的話，要好好地賭一賭樂一樂。張之洞本人也悄悄地問過廣州府裏幾個知縣，出乎意外，這幾個知縣異口同聲地表示，只要省裏三大憲為頭，他們就支持。張之洞心想：過去開賭時，廣州府各個縣的文武衙門可能獲利最多。

官場百姓兩方的查訪結果，大多數人主張對闈賭開禁。經過再三權衡，張之洞決定重開闈賭。當然，他心裏很清楚，倘若朝廷追查起來，所有的責任，都只有自己一人承擔。為了籌集銀錢辦大事，他決心豁出去了！

趙茂昌果然會辦事。禁止了十二年的闈賭，在他的操持下辦得比以往任何一科都要大。省府縣各級闈賭主辦者都知道，這次賭局，是制台張大人在親自坐鎮，是他冒着革職丟官的風險，瞞着朝廷開禁的。而掌舵的，便是總督衙門的趙老爺。是趙老爺磨破嘴皮說服張大人，才同意開的禁。趙老爺同時也明白告訴他們：說不定就這一科，倘若被人彈劾，下一科就辦不成了。大家都要珍惜來之不易的這一科，也要體恤張大人的苦心。

廣東省大大小小的主辦者、千千萬萬的賭徒，都以空前未有的熱情參加這次闈賭，他們的心情比過任何年節都要歡躍興奮，下的賭注也比以往的大得多。本是明年的鄉試，不到三個月，便已聚集了一千二百萬的巨額賭款，而且還在日日增加。主辦者們欣喜無比，自動先拿出八十萬両做為稅款上繳總督衙門；當然，趙茂昌沒有忘記自己的賬戶。雖說才只三十歲，錢莊學徒出身的他在這方面已有豐富的經驗，手腳做得乾淨利索。摸着一天天膨脹的私囊，他心裏美極了。

有了這筆龐大的銀子，張之洞的大事真是好辦多了。廣勝軍的洋式操練更加起勁，中氣十足的口號聲數里外的百姓都聽得見。黃埔船廠開工了，小戰船也造出來了。水陸師學堂也辦起來了，一百多名學子跟着洋教師學英文，學西學，興致勃勃的。軍火廠的機器也已運來，日以繼夜在安裝。鐵廠的廠址也在忙碌選擇之中。

還剩下二十多萬銀子，辜鴻銘向張之洞建議，辦幾個為百姓謀利益的工廠，如紡紗織布、繅絲等工廠。桑治平則建議創辦一所書院。因為這銀子畢竟是來自鄉試，且士人反對激烈，用它來辦一所傳經授道的書院，既可以減輕讀書人的憤怒，又於心稍安，萬一朝廷追究下來，也多一層申述的理由。

張之洞採納了桑治平的建議。除桑治平所說的理由外，做為有十年學政經歷的兩廣總督，他從心底深處更為喜愛中國固有的學術文化。泰西的學問不能不學，但那只是為富庶、致強大，至於世道的整治、人心的化育，還得靠中國的經史詩文，這才是治根本的大學問。

嶺南屬蠻荒之地，學術向不發達，近幾十年來雖然也辦了一些小書院，但與中原江浙兩湖相比，還遠為落後。廣東省的最高學府，至今還是乾隆年間由阮元所創辦的學海堂，然則它早已陳舊落伍了，再辦一所，無論規模還是地位都要超過學海堂。新建的軍隊既然命名為廣勝軍，那麼新建的書院就叫它廣雅書院吧。勝，是軍人追求的目標；雅，則是士人必須達到的風致。一勝一雅，堪稱文武合璧。

有了錢，書院的地皮房屋設施都好辦，教師也不難聘請，最難的是請一位主持教務的人。最佳者為道德文章名世的宿學，其次為兩榜出身的顯宦。然而目前的廣東，這兩方面的人物一時都找不到，張之洞為此頗為費神。

這一天，他收到姐夫鹿傳霖的一封家信。鹿傳霖為官處世一向穩健，官運也因而亨通。早在張之洞還只是一個小京官時，他便做了福建按察使，不久又調四川布政使。這個時候，姐夫比小舅子來，要神氣許多。孰料，張之洞突然間時來運轉吉星高照，短短的幾個月，便由從四品升為從二品，又外放山西巡撫。小舅子反倒超過姐夫了。到了光緒九年，鹿傳霖升為河南巡撫，兩人拉平。第二年張之洞升粵督，又後來居上。郎舅並世為督撫，也算是當時官場的佳話。然而，鹿、張深知宦海三昧，為不授人口實，有意避嫌，凡自己所任職省份的政務，盡量不牽扯，暗地裏卻常有書信往來，互相幫襯。

前些年，鹿傳霖從河南改調陝西，這封書信便是從西安撫署裏發來的。除了幾句家事外，大段大段說的都是國事。鹿傳霖告訴內弟，他和張之萬都因鎮南關大捷一事增光不少，所有的親戚都因此而自豪。又說，放眼今日海內，李鴻章一誤再誤，威望日減，曾國荃、劉坤一日漸衰邁，後起之秀就是賢弟，過不了幾年，就會超過曾、劉，直逼李相。姐夫如此頌揚的語句，過去信中還從來沒有。張之洞看了心裏很舒暢。接着，鹿傳霖就議論起李鴻章來。說李鴻章最近在京中做了一件蠢事，弄得很不對人心。事情是這樣的，翰林院編修梁鼎芬上疏朝廷：宜秉鎮南關大捷的兵威，一舉收復太原、河內，將越南北圻從法國人手裏全部奪回來。李鴻章卻藉此來與法國和談，實在是誤國媚外。李鴻章這些年來與法國人偷偷摸摸多方接觸，或許私自接受了法人的饋贈，以犧牲國家利益來換取法人的歡心。李鴻章秉政多年，貪權戀棧，不修私德，世間多有議論，清朝廷嚴查以息人言。李鴻章得知後勃然大怒，給太后皇上上摺，說梁鼎芬惡意中傷大臣，干擾國家大事，可惡至極，請嚴懲不貸。太后批示交部嚴議，結果梁鼎芬被降三級使用。京師官場士林議論紛紛，都說李鴻章以宰相之尊與一個小小的編修慪氣，太失身份。信中最後說，梁鼎芬近日已回廣東番禺原籍守制，如此有風骨的人，可予以延見嘉獎。

番禺在廣州城外三四十里地，張之洞沒想到就在身旁便有一位敢於和李鴻章作對的人物。他是翰林院的編修，又有如此見識和風骨，現既守制在家，不如就請他做廣雅書院的山長！他立即修書一封，打發人急送往番禺，請梁鼎芬即來廣州一見。

梁鼎芬很快就來了。原來竟是一個瘦瘦的二十六七歲的年輕人。因為丁憂期間，身穿一件玄色長袍，紐扣邊弔着一束白麻。待梁鼎芬坐下後，張之洞和氣地說：「聽說足下因上疏言中法戰爭事，惡了李中堂？」

「李鴻章這人，就是今日的秦檜！」梁鼎芬直呼李鴻章的名字，又將他稱之為秦檜，既令張之洞驚訝也使他甚覺快意。

「大人您苦心經營，馮老將軍冒死奮戰，三萬將士流血犧牲，得來的輝煌戰果就讓他輕飄飄地換了一張和約，真是氣死人，恨死人。他不是秦檜是甚麼？懷疑他私下收了法國人銀子的，不只我梁鼎芬一個人，京師持這種看法的人多着哩！」

「足下因得罪了李中堂而降職，不後悔嗎？」

「不後悔。」梁鼎芬毫不猶豫地說，「莫說只是降了三級，就是革職坐牢，我也不後悔。李鴻章報復我一個年輕的編修，是他丟了面子，反倒成全了我的名聲。現在京師提起梁鼎芬，哪一個人不知道？我還要感謝他哩。」

說罷，不由得笑了起來。

好！廣雅書院的山長就是他了！剛見梁鼎芬，張之洞的心中尚有一絲疑慮：年紀輕輕，又只是一個編修，能孚眾望嗎？能壓得住那些心高氣傲的學子嗎？聽了梁鼎芬的這幾句話，觀其氣概，張之洞很快打消剛才的疑慮，斷然決定此事。他相信梁鼎芬有能力掌管一個書院。他敢鬥李鴻章的骨氣，他在京師士人中贏得的聲望，就足以使粵省士子對他服氣。更重要的是，張之洞要重用梁鼎芬，來跟權勢煊赫的李鴻章唱一齣對台戲。

正當張之洞幾個月來一直在廣州城裏隨心辦事、恣意用人的時候，一場麻煩事很快便降臨到他的頭上。

2　朝中有人好做官！張之洞派楊鋭進京入朝

一天下午，楊鋭拿着一張邸報走進張之洞的簽押房：「香師，有人在說開禁闈賭的壞話了。」

張之洞正在批閱公牘，他放下手中的筆，並不太在意地問：「說甚麼壞話？」

「有人上摺給太后、皇上。」楊鋭將邸報遞了過來。「邸報將這個摺子給登出來了。」

「喔，上摺子啦？」張之洞的神態顯然比剛才在意多了。「給我看看。」

張之洞拿來邸報，認真地看了起來。這是一個名叫高鴻漸的御史上的摺子。摺子上說，近聞廣東開放闈賭之禁，無識粵民踴躍參與，奸商從中操持，謀取暴利，影響所及，遍於士農工商。朝廷鑒於闈賭之害，早在同治初年便已禁止。現有人無視朝命，竟聯絡鼓噪，死灰復燃。請朝廷嚴飭廣東巡撫應予制止，為首者應嚴加懲處。

張之洞輕輕一笑：「高鴻漸是誰，我不認識。他大概還不太知悉內情，話也說得溫和，暫且不管。你給我注意近日邸報，說不定還有厲害的攻訐出來。」

果然不出所料。以後的幾天裏，楊鋭幾乎每天都在邸報上看到有言及廣東闈賭的文章。這天的邸報竟然並列登出兩篇措辭尖刻的奏章，都點了張之洞的名，也都說這事是張之洞一手操辦的。建議朝廷立即將張之洞革職嚴辦，剎住這股歪風，以維護朝廷掄才大典之尊嚴，而杜絕奸人貪婪無恥之妄念。

張之洞看那上摺的人，一個是詹事府的右庶子莫吉文。此人張之洞很熟悉。他是張之洞的同年，先前兩人相處很好。在張之洞做洗馬時，他已是侍讀，莫吉文為張之洞多年學政還屈居下僚而不平。後來張之洞晉升從二品，反而對張不滿起來，說他是靠堂兄的力量走醇王府的門子而夤緣高升的，從此對張之洞視若路人。張之洞到太原後，從張佩綸的來信中知莫吉文投到李鴻章的門下，這兩年遷升很快。張之洞從莫吉文的參摺中看出了背景：這無疑是李鴻章在做祟，以報遠仇而洩近憤。另一個上摺的是都察院的易果信。此人是誰，張之洞想了許久想不起來，看來是自己離京後這幾年新上來的人。易果信給闈賭列了四大害處：科場舞弊、商賈受累、奸民縱恣、賭匪橫行。

「這些人很可鄙，也不到廣東來實地查訪一下就上這樣的摺子，成事不足，敗事有餘。」楊銳氣憤憤地說。

張之洞想，若自己還在京師做言官的話，說不定聽到這事也會上摺糾彈，便笑了笑說：「從奏摺上的文字來看，上摺的人也無大錯，風聞具奏，原是言官的職份所在，也無須到廣東來查訪。」

張之洞端起茶杯，沉吟起來。

「要害在哪裏呢？」楊銳給老師添上水後，輕聲問。

「要害在奏摺之外。」張之洞指了指「莫吉文」三字，「此人是李少荃的人。」

「要害是李鴻章在為難您？」楊銳似乎明白過來。「這個易果信也是他的人嗎？」

「此人我不清楚。」張之洞喝了一口茶，不再做聲了。

「這個姓易的不知有沒有背景。」楊銳像自言自語似的。

「叔嶠，你去給我準備幾樣東西。」張之洞望着身為督署內文案的昔日學生，邊想邊説，「一個是一份稟文，把不得已而開禁闈賭的前前後後寫清楚，措辭要委婉而明晰。一個是一份清單，詳詳細細、清清楚楚地將闈賭所收上的銀錢，和這些銀錢的各項去路都寫上。」

「是。」楊銳已明白了老師的用意。「學生這就去安排各位文案趕緊弄出來。」

「還有一樣。」張之洞慢慢撫摸着鬍鬚。「打發一個人立即到澳門去，將這些年來去澳門辦闈賭所上繳的税款弄清楚。洋人辦事嚴謹，澳門税務商一定有這種存單，將有關此事的所有存單都錄一份來。」

「學生安排一個能辦事的人去。」

「辦一個公函，蓋上總督衙門的印信，否則，澳門税務局不會讓你查的。」

「學生明白。」

楊銳出門後，張之洞將邸報上所登的這幾道參摺又細細地看過一遍，腦子裏想了很多。

開禁闈賭，會有人説閒話，有人攻訐，甚至會有人上彈章，這些，張之洞在開禁之先都想到了，也作過充分的準備。但由邸報這樣刊載出來，公之於全國，並接連幾天不斷，調門越來越高，而且由李鴻章在後面作主使，這些，張之洞事先還估計不足。應該採取哪些對策呢？這到底意味着甚麼呢？事情會如何發展呢？張之洞深深地思考着這些問題。

事情的背景和趨勢一時難以看清，想好了幾條應對措施後，張之洞橫下一條心：一是不怕。既然敢於這樣做，就敢於承擔由此而起的責任。二是不管誰在背後操縱，也要跟他周旋到底，為國家辦事的公心一定要剖白於天下。

過了幾天，楊銳把應做的幾件事都做好了。張之洞仔細審閱後，對他說：「你安排人每樣謄寫四份，明天就帶上這些東西進京。」

「到京師去？」楊銳頗為意外。

「你到京師去，主要做三件事。」張之洞緩緩地交代，「一是將這幾件文字送一份給我的堂兄張之萬中堂，讓他先看一看。問他要不要再送一份給閻敬銘中堂，如果他說可以的話，由你去送，當着閻中堂的面還可以多說些話。你再問張中堂，應不應該送一份給醇王。若應該送的話，你就再給張中堂一份，由他去呈遞。你在京中就住到我原來的院子裏，這兩年仁權一家住在那裏。」

張之洞的長子仁權，現正在國子監讀書，五年前楊銳為東鄉事住京師時，曾與他見過面，年紀相差不多，也還談得來。能與仁權住在一起談古論今，當然是一件很愜意的事。只是他已娶妻生子，他的妻子對一個陌生的客人能歡迎嗎？

「大公子一家人多，我住在那兒方便嗎？」

「你只短期在京師住一住，頂多一兩個月，有甚麼不方便！」張之洞放下茶杯，慢慢地說，「我這兒還有一封家信，兩支給厚琨的小毛筆，你一起交給他。」

厚琨是張之洞的長孫，是他去山西那年出生的，已經四歲多了。

「你此番去京師，除送去這幾個文件外，還得替我探聽一下京師各方面對兩廣，特別是對闈賭的議論。我給張中堂的信裏也說到了，有關這些事情，他會主動告訴你的。」

楊銳點了點頭，把這些交代都牢記在心裏。

「明天晚上，我安排一隻小火輪專門送你出廣州，一直送到廈門。你到廈門後再換上去天津的海輪，由天津進京師，大約十天可到。住京師期間，若有緊急事，仁權會告訴你怎樣用電報與我聯繫。」

張之洞的這種安排，使楊銳頓感此行的異常重要和肩上擔子的分外沉甸。

仲夏時節的一天傍晚，楊銳風塵僕僕地來到北京城，當他摸黑出現在徐綢胡同張宅時，開門的張家大公子仁權興奮地抱住他說：「我這兩天，天天在盼望，你終於到了！」

「你知道我要來？」楊銳頗為驚喜地問。

「早幾天閣中堂打發人來告訴我，家父給戶部電報房來了電報，說你十五日前後會到京城並住在我這裏。」

原來戶部已設立了電報房！楊銳心裏一邊想，一邊跟着張仁權進了客廳。

「你這一路上辛苦了，還沒吃晚飯吧，我給你去安排。」

「別，別，我已經吃過了。」楊銳忙攔住仁權。「你先看信吧！」

楊銳忙從包袱裏拿出張之洞的家信來，連同兩支小毛筆一起交給仁權。仁權接着毛筆，說：「厚琨下個月，就用爺爺送的毛筆來開筆吧！」

楊銳笑着說：「你比我小三歲，兒子就有四歲了，我去年才成的家，抱兒子還不知要等哪一天哩！」

「不用急。」仁權笑嘻嘻地說，「明年，你夫人一定會給你生一個大胖兒子！」

仁權雖是大家公子，或許是自小喪母的緣故，並沒有嬌生慣養的紈袴習氣，對人一向以禮相待，因楊銳是父親的得意弟子，故對他又較別人更為親切。這句話說得好，楊銳高興得大笑起來。

仁權看完信後，兩個青年學子又就闈賭談到越南戰事，談到兩廣的風土人情，興致濃烈地談了大半夜。看看將近三更了，仁權說：「明天，你先休息一天，我也做點準備。後天，我陪你一起去看伯父，我也有兩三個月未去了，不知他老人家身體如何。」

仁權願意陪着一起去張之萬家，這真是太好不過的事了。這一路上海船奔波，也的確是疲乏困倦，明天是得休整下，楊銳謝過仁權的好意，在先前住過的客房裏，很快便進入自離廣州來的第一個安穩夢鄉。

第三天在仁權的陪同下，楊銳拜訪了張之萬，將張之洞的信及在廣州所準備的文件交給了這位年邁的協辦大學士軍機大臣，又詳詳細細地將張之洞不得不開闈賭的苦衷敍說了一遍。

張之萬說話不多，當楊銳問要不要給醇王呈遞一份文件時，他想了想說：「留下一份吧！」

從張之萬家裏出來後，仁權又陪着楊銳去拜訪閻敬銘。閻敬銘認真地聽完楊銳的稟報後，對仁權說：「你父親有胡文忠公的辦事氣魄，胡文忠公九泉有知，當為後繼有人而欣慰。你可以告訴你父親，我會盡力想辦法的。」

仁權連連致謝。

楊銳在仁權家住了下來。他要等待張之萬帶給他關於此事的答覆。他還要利用這段時間四處拜訪同鄉和熟人，盡可能地多了解一些國事動態。而在杏花胡同的張之萬家，七十多歲的老軍機這幾天一直在為堂弟惹出來的亂子思量着善後之策。

高鴻漸是李鴻章的代言人，張之洞信上說的不錯。易果信這個人，經過打聽，也已經弄清楚了，他原來是翁同龢的學生；如此看來，翁同龢也是反對闈賭這件事的。

李鴻章與清流有宿怨，這是天下共知的事實。他示意別人攻訐張之洞，也是意料之中的事。而翁同龢也來反對張之洞，這卻在意料之外，而這個翁同龢，又的的確確是不可得罪的人。想到這一層，白髮蒼蒼的老哥真的為堂弟揑出一把汗來。

翁同龢是朝中一位非同尋常的大人物。他的不尋常，首先是他有顯赫的家世。

翁同龢的父親翁心存道光二年通籍，先後做過鄉試主考和學政。後入值上書房做過咸豐皇帝和恭王、醇王等人的師傅，歷任工部、戶部尚書，拜體仁閣大學士，晚年又授讀同治皇帝。帝師宰相，這是普天之下讀書人的最高追求，翁心存都做過，可謂榮耀至極。翁同龢的長兄翁同書，官至安徽巡撫，因省垣失守而削職。次兄翁同爵，也曾做過督撫。更有趣的是，就在翁同書削職不久，其子翁曾源又高中同治癸亥科狀元，這一科的探花正是張之洞。翁同龢的不尋常，更在於他自己的非同凡響的仕宦經歷。翁同龢二十七歲時中了咸豐丙辰科的狀元，一直在京為官，先後任過翰林院侍講、國子監祭酒、內閣學士、戶部侍郎、刑部和工部尚書。光緒八年進軍機。光緒十年，隨同奕訢倒台而退出軍機處。從同治六年起，翁同龢便充當同治帝的授讀。一直到同治帝親政時為止。因授讀有功，被賞賜頭品頂戴。光緒帝登基時，慈禧又命他進毓慶宮授讀光緒帝。十年來，翁同龢與光緒帝結下親密的情誼，朝野上下都說翁同龢與皇上，名為君臣，情同父子。故去年他雖從軍機處退出，依然在毓慶宮行走。慈禧也很信任他，清朝文武都看重翁同龢與皇上的這份情誼。一日皇上親政，他的地位就不是任何人可比得上的。

這樣一個重要的人物，誰能忽視得了！

然則，翁同龢為甚麼對張之洞如此反感呢？二十多年前張之洞與翁曾源同登鼎甲，因為有這層緣分，二人關係一向很好。翁同書關押詔獄時，張之洞曾兩次入獄探視，翁同龢因此頗為感激。後來翁同書被判戍邊，翁曾源陪同父親出京，張之洞還為此置酒餞行，又寫了一首古風相贈，詩中亟力稱讚翁氏一門的學問孝悌。

甚麼事得罪了這位當今的狀元帝師呢？張之萬在書房裏來回踱步，深深地思考着：是因為重開闈賭，既傷斯文體面又開世人趨利謀財的僥幸之門，出身清華的翁同龢不能容忍這種出格逾矩之事？京師中出身清華的人數以千百計，別人為甚麼不這樣看呢？事急從權，本是昔賢名訓，何況張之洞新近為國家建立了大功勳，難道不可以給他多一點權限嗎？或許，翁同龢此舉另有原因。

猛然間，他明白了這中間的緣故：去年翁退出軍機之日，正是我進軍機之時，雖然罷免恭王軍機處是太后的主意，但一進一出，難免不會引起翁的忌恨。何況沒有幾天，張之洞便放兩廣之缺，翁一定會以為這是我在中間做了手腳，恨意便更深了。如此看來，翁同龢指使門生攻訐張之洞，其本意還在為難新班軍機處，斥弟的目的在於劾兄！

張之萬悟出這層緣故後，更覺為張之洞化解此事渡過難關，是自己不容推卸的本分事。

他想，化解此事，惟一的途徑便是聯合閻敬銘一道，說服醇王，由醇王出面跟太后說清。只要太后諒解了，滿天陰霾便可化為晴空萬里！

張之萬想到這裏，提起筆來給閻敬銘寫了一封信，請閻設法為堂弟彌縫此事，過幾天再一道見醇王。他將這封信密封好，派家人送到閻府。

住在頭條胡同一座簡樸小院裏的閻敬銘，這兩天也為兩廣的事在思量。這位當年湘軍中的第一理財好手、現官居協辦大學士戶部尚書兼軍機大臣的三朝元老，並不因身份的貴重而沾染官場的虛文陋習。十多年的軍旅生涯，讓他悟出打仗其實打的就是糧餉的大道理：糧餉足，仗就打得贏；糧餉不足，一切籌謀都成畫餅。湘軍之所以超過當時所有的團練綠營而成大事，最後的落腳點便在於尋到了一條行之有效的籌糧籌餉的路數。他任職期間，凡可籌糧籌餉的事他都做，只求目標，不計手段。即使引起府縣不滿，百姓怨恨，他也在所不惜。最後，他以保障各路供應換取前敵戰場上的成功，贏得能員幹吏的美譽，一切騰怨便自動熄滅了。他由此領悟自古以來常說的「積貧積弱」四字的深刻內涵：弱乃因貧而起，人貧則人弱，家貧則家弱，國貧則國弱，要想強則先要富。富強富強，富裕之後才能強大。正因為此，他深為讚賞張之洞從理財着手振興兩廣的施政方略，至於開放闈賭，儘管有招人指謫，但為了強粵大計，也是可以採取的。他相信他可以憑此說服皇太后。作為一個精明的官員，閻敬銘看出此事的最大難處，在於朝廷過去曾禁止過闈賭，又有英翰開禁而被撤職的前例。這是攻訐者所能持的最有力的上方寶劍。倘若沒有這些，那就一切都好辦多了。張之萬的信提醒了閻敬銘，張之洞實際上已經與新軍機坐在一條船上了。「同舟共濟」，才是新軍機處所應當採取的措施。閻敬銘進一步意識到此事與自己的關係所在。然而，那道橫在化解此事道路上的巨大障礙，要如何繞過去呢？他決定從國史館調來英翰的檔案詳加研究。

世上的事情，耳聽傳聞與扎實詳究，這二者所得的結果是大不相同的。英翰因開禁闈賭而革職的事便又是一個例證。詳查英翰的舊檔後，閻敬銘不僅弄清了英翰削職的經過，也弄清了廣東闈賭一事的來龍去脈。

原來，粵省的闈姓之賭，朝廷並無禁止的明文，可以查到的禁賭依據，是咸豐十一年時任兩廣總督勞崇光關於闈賭的一道奏疏上的硃批：「粵省闈姓作賭，擾亂民間秩序，助長僥幸求利之風，應予禁止。」這道硃批的時間是咸豐十一年八月初九日。

閻敬銘看到這個日子，心頭猛然一陣難受，因為正是這一天，他在武昌城裏接到咸豐帝賓天的凶問。八月初九日的這道硃批，顯然不是咸豐皇帝寫的。二十多年後的今天，當年熱河行宮那場驚心動魄的爭鬥早已成公開的秘密，閻敬銘心裏明白，這道硃批既不是六歲小皇帝所寫，也不是東西兩宮太后所擬，而是那時正執掌朝廷最高主權、氣勢熏天的肅順的命令。理清了這層關係後，閻敬銘心中的這塊石頭算是落下了八成。

肅順禁闈賭的命令其實只在勞崇光任粵督時，認真執行過。勞崇光調走後，此風又復起。用粵省百姓的土話來說，朝廷對闈賭是開一隻眼閉一隻眼，英翰的革職其實並不因為開禁，而是那一年出了場大風波。

花縣一個姓陳的闈賭主辦者在開局的前夕拐挾賭民五百萬銀子，逃到國外去了。四處找不到他的蹤跡後，賭民決定變賣他的房產田地賠償。結果發現他的良田美宅早已賣給別人，剩下的財產全部加起來不及三十萬兩。賭民們氣憤不過，對姓陳的行事查了個究竟。查出他與官府關係密切，懷疑他私下送給總督銀子不下百萬兩，於是幾個家中損失巨大的粵籍京官聯名上奏彈劾英翰，罪名是私開闈賭，接受賄賂，包庇縱容奸人拐逃巨款。賭民也恨死了英翰。有的甚至投匿名帖到督署，聲稱要殺掉他來出氣。英翰嚇得不敢輕易外出。他自己上疏朝廷，說闈賭一事他禁止不力，以致釀出如此大事，請求朝廷給予處分，調離兩廣。

朝廷見事情鬧得這樣大，只得派出兩員大吏來廣州調查。不知是欽差受了賄，還是英翰手腳做得乾淨，總之，查來查去，也沒查出英翰私受巨賄的真憑實據來。最後兩位欽差向朝廷具摺，建議禁止闈賭和將英翰免職調離。朝廷同意了這個建議。英翰便因此丢了督粵而回到北京，但不到三個月，他又謀到一個烏魯木齊都統的美職，走馬西北上任去了。兩年後死在任上，飾終隆重，御祭文滿篇稱讚，無半句提到闈賭一案。

弄清楚英翰的這段履歷後，閻敬銘心裏更踏實了。

這天上午，張之萬邀了閻敬銘一同來到太平湖醇王府。

3 以三十萬兩銀子上繳海軍衙門為條件，換取闈賭的合法進行

「甚麼好風，兩位老中堂聯袂而來，難得難得！」四十五歲的醇王滿面笑容地將張、閻讓進王府精緻的內客廳，立時便有小太監端來香茶、菓品。醇王才具不及恭王，對待下屬卻比恭王要和氣得多，醇王府也不像恭王府那樣奢豪森然。這是醇王高過恭王之處，也因此在京師贏得不少好口碑。

「有好些天沒見到王爺了，心裏惦記着，今天天氣好，我約了丹老一起來看望王爺。」張之萬兩眼含笑地望着醇王說。醇王年紀雖不大，但一向身體單薄瘦弱，臉色常是灰灰白白的，然今天卻容光煥發。他頗為奇怪，嘴裏頌揚，「幾天不見，王爺氣色這樣好，老臣心裏高興極了。」

閻敬銘也看出了這一點，忙說：「王爺精神旺盛，是天下臣民之福。」

「是嗎？」醇王摸了摸自己的臉頰說，「我也覺得這些日子身體是健旺些，吃飯睡覺比過去都要香甜。」

張之萬因為在醇王小時便教過他的詩文，彼此關係較為親切隨便，為把今日的氣氛營造得更熱鬧些，便開着玩笑說：「想必王府來了高人給王爺開了好秘方，王爺拿出來給我們瞧瞧，也讓我們這兩個老家夥回去吃幾劑，調調神，多活幾年！」

說罷哈哈大笑。

「張中堂取笑了。」醇王笑着說，「哪有甚麼秘方，真要有的話，一定會公之於眾，讓諸位同享。只是二位今天來的正好，有一件大事，我還沒有跟禮王他們說，先聽聽兩位老中堂的意見。」

「甚麼事？」閻敬銘竦然直起腰桿，全部注意力立即集中起來。

「請王爺說說。」張之萬也放下手中的托杯。

「前幾天，太后召見我，跟我說起辦海軍衙門的事。」

「辦海軍衙門？」兩位軍機大臣幾乎異口同聲地反問了一句。

「是的。」醇王繼續說，「海軍衙門，這四個字是太后親口說的，我當時也沒想到太后會有這個想法。」

「這是一件好事。」閻敬銘立即予以肯定。

「太后具體怎麼說的？」張之萬暫時壓下堂弟的事情。跟辦海軍衙門比起來，廣東的闈賭當然是小事一樁。

「太后說，李鴻章跟她講，馬尾江戰役把福建海軍的弱點都暴露出來了。當初左帥創辦馬尾船政局，原是想利用該局造艦辦學，培育人才，為大清的海軍打下一個基礎，不想辛辛苦苦辦了二十年，耗資幾千萬銀兩，瞬息之間便被法國人毀掉了。檢討福建海軍的這個結局，一是因為艦艇太差，被法軍擊毀的十一艘艦艇，一半是我國自己製造的，一半是從西洋買來現成的。自己造的艦小、炮力弱，遠不是法國人的對手。不是他們不知道自己的艦艇不行，也不是他們不知道洋人有好艦，他們是沒有更多的銀子去購買。二是監督不嚴格，人才缺乏。張佩綸、何如璋固然不懂海戰，其實他們更是命不好，倒楣而已。歷屆船政大臣都和他們一個樣，發生在誰身上，結局都是一樣的。針對這兩個方面，李少荃向太后提議，由朝廷來辦海軍，設一個海軍衙門，專門辦這件事，集中全國的銀兩來買艦艇，就可以購買最好最新的洋艦，由朝廷出面聘請最能幹的洋員來經辦。如此，我們大清也可以建立起一支世界上最強的海軍來。」

「這個提議不錯。」張之萬輕輕地點了點頭，心裏想着：李鴻章這人就是乖覺，心計多，馬尾江的敗仗，普天下的人都知道，將近一年來，罵張佩綸的話洋洋盈耳，彈劾的奏章也積案盈箱，就沒有哪個記得張佩綸曾經有過建水師衙門的摺子，這海軍衙門不就是水師衙門嗎？還是李鴻章這人聰明！

「但是，太后沒有同意，說由朝廷出面辦一個海軍衙門好是好，但說到底還是要銀子呀，朝廷一時哪裏拿得出這多銀子來買炮船呀。」

「太后考慮的有道理。」身為戶部尚書的閻敬銘深知國庫的空虛，他皺着眉頭說，「自從長毛作亂之後，朝廷是一空如洗，至今元氣還沒恢復過來，哪裏拿得出大筆銀子來呢！」

張之洞的事情，歸根到底還不是因為銀子短缺的緣故嗎？正是一碼事呀！張之萬趕緊補充：「丹老說得很對，國家當今第一大難題便是缺銀錢。太后當一國的家，為一國的銀錢憂慮，督撫當一地一省的家，則為一地一省的銀錢憂慮。」

說罷望了一眼閻敬銘，閻敬銘懂得他目光中的意思，說：「太后有太后的難處，督撫有督撫的難處，越想辦大事，困難就越大。」

醇王則不明白兩個軍機的話中之話，依然沿着自己的思路說下去。

「銀錢艱難這點我也清楚，別的不說，就說為太后造園子的事吧，進展不快，也就是銀子跟不上來。皇帝都眼看要親政了，太后還沒有一處地方頤養，我能不着急嗎？」說話間醇王特地看了閻敬銘一眼。

醇王所說的造園子的事，內中也的確有些曲折。

光緒六年，醇王親自為慈禧踏勘清漪園舊址，將修復清漪園的計劃定了下來。但管事的恭王仍像同治年間一樣，以帑藏緊缺為由將計劃擱置一旁不理睬，慈禧心中大為不快。甲申年撤換恭王全班軍機，近因是越戰失敗，遠因則是這樁事。

新軍機上任後不久，醇王便舊事重提，沒有恭王這個障礙，事情好辦多了。但那時越南的戰爭正打得緊，大興園工，無論從氣氛上說，還是從經費上來說都不是時候，於是醇王便先以修理三海來暫時討得慈禧的歡心。三海即北海、中海和南海，本是皇家的行宮，它挨着紫禁城，出入方便。

夏日三海水波蕩漾楊柳成蔭，較之宮禁來說，自然涼爽清幽，故帝王后妃們夏天常來三海遊憩。自元代定都北京來，三海便不斷拓建。到了清代，三海是宮殿成羣樓閣相望。康熙、雍正、乾隆幾代皇帝，不僅將此當作遊樂之地，而且在此宴請王公大臣，並在勤政殿等宮殿裏召見官員，處理國事，接見進京朝覲的外藩國使臣，歡迎得勝回朝的出征將士。三海裏的水時常疏浚，保持一年四季的清亮潔淨，又特為種了不少蓮藕。每到三夏時節，一眼望去，三海之上碧葉田田，蓮花盛開，真正是「映日荷花別樣紅」，那景況的確是清雅之極！

可慈禧卻還嫌它不夠氣派，不夠豪華，於是醇王下令，將三海所有亭閣樓台重新漆過一遍，又特為將連接北海和中海的宏偉大橋——金鰲玉橋加以包裝，將數以萬計的黃金、白銀溶成水液塗飾其上。三海氣象果然一新，慈禧心中自然歡喜。

光緒八年初閻敬銘出掌戶部後，開源節流，精打細算，到了年終報賬，他又將閒款與正款一齊上報，比前任多出三四百萬兩銀子。慈禧對閻敬銘的能幹甚為稱讚。晉協揆，入軍機，便是對他的獎賞。這兩年修三海，用的就是閻敬銘上報的閒款。

戶部的閒款大致包括抄查犯罪官員的家產等各種罰款，以及變賣之款等等。歷任戶部尚書都不將這筆閒款上報，一來怕來年正款有虧，好以此補缺，二來戶部留下這筆銀子也好自己辦些事情：或是上下官員們沾潤沾潤，或是年節之時用來向王公貴戚們送禮，還有各省撫藩們到京城來辦事，送來百兩銀子的禮物，尚書侍郎們收下後，也得回送十兩八兩的。所有這些，都要有一筆銀子擺在這裏才好辦呀！

閻敬銘不需要這種小金庫，他統統上報。後來得知這些銀子全部用在三海上去了，他又有點心疼。十年底，正款、閒款加在一起，比上年多出五百萬，慈禧看到戶部這份結算單後，高興地對醇王說：「閻敬銘真是一個理財能手，每年都能多出幾百萬兩來，比翁同龢要能幹多了。今年居然增加了五百萬，明年要再增加五百萬就是一千萬。你前些年說的修復清漪園子的事，我看可以動手，有這一千萬兩銀子，大概也差不多了。」

醇王本擬將這五百萬銀子做點別的事，聽慈禧這一說，主意就改變了。他想：三海畢竟近在咫尺，還是要將清漪園修好，讓她搬得遠遠的，彼此都可省心。

「清漪園的事臣已籌劃好些年了，現在，馮子材在越南打了勝仗，閻敬銘又在戶部籌集了款子，這都是託太后的洪福。明年春上就動手，兩到三年功夫也就修好了。」

醇王把這事跟閻敬銘一說，閻敬銘的臉就沉下來了，說了許多不能挪作園工的道理，特別強調萬一又打起仗來，這筆銀子還得用作軍餉。醇王好說歹說，才勉強地說動這個倔犟的陝西老頭，同意從戶部撥出了二百五十萬兩。

閻敬銘雖然撥了銀子，但心裏老大不情願。時隔不久，內務府又為園工的事向戶部要銀子。閻敬銘壓下不理，內務府再次具文，閻敬銘又不批。無奈，內務府只得請醇王出面。醇王看了內務府稟報，竟然開口要八十萬，他心裏吃了一驚：剛提的二百五十萬，怎麼又要這麼多！稟報後面附了一頁清單，上面詳詳細細地開列了二三十個項目，每項多少多少，匯總起來八十萬還出了頭。醇王也不知道哪項該要哪項不要，更弄不清楚這種材料的行市怎樣，只得照批給戶部，要戶部速撥銀八十萬。

三十年前的戶部主事深知宮中用工的弊病。宮中用工，比如修繕殿堂、整治道路、調理花園等等，開出一萬銀子，用到工程上的有三千兩就不錯了，這其間的七千兩銀子便被監督、工頭、採買、工役等人層層貪污中飽了。至於日常的吃飯穿衣用藥等開支，則更是公開地濫報冒領。道光帝是個知道節儉的皇帝。有一天吃飯時，他指着一碟韮黃炒肉絲問御膳房的太監，這碟菜要多少銀子，太監答十兩。第二天他召見一位大臣。國事談完後，他順便問一句，一碟韮黃炒肉絲得要多少錢。那位大臣答，十文錢左右。十兩與十文，有着百倍之差，道光大為惱怒。他召來御膳房太監，問這是何故？誰知這位太監並不恐懼。他平靜地告訴皇帝：民間炒一盤菜，的確十文便可以，但宮中炒出這碟菜，非要十兩不可。接着便詳細說明：這菜裏的肉取的是豬背正中的一塊肉，一頭豬只能取夠炒一碟的肉絲，故肉要算一頭豬的錢。這頭豬由專人餵養，從生下來起就吃的白米稀飯，餵這頭豬出來要六兩銀子。韮黃是來自豐台專為宮裏供菜的暖棚，這暖棚從入秋起要生炭火保溫，一直到來年春末，施的肥料是專門用黃豆麥片漚爛而成的。一碟韮黃則要從一百斤韮黃中一根根地精細挑出。這碟韮黃要花費二兩銀子。另外，要用燕山的豹子油，夾皮溝的蘑菇，木蘭獵場裏的山雞湯，渤海的魚粉等等做佐料，這些耗費要在二兩左右。用十兩銀子，還未計廚房裏的工錢，若將工錢加進去，尚不止十兩哩！道光帝聽了，覺得有道理，便不再追究了。其實，這位御廚房的太監說的全是騙人的話。內宮裏每一樣從宮外買進的東西，都有一套這樣的離奇來歷，太監們一代傳一代，編得滴水不漏，皇帝妃嬪都被他們這樣糊弄過去。這樣一道韮黃炒肉絲，他們至少要從中貪污八九兩。這批內務府裏的大小蛀蟲們就這樣上下包庇內外勾結，將國庫裏的銀子化為他們囊中的私物。這中間的弊病，惟戶部最為清楚。但戶部的堂官和司官，或不敢得罪，或與內務府狼狽為奸沆瀣一氣，至於部裏的那些小宮小吏，也多多少少得過其中的好處，大家便都兩眼一抹黑，任它如何傷天害理，也不去理睬。閻敬銘的心裏當然最有數了，每一想起此事便心情鬱悶。但他已是六七十歲的人，真要認真調查起來，哪有這個精力？何況部裏幾乎無人支持。他實在不願在這種兩難處境中呆得太久，東山復出尚只有三四年，便又萌生了回解州書院養老的心願。因為有此念頭，他也便不想曲意阿附太后和醇王。要撥出八十萬來，除非把別的都壓住。但救苦救難，賑災撫恤，總比修園子來得重要吧！閻敬銘勉為其難地分出三十萬來，也學醇王的樣子，附一張表，詳載近兩個月來哪個省災荒撥出若干，哪個省瘟疫撥出若干。醇王看後嘴裏不說甚麼，但心裏不悅。剛才這幾句話便有這個意思在內。

閻敬銘明知醇王話中所指，也不辯解，閉着嘴巴，面露微笑地聽着。

「我對太后說，西洋那些強國，都有海軍衙門，我們大清國海岸線有好幾千里，若沒有強大的海軍則守不住。這次馬江之役便是很大的教訓，朝廷設一個海軍衙門還是有必要的。不過李少荃提出同時建北洋海軍、南洋海軍、福建海軍，這個規劃也太大了些。太后說的有道理，經費拮据，一時也不能把攤子鋪得太寬。我看先辦北洋海軍，等過幾年朝廷富裕後，再來辦南洋和福建的。太后想了想說，按理說吧，咱們大清也是該有個海軍衙門，既然你和李鴻章都有這個興趣，就試試看吧！衙門的主兒也不交給別人了，乾脆你自己出面來當這個家，李鴻章做你的副手，再找幾個靠得住的人一起來張羅。就按你剛才說的，先辦北洋海軍，再辦南洋、福建海軍。一則是銀錢缺，另一個嘛，也是先辦辦看，積累點經驗，學點兒見識。老百姓說，不能一口吃成個胖子，我看就是這個理兒。我趕緊答應下來。要說我這幾天氣色好哩，就是遇到這件好事。人逢喜事精神爽，這話說得不錯。」

原來是這檔子事，對於國家來說，這無疑是樁大好事。作為熟知醇王脾性的老中堂，張之萬更知道，此事之所以令醇王如此興奮異常，還有它重大的深層原因。

身為皇帝的父親，醇王本應處於太上皇的地位，國家大權理應握在他的手裏，但其實不然。無論朝廷大臣，還是草野小民都知道，大清帝國至高無上的權力並不屬於他，也不屬於皇帝，而是屬於那位宮女出身的西太后。愛新覺羅氏用血汗生命打下來的這座江山，已讓此人坐了二十四五年，上上下下裏裏外外已全是她的人馬在控制掌管。醇王本人自然更為清楚，自己的兒子儘管是太祖太宗的黃金血胤，但若不是出自她妹妹的腹中，也是決不可能坐上今天這個位置的。出自這個原因，醇王對這位太后嫂子，是既畏懼又感激的。他並不想與慈禧爭奪權利，他也知道是絕對爭奪不過的。他只是希望，過兩年兒子親政後，慈禧能一心一意地到清漪園去頤養天年，將權力全部地毫無保留地交出來。但是，熱衷於最高權勢已久的她，能做到這一點嗎？醇王心裏很沒把握。這些年，醇王一直在暗中努力培植自己的勢力。從恭王手裏奪來軍機處，便是這一努力過程中的最大收穫。不過，軍機處的領班名義上仍然不是他，況且軍機處地位太崇隆、太重要，太后一直緊緊地把它抓在手中，要想藉它扶植更多的私人力量並不容易。好了，現在有了海軍衙門這個從名義到實際都屬於自己的領地，今後真可以大有作為了。

用鐵騎征服漢人的努爾哈赤的後裔清楚地知道，刀槍兵馬才是奪取權力和保護權力的至關重要的根本。而恰恰就是在這一點上，醇王深感自己的基礎薄弱，那些將軍都統幾乎沒有一個是他的心腹。海軍衙門一旦建起，事情就會來一番大的改變。當今的世界，艦艇取代鐵騎，大炮取代刀槍，軍務重心已轉移到海軍上來了。醇王心裏有數，誰是大清國新興的海軍的最高統帥，誰就是大清國最有力量的軍事統帥。現在就拿太后所授予的名正言順的權威，組建一個完全是自己人的團夥，調撥千萬両銀子購買幾十艘炮船，籌建一支名為朝廷實為自己所統領的海軍。那時的醇親王便手握真正的權柄，太后即便不甘寂寞，也將力不從心，自己的兒子便可以坐穩這座危機四伏的江山，自己也便成了名副其實的太上皇！這怎麼能不令醇親王異常激動，異常亢奮呢？怪不得這段時期氣色這樣好，精神這樣旺！

張之萬是巴不得醇王早日握有實權的，他出自內心地喜道：「恭喜王爺，賀喜王爺，王爺是我們大清國也是有史以來中國第一個海軍大臣。有王爺來親自執掌，大清海軍將必定可與西洋列強抗衡，保衛我萬里海疆，永不遭受外人的侵擾！」

閻敬銘也高興地問：「王爺準備召集哪幾個人來辦這事？海軍衙門何時掛牌？」

醇王說：「這些事，正是我要跟禮王和軍機處諸位一起商量的事。你們幫我物色物色，選幾個特別合適的人出來。」

張之萬一邊撫摸着灰白而稀疏的長鬚，一邊緩緩地說：「海軍衙門是自古以來沒有過的新衙門，也是我大清今後最為顯赫的第一大衙門，幾個主要辦事的人員非得要德才兼備眾望所歸者不可！」

醇王點點頭說：「我也是這個意思。」

張之萬說：「李少荃是太后點的名，當然沒話說了。此人能幹是能幹，但攬權謀私也是第一。王爺今後要防着點。」

醇王點了點頭，沒有吱聲。

「至於其他人選嘛，這要慎之又慎。」張之萬沉思片刻後說，「眼下只有一個人，挺合適。」

「誰？」醇王眼睛盯着張之萬。

閻敬銘也凝神諦聽。

「曾紀澤。」張之萬鄭重其事地說出一個人名來。「二十年前，文正公在江寧做兩江總督時，他在督署住過一段時期。我去江寧會文正公時，總要和他聊幾句。當時我便對文正公說，你這公子篤實勤奮，日後必為國家的棟樑。現在看來，我的眼光不錯。這些年來，曾紀澤一片公忠為國家辦事，是闔朝有目共睹的。我之所以要薦他進海軍衙門，除他的人品行事有乃父之風外，更主要的是看重他有多年出洋做公使的經歷，又懂洋文會說洋話。王爺，這海軍衙門不像別的部院，以後跟洋人打交道是第一件事，必須要有一個熟諳洋情的主辦人才行。」

醇王不僅不識洋文不懂洋話，就連英美法這些西洋大國的基本知識，他也所知甚微，曾紀澤這樣的人才是太重要了。他連連點頭：「曾紀澤這個人提得好，海軍衙門非他不可，他這一個就算定了。明兒個讓總署發急電催他回國。」

說着轉過臉問閻敬銘：「丹老，你看還有誰合適。」

閻敬銘說：「張中堂說，人選要慎之又慎，這話說得很對。海軍衙門我還是剛才聽說，一時尚沒有適當的人，提不出。只是，」猶豫片刻，閻敬銘還是直爽地說了出來，「戶部的銀子都用到園子裏去了，辦海軍衙門的經費從哪裏來？戶部留點銀子，原是為着國家的不時之需，所以我不主張修清漪園。王爺您看，現在不就等着要銀子用嗎？」

醇王笑了笑說：「太后為國家操勞幾十年，修座園子讓她好休養休養，也是應該的。至於海軍衙門的錢嘛，我會另想辦法，不從戶部拿。」

閻敬銘說：「只要不從戶部拿銀子就好，否則我這個戶部尚書就是砸鍋賣鐵，也湊不出這筆銀子來。」

「銀子嘛，慢慢來想法子。」醇王說着說着突然提高了嗓門，「兩位老中堂，你看我人未老就先糊塗了，現存着一筆名正言順的銀子，我都沒想起拿來用！」

「王爺說的哪筆銀子？」閻敬銘被醇王這句話弄得一時摸不着頭腦。

「海防經費呀！」醇王興奮地說，「朝廷過去每年都從海關關稅中抽出四五成撥給直隸、兩江、福建、兩廣等省辦海防，現在成立海軍衙門，這筆銀子理所當然地歸海軍衙門了。」

閻敬銘忙說：「王爺說的極是，這每年的海防經費今後自然應當交由海軍衙門來經理。」經醇王的提醒，張之萬又想起張佩綸的摺子來。他說：「海防經費歸海軍衙門管，這是再恰當不過了。還有，早在前年，張佩綸建議辦水師衙門的時候就提出一個設想：全國十八行省每年協濟朝廷四百萬銀子辦水師，按大小貧富不同分攤。我看，海軍衙門建立後，就按張佩綸這個設想叫各省協濟。」

醇王說：「張佩綸這個設想好是好，但各省都告窮不已，當時他的設想就沒有得到一個省的響應。現在再提出來，也不知各省的反響如何。」

這時，張之萬猛然來了靈感，尋到一個為堂弟說情的好機會。「王爺，這種錢哪個省都是能躲即躲，能推即推，不會心甘情願主動出的。這要採取兩個措施。一個朝廷下嚴旨，出也要出，不出也要出。二要有一兩個省份的督撫帶頭，他們一帶頭，別人也就不好不出了。」

醇王微笑着說：「就叫令弟在兩廣帶個頭如何？」

「我也正是這個想法。」張之萬將身子向醇王那邊移了移，口氣明顯地親熱許多。「王爺，張之洞最近有一筆收入，老臣可以跟他商量，要他拿出二十萬來協濟海軍經費，為各省帶一個頭。」

「張之洞的這筆收入是不是闈賭的錢？」

張之萬、閻敬銘的心都頓時怔了一下，他們聽出醇王的口氣似乎有點不友好。

「正是這筆錢。」張之萬的聲調不自覺地低了下來。「馬江之役福建海軍的全軍覆沒，法國人在越南的強梁稱霸，這些給張之洞很大的刺激：法國人之所以如此囂張，全憑着他們的軍事實力。託太后、皇上的如天洪福，託王爺的大才經緯，鎮南關取得大捷之後，張之洞下定決心要在粵省設廠製造炮彈船艦，辦洋學堂。要辦這些大事，最缺的就是我們剛才談論再三的銀錢二字。萬般不得已，他才採取從闈賭中抽取稅款的下策，至於他自己和粵省各級文武衙門，則絕對不敢從中牟取一絲一毫的私利。張之洞日前託人送來一份關於不得不辦闈賭的陳述，及所收款項的明細賬目，老臣正要呈報王爺過目。」

說罷，從左手袖袋裏取出早已準備好的一份雙手遞給醇王。

醇王接過張之萬遞過的一迭厚紙，望了望閻敬銘說：「看來，兩位老中堂今天是特為此事約好一道來府的。」

閻敬銘說：「近來連續有人給太后、皇上上摺子，說張之洞辦了一件很壞的事，朝廷應將他撤職查辦。張之洞受了一肚子委屈，沒有辦法了，只得託我們把實在情況稟報王爺，請王爺為他主持公道。」

醇王把手中的紙略微翻了翻後，將它放在茶几上。「張之洞這次做得是有點莽撞，太后對此事也有看法。」

張之萬、閻敬銘心裏又緊張起來，竦然諦聽下文。

「初七日上午，太后召見我時，特為提到這件事，說高鴻漸、莫吉文上了摺子。還說到翁同龢為此很氣憤，罵張之洞公然冒天下之大不韙，用新舉人的姓來打賭，虧他自己還是兩榜出身、做過幾任鄉試主考的人，真正是有辱斯文。」

張之萬的心驟然一陣寒冷，果然沒有猜錯：易果信的背後就是翁同龢。只是翁同龢也太狠了些，在太后面前說這樣的話，豈不要置張之洞於死地，全然不顧侄兒同年的一點情面！

閻敬銘問：「太后對這事做了聖裁嗎？」

「還沒有。」醇王說，「太后對我說，張之洞是為國家立了大功的人，此事的處置要慎重；廣東闈賭的事情，先帝既然早有禁令，先讓吏部派人去兩廣調查清楚，違令是不對的。不管如何，得先把此事停止才對。」

聽了這話，兩位老軍機才略為放下心來。

閻敬銘說：「咸豐十一年，當時兩廣總督勞崇光關於禁止闈賭一摺上是有一道硃批。只是這道硃批的日期是八月初九日，文宗爺是七月十五日龍馭上賓，這道硃批出自誰的手，王爺比老臣更清楚。」

醇王聽了這話，眼前忽地一亮：「丹老是說，禁止闈賭的硃批的日期是咸豐十一年八月初九日？」

「是的。」閻敬銘以極為肯定的語氣說，「為核實此事，老臣親自從國史館檔房調出舊檔，軍機處錄副上清清楚楚地寫着八月初九日。」

二十四五年前，那場驚心動魄的變局頓時浮上了醇王的腦海。他知道慈禧對肅順的深惡痛恨，直到今天也未減輕一絲一毫。他更知慈禧的為人：仇敵所做的事，她要堅決反其道而行之。禁止闈賭的硃批不是咸豐而是肅順之所擬，她絕對會毫不猶豫地斥責為偽批。那末，違背偽批的張之洞自然就沒有過錯了。

醇王不把這層思考說出來，只是點了點頭說：「好，好，只要丹老說的這個日期確實沒錯就好。」

閻敬銘斬釘截鐵地說：「絕對沒有錯，我可以將這件軍機處錄副送來請王爺過目。」

「行。」醇王說，「明天打發人送來我親自看一下。」

張之萬極為佩服閻敬銘的精明老到：「丹老澄清了一件大事。八月初九的硃批，無疑不是出自文宗爺之手。更何況，二十多年來粵省的闈賭名禁實未禁，一直在民間暗中進行着。英翰革職之後，闈賭則轉到澳門去了，洋人從中獲取高額稅利，本屬於中國的銀錢反而流到了洋人的腰包。」

「還有一點，要向王爺說明的。」閻敬銘補充，「英翰的革職是因為有人捲款外逃，牽涉到官府，英翰本人又涉嫌收受巨額賄賂。關於這件事，老臣也詳細查明了。」

醇王認真聽着兩位軍機大臣的話，心裏在默默地思量着：以新舉人的姓為賭博，真正反感的也只有翁同龢這樣的書呆子，要說這犯了多大的罪過也說不上。粵省的百姓既然樂意賭這個，賭賭又何妨？最主要的是可以從中抽稅。平素要百姓出一個子兒，好比割他們身上的一塊肉，用這個辦法來抽稅，他們倒情願捐輸。現在籌集銀錢太難了，也怪不得出此下策，眼下辦海軍衙門第一件難事不就是銀錢嗎？張之洞這樣做，要是我做粵督說不定也會這樣做，至於太后，也不會把幾個舉人的姓看得那樣重，不贊成闈賭，無非是有先帝的禁令在罷了。既然那不是先帝的硃批，而是肅順的偽冒，太后腦中的怒火還不知為何燒哩，她哪裏還會去計較甚麼斯文掃地之類陳詞濫調！不妨賣個面子給這兩個老頭子，讓他們去監督張之洞每年帶頭捐銀子是挺重要的。想到這裏，醇王態度持重地說：「張之洞用抽闈賭的稅來辦自強大事，居心雖好，但手法卻嫌卑下了點，怪不得引起不少的糾彈，太后也不太贊成。我能知他的心情，也想成全他這番苦心，情願冒犯太后一下，也要去替他說說情。只是方才張中堂說的，張之洞今後每年捐獻三十萬給海軍衙門，為各省帶個頭，這件事他一定要說到做到。」

張之萬心裏想：我剛才明明說的是二十萬，醇王怎麼說三十呢？是聽錯了，還是藉機多要十萬？他也不敢提出來糾正，生怕醇王不高興，多十萬就十萬吧，只要這事能讓張之洞去做就得了！

張之萬忙說：「張之洞一定會感激王爺成全他的大恩大德，至於每年捐三十萬，老臣想他一定會做到的。這三十萬留在廣東是辦自強大事，捐給海軍衙門，不更是自強大事嗎？這個道理，張之洞是會明白的。」

「正是這個話。」

說着，醇王站了起來，張之萬、閻敬銘見目的已達到，也趕緊起身告辭。

4 難道是她？是那個多少年來魂魄所繫的肅府丫鬟

慈禧得知禁止闈賭的硃批是肅順的代筆真相後，立即改變了對此事的態度，高鴻漸、莫吉文等人的摺子也便悄無聲息地淹沒了。其他一些善觀風向伺機而動的台諫言官，見高、莫等人的摺子沒有引起甚麼反響，擬好的糾彈奏章也不再上了。一場即將掀起的滔天風浪，也就這樣轉眼間平息下來。

一個月後，楊銳圓滿完成任務回到廣州。雖說離京前，由張仁權通過戶部電報房，已將京師的情況告訴了張之洞，但在楊銳抵穗的當天下午，他們還是立即見了面。張之洞需要從學生的口中得知更為詳細的內容，尤其需要楊銳談談與張之萬、閻敬銘及通過兩位軍機轉述的醇王的一切言談。他還想了解楊銳所感受到的京城裏的其他種種。

楊銳將自己在京師近一個月的全部活動，向老師作了稟報，又特別將兩位老中堂的臨別之話作了複述。張之萬要楊銳告訴堂弟：開闈賭雖出於萬不得已，然此等易招謗誹的事還是以少做或不做為好。此次倘不是閻丹老查出硃批的真相，即便醇王有意護衛，太后那一關也不易過。用三十萬兩銀子買醇王的大駕，代價雖然大了些，但闈賭年可收入九十餘萬，除去三十萬，尚可餘六十餘萬，划得來。且海軍衙門一旦辦事，「各省協餉」必定逃不脫，不如主動帶頭，在太后、醇王面前博得好感，在朝野上下贏得好名聲，權衡之後，當知利大於弊。

老哥的這段告誡引起了張之洞的重視。前幾天得知闈賭風波平安度過後，趙茂昌又興致勃勃地向張之洞提出另一條生財之道。

海外呂宋國盛行一種賭博，這種賭博的名稱叫買白鴿票。白鴿票分為全票、半票、小票等多種，全票一張六元，共賣去四萬張，得二十四萬元，國王從中抽出四萬八。半票一張三元，也賣四萬張，得十二萬元，國王從中抽出二萬四。小票一張一元，也賣四萬張，得四萬元，國王從中抽出八千。國王每次從全、半、小票中共淨得八萬元。每月初一賣票，三十日開彩。國王親自主持，文武大臣分列兩旁。國王座位左右兩邊各置一大桶，每個桶內有四萬張籌碼，內中載明頭彩、二彩、三彩一直到十彩。其中全票頭彩一人，中者得六萬元，二彩一人，中者三萬元，三彩一人，中者一萬元。以下各彩依次遞減，中彩人員也增多，到最末等人員最多，中者得錢最小，為十元。半票、小票也一樣，只是得錢分別為全票的一半及六分之一。呂宋國王每月從彩票得銀八萬元，一年得銀九十六萬元，成為全年收入中的一大宗。福建有商人專做這種生意，從呂宋國販票進來，在福建城鄉賣。若有得中的，商人取去十分之二，十分之八歸買主。近來，此風已蔓至山東、江蘇、浙江等沿海省份。趙茂昌建議，廣東可以將呂宋國這種彩票照搬過來，不成問題。趙茂昌這番話說得張之洞心動了。

聽了楊銳轉達過來的老哥的告誡後，他決定白鴿票之事至少暫時不能啟動。闈賭畢竟是一樁在粵省流行多年的舊事，且辦理的人是商人，官府不過抽稅而已，若按趙茂昌所說由督署出面主辦白鴿票，那我張之洞將不成了專辦賭局的總督，授人的口實就大了。這事且待以後再說吧！

楊銳還轉達了閻敬銘的一番話。閻敬銘說，自強實業是一樁大好事，這正是曾文正公、胡文忠公生前想辦而沒有辦成大結果的事業。現在李少荃、劉坤一等人正在繼承着，但也尚未見大成效。辦自強實業一靠實力、二靠人才，李少荃這些年來之所以做得像模像樣，就是靠的這兩個方面。當年曾文正公手下有個奇人，名叫徐壽，安慶內軍械所造的第一艘汽輪機「黃鵠」號就出自此人之手，且人品操守也好，極受曾文正公的器重。徐壽有個兒子叫徐建寅，其才不亞於父親，又出過洋精通洋文。本擬請徐建寅去兩廣幕府，但他正守父喪，不宜辦公事。徐建寅推薦他的一個朋友蔡錫勇。蔡錫勇同治十三年在廣州同文館肄業。光緒元年由總署咨送廣東差委。不久，由出使大臣陳蘭彬攜帶出洋，派充駐美翻譯，又升任駐日參贊。光緒八年，因父死回福建原籍守制。蔡錫勇人品端方，西學精湛，正當盛年，是個不可多得的洋務人才。上個月三年守制期滿，正在漳州府等待復出。望迅速派人去漳州，用重金聘過來。閻敬銘還語重心長地叫楊銳轉達一句話：世上一切事情，都是人做出來的。所以，事業的成與否，千條原因，萬般機奧，最後都落在「人才」二字上。曾文正公、胡文忠公之所以成就了一番大事業，歸根結底，也就是在會用人這一點上強過別人罷了。

閻敬銘的這番話更給張之洞以重大啟示。他當即要楊銳休息幾天後，即赴福建漳州，不管有多大困難都要克服，不管蔡錫勇提甚麼條件都滿口答應，一句話，務必把此人請到廣州。

楊銳為老師的這番愛惜人才的激情所感動，說：「我年紀輕輕的，不需要休息，明天作點準備，後天我就去吧！」

半個月後，楊銳果然將蔡錫勇帶到兩廣總督衙門。張之洞見蔡錫勇端端正正的五官、文文雅雅的舉止，滿心歡喜。簡短的交談幾句後，他知道蔡錫勇字毅若，今年三十五歲，有一妻一子和一位七十餘歲的老母，現都暫住漳州府老家，待這裏安頓下來後再來廣州。又知蔡錫勇精通英文和日文，對機器製造、採礦煉鐵等學問都有研究。張之洞高興地説：「我這裏有一位辜鴻銘是你的同鄉，他也懂得好幾國洋文，對洋學問也有研究，你們今後可以用洋話討論洋學問，彼此都不孤寂了。」

蔡錫勇説：「早就聽説福建出了奇人辜鴻銘，只因他一直在南洋，不能見面，想不到也在大帥的府裏，真是難得。」

張之洞笑着説：「我這裏不僅有懂洋文的辜鴻銘，還有對老祖宗傳下的學問鑽研深透的梁鼎芬，更有胸懷絕學才可濟世的桑治平，還有能辦事的趙茂昌。接你的楊鋭年紀雖輕，你也不能小看他，日後也是國家的棟樑之材。」

説得楊鋭在一旁不好意思起來：「恩師言重了，我哪裏是棟樑之材。中國的學問，只略微懂一點，洋人的學問一竅不通。蔡先生、辜先生才是真正有用的大才哩！」

張之洞説：「洋學問重要，中國的學問也重要。只是眼下懂中國學問的多，懂洋學問的人少罷了。我們要有十個八個毅若、湯生這樣的人，辦起自強實業就順暢多了。」

「這個不難。」蔡錫勇説，「我認識一些有實學問的洋人，可以通過他們招聘一批洋技師來，馬尾造船廠裏就有五六個法國技師。」

「行。」張之洞説，「確有真才實學，薪水高點也不妨。」

「大人，還有一條招致人才的路子。」

「甚麼路子，你說說。」張之洞以極大的興趣聽着。

「大人，若論辦洋務實業，廣東較之於其他省來說，最是得地利之福。」蔡錫勇操着一口福建官話，慢條斯理地說，「廣東地處南海之濱，是我國最先與西洋諸國打交道的省份，加之後來香港、澳門租讓給英國、葡萄牙，更使得廣東省有與西洋比鄰而居的味道。故而廣東民風受洋人的影響很大。這點，不僅陝甘、四川、兩湖這些內陸省份不能比，就是江浙等沿海省份也不能比，連我的家鄉福建，雖然很早以來便是漂洋出海的傳統，也不能與廣東相比，因為福建沒有香港和澳門這樣的洋人租借地。當年容閎奉曾文正公之命，選拔一批少年出國留學，在其他省份找不到人，但他一回到家鄉廣東來招，便立刻招滿了。道理就在這裏。」

蔡錫勇說的是十多年前的事。同治九年，曾國藩和李鴻章聯名上摺請選派聰穎子弟留學西洋，學成後報效國家，為徐圖自強大業培植人才。那時張之洞正在湖北做學政。這道有名的奏摺他在邸報上看過，當時滿腦子清流，並沒有把這道奏摺看得很重。當然，他更不可能意識到，就是這道奏摺給中國日後的發展帶來了劃時期的變化。今天，將兩廣富強置於自己雙肩的粵督，突然發現，十五年前的這個亙古未有的設想和不久後付諸實施的行為，實在是一樁極富預見的賢哲之舉。

「你是說，廣東有不少懂洋務的人才？」

「是的，大人。」蔡錫勇說，「容閎從同治十一年起，曾先後組織四批共一百二十個少年，遠渡重洋去美國留學。他原本按着曾文正公的設想一批批地招下去，但後來一些有力者對此事頗為不滿，故只招四批就停下來了。在美國留學的幼童，也陸續回國，回國後多不受重視。因為他們是廣東人，所以很多至今還在廣東老家。廣東可以說是洋務人才的藏龍臥虎之地。」

「穀若，你知道這一百多個幼童，在美國到底學得怎麼樣嗎？」

「據我所知，在美國不好好讀書，沾染洋人惡習的人是極少數人，絕大多數都勤奮學習，潔身自好。他們一來資質聰穎，二來多為清貧家庭出身，讀洋書不唯替國家出力，也是為自己謀一條進身之路。一二批基本完成了學業。三四兩批儘管沒讀完，但他們洋話洋文都很好，洋學問的基礎也打下來了，與那些未放過洋的人畢竟有天地之別。只要把他們放在洋務局廠，他們立即就可以隨着機器的運轉而將自己的才能發揮出來，即使過去沒有學過，看看摸摸，要不了三五個月，也便成為行家。」

「好，好！」張之洞滿心歡喜。「把他們都招聘來，讓他們在我這裏都學以致用，發揮長才。你看如何把他們招來？」

楊銳問：「你過去與這些人有過交往嗎？」

「也認識幾個。」蔡錫勇說，「不過，認識的這幾個人都不在廣東，或在京師，或在上海，或在天津。他們算是這些人中運氣較好的，有事讓他們做，所學也能用上一些。」

「我有一個主意。」楊銳興奮地對張之洞說，「可不可學學古人的辦法，張貼招賢榜，把藏臥於草澤林間中的龍虎招出來。」

「行！」張之洞被學生的這個想法激動起來。「就以兩廣總督衙門的名義頒發一個招賢榜，不局限當年的留美幼童，凡對洋務實業有一技一長之能人，我們都歡迎他們前來毛遂自薦。把這個賢榜張貼於廣東各府縣，讓全省士紳百姓都知道我們正在招納四方賢俊，共襄廣東富強大業！」

「太好了，太好了！」蔡錫勇連聲稱讚。楊銳則快樂得幾乎要蹦跳起來。

「叔嶠，招賢榜這個點子，是你提出來的。這個榜文，就由你來擬。我們求的洋務之才，別的可忽視，不管出身、資歷、品性如何，只要有洋務一技之長，都可報名。你用心寫好，要寫得像《求賢令》、《舉逸才令》那樣，既有文采，又標新立異，爭取流傳下去。」

楊銳說：「我一定努力寫好，但恩師期望太高了。《求賢令》、《舉逸才令》上下幾千年，也只有這兩篇，況且也只能出自集英雄和奸雄於一身的曹孟德之手，別人寫這樣的文章，不被唾沫淹死才怪呢！」

張之洞哈哈大笑起來：「叔嶠呀！你的氣魄太小了，不是做大事的胸襟。要做大事，就得有曹孟德那樣的氣度。怕甚麼別人的唾沫？大業成功了，唾沫自然沒有了！你大着膽子寫去，這不是你楊銳在招賢，是我張某人在招賢。五千年的中國歷史，難道只許出一個曹孟德，不能多出個張香濤嗎？」

楊銳也受了感染：「我放開來去寫，說不定也寫得出。」

張之洞對蔡錫勇說：「辯才識才一事就交給你了，你就充當這次廣東洋務鄉試的主考。我還給你請一個副主考。」說到這裏，張之洞停了一下。「就是我剛才說的桑治平。他是我的老朋友，等會兒，我帶你去認識認識他。他久閱人事，歷練豐富，給你當助手。若是既有洋務之才，又懂中國學問，品性又好的全才之才，本督將親自接見委以重任，破格提拔，為粵省士人樹立新的楷模。」

幾天後，蓋有「兩廣總督關防」紫花大印的招賢榜在廣東省九府四廳六十餘縣的城鄉關隘、道口碼頭、集市墟場、驛站客棧到處張貼。老百姓只是在茶館書肆裏、戲園舞台上知道古時曾有過招賢榜，卻從來沒有在現實中見過這類東西。現在，由粵省最高衙門所頒發的招賢納才之告示，不就白紙黑字地貼在眼前嗎？而且招的是洋才，真正是又稀罕又有趣。工商農人看稀奇，鄉紳讀書人在感歎。賢才尚未招納，實業尚未啟動，招賢榜就已引起了千千萬萬人的議論紛紛。當然，主事者更是做夢都沒有想到，這道招賢榜還引出了世間一段動人心弦的愛情故事。

一兩個月來，設在督署旁邊的招賢館，成了廣州城裏最為熱鬧的場所。它不僅引來四面八方跋山涉水前來投考的人，也吸引更多看稀奇的游手好閒的市民。

前來應招者各式各樣的人都有：有會幾句洋話的，有對西洋數理之學略知一二的，也有在香港澳門洋人辦的工廠裏做過工的。這些人通過蔡錫勇的當面測試，都一律登記上冊，告訴他們聽候通知。當然也有些油滑劣佞之徒，試圖來此混水摸魚。這種人，桑治平只要略問一二句，把戲便被戳穿，在圍觀市民的哄笑之中鼠竄。

這段時期裏，也真的招來了十二三名當年隨容閎去美國求學的幼童，這些人中年歲大的早已過而立，最小的也有二十四五歲了。有的回國已七八年，光緒七年最後一批回來的，也有四五年了。回國後景況都不佳，在美國所學的知識技能毫無用武之地。這些年都靠做點別的小事謀生糊口。想起自己辛苦所學一無用處，心裏常常痛苦不已；看看自己的國家與美國相比，一切都如同天地之差，更是悲傷失望。這些人大都情緒激動，對兩位主考表示：不求高薪，不求美宅，只要將當年所學的能在自己國家派上用場，就心滿意足了。桑治平聽着這些話，心裏很感動，常會從這些人的身上看到自己的影子：當年自己不也是這番熱血嗎，後來不也是傷心失望嗎？而他們畢竟比自己幸運，能在青春尚未逝去的時候，碰上一個這樣的好總督，還能有才能施展的一天。摸摸鬢上的霜花，將近五十的桑治平不免心頭滄然起來。

這天上午，招賢館裏又走來一個應招者。桑治平第一眼看見這個人，心裏便有一種異樣的感覺。他自己也略覺奇怪，定定神，又將此人仔細地打量了一番。這是一個剛過弱冠的年輕人，與通常廣東青年男子相比，他有不少不同之處。廣東青年男子，大多黑瘦矮小，臉上顴骨較高，眼睛略顯下陷。這個年輕人，高挑，白皙，五官清秀，沒有讓人產生凹凸錯位的感覺。步履穩健，舉止文雅，儘管衣帽並不講究，但一眼便看得出是一個受過良好教養的人。

因為是招聘洋務人才，都由蔡錫勇先接待，桑治平則在一旁靜靜地聽着，悄悄地打量。

「小伙子，你是看到招賢榜後才來的？」蔡錫勇面帶微笑，溫溫和和地問。

「是的，我是看到招賢榜後才到廣州城裏來的。」小伙子坐在蔡錫勇的對面，平靜而大方地回答。

桑治平聽出來了，這小伙子的口音明顯不同於大多應聘者的粵腔十足的廣東官話，而是帶有中原地域的腔調。他不是廣東人。桑治平由此證明了剛才的直覺。

「招賢榜張貼出去快兩個月了，你怎麼今日才到廣州應聘？」

「我這半年在澳門一家報館做事，十天前才回的家，看到榜文後，即刻就到廣州來了。」

蔡錫勇點點頭，繼續問：

「你叫甚麼名字？」

「陳念礽。耳東陳，懷念的念，示字旁加一個乃字。」

陳念礽一字一頓地報着自家姓名，以便讓執筆書寫的主考不至於寫錯。

蔡錫勇一筆一劃地在登記簿上寫着。一旁的桑治平在心裏默默地想：這個小伙子的名字竟與我的本名共着一個「礽」字。這「礽」雖也是一個好字眼，但一來較偏冷，二來因為康熙皇帝的廢太子叫允礽，所以用這個字為名的人不多。默想之間，桑治平又將眼前的陳念礽多看了幾眼。

「多大了，哪裏人？」

「今年二十四歲，本省香山人。」

「你父親做甚麼事？」

「我父親曾在京師做過內閣中書。我五歲時，父親便去世了。」

桑治平插話：「你父親叫甚麼名字？」

「陳建陽。」桑治平搜尋着腦中的記憶，找不出有關此人的一點痕跡。

蔡錫勇繼續詢問：「你懂洋文嗎？」

「懂！」

「英文，法文還是德文？」

「我懂英文，也略懂一點法文。」

「你的英文是從哪裏學來的。」

「我在美國住了整整七年。」

這句話立即引起兩位考官極大的重視：莫不又是一位當年留學美國的幼童？

「同治十三年，我隨容純甫先生去美國留學，光緒七年回的國。」

果然是的！兩位主考的眼睛裏立刻射出驚喜的光芒。

「這麼說來，你是第二批赴美留學的幼童？」蔡錫勇的問話中分明帶有幾分羨慕和企望。

「是的。我是第二批。」陳念礽也因蔡錫勇這一問而興奮起來。「第一批比我們先一年，比我們後一年的是第三批，再後一年是第四批。一共僅派出了四批，每批三十人，以後再也沒有派了。」

「那你認不認識梁金榮、方伯梁、梁普時？」

「認識，認識，他們跟我一批的。」陳念礽更加興奮了。「當年我們一起坐輪船去的美國，在船上整整坐了兩個月，一天到晚在一起。到美國後就分開了，回國時沒有一起走，我好多年沒有見到他們了。」

先生，你怎麼認識他們的？」

蔡錫勇笑了笑說：「他們也是跟你一樣，看到招賢榜後到我這裏來的。」

「他們也來了，太好了，我可以見到他們了！」陳念礽激動得紅光滿面。「梁普時有個弟弟梁普照，也是一同去美國留學的，他來了沒有？」

「沒有。」蔡錫勇搖了搖頭。

看到陳念礽由謹穩慎重突然變得如此活躍歡忭，完全露出一個大孩子的聰明靈動本色，一股長者的慈愛之心立時湧現在桑治平的心頭。他笑容盪然地問：「你剛才說二十四歲，那同治十三年，你不只有十二歲嗎？這麼小，就離開母親漂洋過海，你不怕，不想家嗎？」

其實，前面在此應招的十來名留美幼童，都是這種經歷，為甚麼對他們沒有發出這樣的問話呢？話一出口，桑治平就覺得自己彷彿對這個年輕人有着不同的感情，是第一眼就有一種親切感的緣故，還是因為他與自己同名的緣故呢？桑治平自己也不清楚。

「也害怕，也想家。」陳念礽實實在在地説，「剛到美國那一陣，天天巴不得回國，直到一兩年後才定下心來，立志好好讀洋書，學本事。」

桑治平問：「你們到美國後是怎樣生活、讀書的？」

陳念礽答：「到了美國後，我們就分散住在美國人的家裏。每三個月，容監督來看我一次，檢查我的功課：有美國的功課，也有中國的功課。」

「還給你們佈置中國的功課？」桑治平問。

「是的。我們也要讀四書五經，讀《史記》、《漢書》、李杜詩篇、韓歐文章。」陳念礽答話的神態顯得頗為自豪。

桑治平很有興致地問：「在美國那個環境裏，吃麵包喝牛奶，讀中國的古書，能提得起興趣嗎？」

「是有許多人不想讀，但我卻有興趣。」

「為甚麼？」

「因為我是中國人。我母親總在信中告誡我，不管在美國住多久，始終不能忘記自己是中國人，學成後一定要回來報效自己的國家。我牢記母親的話，即使住美國，也努力讀中國的書，讀中國的書使我時刻不忘我的國家。」

桑治平和蔡錫勇互相交換了一下目光，這個回答使他們十分滿意。桑治平更對陳念礽的母親產生幾分敬意。一個女人，能有這樣的見識，難能可貴！

蔡錫勇問：「在美國上了大學嗎？」

「我在耶魯大學讀了兩年。」

「學的甚麼。」

「學的機械和冶金。」

「最好，最好！」蔡錫勇連聲稱讚，又問，「我來考考你，中國最早的機器製造廠是哪家？」

「中國最早的機器製造廠是咸豐十一年曾文正公在安慶辦的內軍械所。安慶內軍械所以造洋槍洋炮為主，實際上是我國第一家兵工廠。」陳念礽回答得很流利。

「目前中國最大的機器製造廠是哪家？」蔡錫勇又問。

「江南機器製造總局。」陳念礽應聲答道，「同治四年，曾文正公和李中堂在上海建造的。它的機器來自三個方面，一是安慶內軍械所，一是美國旗記鐵廠，一是容監督從美國買回來的新機器。江南機器製造總局規模很大，比較接近於歐美等國辦的機器廠。」

蔡錫勇很滿意，又問：「你能說得出幾個國內有名的機器廠嗎？」

陳念礽想了想說：「要說機器製造廠，除安慶內軍械所、江南製造總局外，還有李中堂創辦的金陵製造局和左侯創辦的福州船政局，可惜，去年此局被法國人破壞慘重。除這兩個局外，就我所知道的，還有蘭州機器局、天津機器局、廣東、山東、湖南、四川等省都有機器製造局。不過，這些局大都規模不大，所出的產品也不多。」

「行了，可以了。」蔡錫勇又問，「張大人打算在廣東辦一些洋務實業，你看，最急務的當是甚麼？」

陳念礽低下頭，沉思一會，說：「當年曾文正公請容監督去美國購買機器，立腳點在自己造機器，故買的是機器之母，即憑在美國所買的機器，造出新的機器來。一時間，機器二字盛行中國。所以，這幾十年來，中國所辦的軍工廠莫不以機器局命名。我記得還是我們初到美國不久，容監督有次跟我們說，鋼鐵是購成一切機器最主要的材料。中國現在沒有鋼鐵，要造機器，得向美國或歐洲一些強國買鋼鐵，成本昂貴。其實，中國礦藏很多，完全可以自己採礦冶煉，自己來造鋼鐵。這樣，不但可以解決自己的用材，還可以將這些鋼鐵賣給外國，賺大錢。在容監督的啟發下，我在美國就選擇了機器製造和冶煉這兩門功課。故以我之見，當務之急是在廣東辦一座鋼鐵廠，自己採礦煉鐵煉鋼。」

蔡錫勇滿臉綻出笑容。他站起身，雙後握着陳念礽的手：「你這個想法跟我不謀而合，我們是英雄所見略同，恭喜你被錄取了。今後，廣東的洋務實業要多多借重你。」

陳念礽很高興地說：「我只是學了點書面知識，沒有具體做過事，今後只能是邊幹邊學。」

桑治平也起身，問：「你住在哪裏？」

「我住在榕樹街鴻達客棧。」

蔡錫勇說：「還委屈在那裏多住幾天，不要挪動了。過幾天我再為你尋一間好房子，到時我派人來鴻達客棧接你。」

晚上，桑治平又想起了陳念礽。他發現自己是從心裏喜歡這個小伙子。他甚至還覺得小伙子有點像他年輕時的模樣，舉手投足之間，依稀可見二十多年前自己的影子。他有一種想和陳念礽聊一聊的衝動。次日下午，桑治平早早地吃了晚飯，便徑直去了榕樹街。鴻達客棧是一個很不起眼的小旅店，經過多次打聽，才在榕樹街的一條小巷子裏找到正在燈下攻讀的陳念礽。見是昨天的大主考親自下到這裏來找，他顯得又激動又緊張。忙將小房間唯一的一條小木凳讓給客人，自己坐在床沿上。

「讀的甚麼書？」桑治平隨手翻着陳念礽剛才讀的書問。

「從美國帶回的《採礦學》，隨便翻翻，溫習溫習。」陳念礽的答話有些拘謹，不像昨天那樣大方，主考的親自拜訪太出乎他的意外了。他很客氣地說，「老爺光臨鴻達客棧，我真沒想到。我家裏清貧，住不起大旅館，這裏太簡陋。無法招待你，我很過意不去。」

桑治平爽朗地笑着說：「不要叫我老爺，我叫桑治平，你叫我桑先生吧！我是窮苦書生出身。像你這樣的年輕，我能住這樣的旅店就算很好的享受了。」

桑治平說着拿起桌上那本《採礦學》，指着書上的英文，笑着說：「你真了不起，能讀它。在它的面前，我可是一字不識的睜眼瞎呀！」

說着又哈哈大笑起來。

望着桑治平臉上那燦爛的笑容，陳念礽心裏的拘謹和緊張完全消除了。

「剛到美國時，聽美國人嘰哩哇喇地說話，看他們書報上那些歪歪斜斜的文字，我心裏很害怕，不知自己今後有沒有本事聽得懂他們的話，認得他們的字。後來慢慢地也就習慣了，不知不覺間也就能說能看了，也真奇怪！」

「這就是俗話所說的，在山識鳥音，在水識魚性。身臨其境，很快也就會了。」

桑治平放下《採礦學》，笑微微地又將坐在對面的小伙子細細打量起來，心裏驚道：這小伙子真的是有幾分像我！

「念礽，我今夜來此看你，沒有別的事，想和你隨便聊聊家常。」

陳念礽點頭笑笑，他覺得這位主考老爺很親切平易。

「昨天你說，你父親在京師做內閣中書，你又是怎麼到廣東來的，祖籍香山嗎？」

「是的，我家祖籍香山，父親在京師做中書。五歲那年父親病故，全家就遷回香山老家了。」

桑治平心想，照這樣說來，他是真正的廣東人，怎麼會與一般廣東人的長相差別很大呢？遂問：「你母親也是廣東人嗎？」

「不是，母親說她娘家是河南的。我回香山後，常聽到的也是母親的中原口音，十二歲以後又離家到美國，所以我的口音與香山腔調有很多不同。桑先生問我母親的籍貫，是不是也發現了這個與別人的不同之處？」

陳念礽兩隻圓而黑亮的眼睛裏閃爍着招人喜愛的靈氣，桑治平看着這兩隻眼睛，又一次覺得似曾相識；認真地看時，又彷彿輕煙淡雲似的摸不到實處。他在心裏輕輕地遺憾着。

「是呀，我聽你的口音，就不像是地地道道的廣東腔。」

桑治平有意接過他的這句話：「你有幾兄弟姊妹？」

「我有四個姐姐，但不是同母的，同母的還有一個弟弟，比我小兩歲。」

「哦。」桑治平點點頭，又問：「你弟弟叫甚麼名字？」

「陳耀韓。」

「你為甚麼不叫陳耀甚麼的，或者是陳甚麼韓的，而與令弟的名字完全不同？」

陳念礽活了二十多歲，還從來沒有一個人對他的名字這般尋根究底地問。他既感到奇怪又有趣：

「我原來的名字不叫念礽，而叫耀朝，朝廷的朝，與我的弟弟的名字只差半個字。」

「甚麼時候改的這個名？」

「在我去美國留學的前夕，母親對我說，你改個名吧，不叫耀朝，叫念礽吧！我問母親為甚麼要改這個名，母親沉默了很長一段時間，才對我說，念礽就是懷念礽，礽是一個人的名字，他一直留在媽的心坎裏。媽讓你改這個名字，你就改吧，不要多問了。我當時覺得母親的心裏深處好像藏有甚麼秘密似的，但我那時年紀小，也不想多問。到了美國後，我便改叫念礽了。回國後，也沒有再改回來。」

小伙子沒有想到，他這一番平平實實的敍述，早已讓他的主考桑先生終於在一片模糊中尋到一絲線索。「我母親是河南人」，「礽是一個人的名字，他一直留在媽的心坎裏」。一個久已不再想起、卻又永遠不會忘記的人，已經慢慢地越來越清晰地浮上了他的心頭。難道是她？是那個在他的生命歷程中，第一個撥動他的心靈情弦，進入他的情感天地裏的，多少年來令他念念不忘的那個肅府丫鬟？世上真有這樣的巧遇嗎？

「念礽，我冒昧地問你一句，你母親叫甚麼名字？」

聰明的陳念礽終於明白：為何桑先生要親自來旅店看我，為何要尋根究底地問我的名字、家世，看來他是在打聽一個人；難道他要打聽的，竟是我的母親不成？念礽換了一種眼神，看着眼前的這位身份和地位都不平凡的主考：兩鬢雖已可見白髮，然精神仍然健旺抖擻，儀態雖嚴肅莊重，兩眼卻充滿慈祥和善。

「我母親沒有名字，別人都叫她陳姨娘。」

桑治平一陣失望，但他仍不甘心，又問：「你母親今年多大年紀了？」

「我母親今年四十三歲。」

年齡是吻合的。桑治平又問：「你見過你母親娘家的人嗎？比如說舅舅、姨媽等。」

陳念礽搖搖頭，心想：桑先生莫非是我母親娘家的親戚？他猶豫一下後問：「請問桑先生，您是河南人嗎？」

「是，我是河南洛陽人。」

「你和我母親是老鄉！」陳念礽興奮起來。

一個念頭突然強烈地在桑治平的心間湧出：香山離廣州不遠，我何不去陳家看看呢？即便不是她，實地看看他的家風也是件好事呀！

「念礽，明天你陪我回香山去，我看看你的家。」

「桑先生要去我家！」陳念礽驚喜地站起來，連連說，「好，好！」

5 陳念礽原來是桑治平的兒子

香山縣城北距廣州約二百里，南離澳門約一百里，東傍珠江口，西臨西江岸，位於廣東南部一塊富庶的寶地上。此地在明代乃是一個曬鹽場所，逐漸發展成為一座鹽商聚集的城鎮。它因氣候溫暖而農產豐富，因海鹽交易而經濟發達，更因地臨南海靠近澳門而早得西洋之風的感染。現在，誕生在此地的一位偉男子已經二十歲了。他在南洋求學，將要邁開他光輝人生的重要第一步，一個嶄新時代的帷幕正在等着他去揭開。四十年後，人們為了永久紀念他的不朽歷史功德，他的家鄉香山也因此改名為中山。香山之所以誕生了這位偉人，不是偶然的，它的地理環境和人文習尚為之準備了厚實的基礎。

早在道光初年，此地就出生了一位開風氣之先的人物，他就是容閎。容閎十二歲入澳門的教會學堂，十九歲留學美國，取得耶魯大學的學士學位，加入美國籍。二十七歲回國時，正碰上遍及長江中下游一帶的內戰。作為一個基督徒，他首先看中的是拜上帝會，他向太平天國的領導提出一系列富民強國的構想。然而，當時正在忙於奪取政權的天王顧不上他的這一套，卻不料天王的對手曾國藩很賞識他，幾次三番地予以約見。容閎終於在安慶見到這位湘軍統帥時任兩江總督的曾國藩，二人相談甚歡。容閎的那套宏偉的設想大受曾國藩的讚揚，立即撥出六萬両銀子，委託他到美國去為中國購買機器。後來，容閎又擔起負責中國幼童留學美國的重任。

當時，中國士人的正統出路仍然是科舉一途，留洋攻西學不為人所重視。容閎在京師及中原一帶招不到合格的子弟，目光便轉到他的家鄉香山。果然，在這裏他選派了不少優秀少年，而這批人才日後又為香山的進步起了很大的推動作用。香山，就這樣地成了近代中國一個具有特殊地位的小縣城。

陳念礽的家在縣城西北角，此處較為冷僻。一座接一座的磚瓦房，比起縣城中心裏那些宅院來，顯得陳舊、灰暗。陳念礽把桑治平帶進了一扇油漆剝落的門邊，說：「這就是我的家。」

開門的是一個和念礽面容相差甚大的年輕人。他很高興地叫了聲：「哥，你回來了」。

念礽對桑治平介紹：「這是我的兄弟耀韓。」又對弟弟說：「快叫桑先生，他是我的主考大人。」

耀韓怯生生地叫了聲「桑先生好」後，便趕緊先進了屋。

在簡陋的客廳裏剛坐下，便有一個二十歲左右小媳婦端了兩杯茶出來。念礽對桑治平說：「這是我的弟妹。我去美國的時候，弟弟十歲，母親帶着他過日子，家裏人口少，孤單，弟妹家人多，窮。第二年母親便把她接到家來做了童養媳，去年完的婚。」

桑治平笑道：「你訂了親沒有？」

「沒有。」念礽的臉紅了一下，很不好意思似的。

桑治平說：「哥哥未娶親，弟弟倒先娶了。」

念礽說：「在中國算少見，在美國，這是很常見的事。」

耀韓端上一盤南國水果放在茶几上，笑着插話：「哥見過大世面，眼界高，他的親難訂。」

念礽說：「不是眼界高難訂，我是因為事業無着落，不想訂。」

桑治平說：「現在事業有着落了，可以訂親了。」

耀韓欣喜地對哥哥說：「招上了？」

念礽點點頭。

耀韓快樂地說：「我趕緊去告訴媽。」

「媽在哪裏？」

「李八奶今天過七十大壽，在她家幫忙。我這就去叫媽回來，媽可高興死了！」

說着，一溜煙跑出了門。

小客廳裏，念礽陪着桑治平說話。桑治平嘴裏應付着，心裏卻翻騰起一陣陣的浪花。

念礽的媽真的就是她嗎？他下意識地搖搖頭。京師肅府裏的那個柔弱溫順丫鬟，無論如何也難以與眼下這個天涯海角的小縣城聯繫起來。當年踏破鐵鞋尋遍京師，走訪河南，一點消息都沒得到，難道真可以相逢偶然，得之於全不費功夫嗎？這種事，只能是戲台上見書中寫，卻是人間少世上稀。這種稀罕之事就可以讓我桑治平碰上了，真的是精誠所至金石為開嗎？桑治平在心裏悄悄地笑了起來。要說全不可能，也未見得。桑治平相信自己的直感，那一對大大的圓圓的、亮亮的飽含着無限深情的眼睛，如同兩枚融匯着靈慧與機敏的黑色和闐玉棋子，如同兩隻在水天一色中上下飛翔隨波起伏的海鷗，如同兩孔幽靜清澈、深不見底的泉井，二十多年來，一直深深地駐留在他的心田上，銘刻在他的記憶中。這些年裏，桑治平見過多少人，注視過多少雙眼睛，還從來沒有哪雙眼睛能使他感到如此親切，如此可愛，如此一見便怦然心動，如此能喚回他那無限甜蜜的記憶。

他再次認真地看了一下坐在對面的念礽。猛然間，他為小伙子的這雙眼睛找到了答案，那飄飄忽忽的影子不就是她嗎？

就在桑治平這樣遐想亂思的時候，只見念礽衝着門外喊了一聲：「媽，我回來了。」門外傳來歡快的聲音：「聽耀韓說，你被招上了！」

正說着，一個中年女人走進屋來。念礽忙站起，指着桑治平說：「這是我的主考桑先生，他特為從廣州到我們家來。」

「啊！」中年女人十分歡喜地說，「貴客，貴客。」

她走到桑治平的身邊，道了一個萬福，說：「主考大人，謝謝你招收了我的兒子，他從美國回來荒廢四五年了。你是我們家的大恩人。」

桑治平起身，微微地笑着，一邊仔細打量着她，一邊說：「念礽是官府培養出來的人才，官府應當用他，讓他發揮自己的才幹。」

「謝謝，謝謝。念礽，你好好陪主考大人說話，我幫着春枝到廚房裏去做飯。」說着又轉過臉來對桑治平說，「主考大人，你先坐一會兒，我去準備晚飯。」

望着她的背影消失在門外，桑治平一時間熱血奔流，萬千情緒頓時湧上心頭。正是她，正是二十多年來久隱夢魂深處的那個女人。

她明顯地老了。眉梢眼角間爬上了皺紋，皮膚粗黑了，頭髮也沒有先前的黑亮了，步履顯得重慢了，說話的聲音也變得有點沙了，粗了。

當年那個白嫩、鮮麗，走起路來輕盈婀娜，說起話來清脆響亮的她已不復存在了，惟一沒變的就是那雙眼睛，還是那樣大而圓，還是那樣幽深明淨！她沒有看出自己來。是的，二十多年來，功名困頓，事業受挫，歲月打磨，時光無情，昔日那個清秀倜儻、風度翩翩的美少年早已消失得無影無蹤，在她眼前竟是這樣一個塵滿面、鬢如霜的半百漢子，她怎麼可能認得出！何況她壓根兒就不會想到，當年肅府的那個西席會出現在香山縣城，會與她的兒子聯繫上來。畢竟世界太大了，光陰太快了，機緣太少了，人生太匆促了。她一個弱女子，怎麼可能會對命運存那麼高的奢望！

那末，相認，還是不相認？尋找數千餘里，相思二十多年，特為趕來見面卻不相認而回，無論如何都說不過去。相認，怎麼個認法？桑治平希望過會兒一起吃飯時，她能把他認出來，那將是一個多麼喜人的場景！

到了吃飯的時候，只有念礽兄弟倆陪着，婆媳倆都不見了。桑治平問念礽：「你的母親和弟妹呢？」

念礽說：「因為你是貴客稀客，她們都不上桌，在廚房裏吃。」

桑治平說：「我去請她們。」

說完走到廚房邊，見婆媳倆正在收拾灶台，桑治平急切地說：「嫂子，聽念礽說，你是河南人，我也是河南人，我們兩個河南人在廣東見面太不容易了，請你和你的媳婦一起上桌，我們嘮嘮家常吧！」

念礽的母親抬起頭來，笑着說：「主考大人，您也是河南人？」

「是的。」桑治平換成一口純正的河南話說，「俺是河南人，聽說嫂子也是河南人，俺們是鄉親。」

這熟悉的聲音像是突然召回了她的記憶。她瞪大兩隻眼睛，凝神望着眼前這個高大壯實的主考大人，笑意在她的臉上悄悄消逝，疑惑在她的雙眼中漸漸湧現。多麼眼熟的一個人，他是誰呢？

「好，好，俺是好多年沒有遇見過娘家的鄉親了。」她的心裏無端生出幾分慌亂，拉着媳婦的手說，「春枝，和娘一道陪主考大人上桌吃飯吧。你哥招上了，這是俺家的大喜事！」

飯桌上，念礽兄弟一個勁地向桑治平敬酒勸菜。桑治平幾次想和她聊家常，都被兩兄弟熱情的舉杯給打斷了。她低着頭，一聲不吭，默默地吃飯，分享着兒子的喜悅，只是常常不由自主地將目光向對面投去，趁着兒子們熱情敬酒的時候，將主考大人仔細地盯了一眼又一眼，她的心緒越來越亂了：開始還只是微風吹拂，一池秋水上蕩起細細的皺紋，接着便是風雨襲擊西江、浪花飛濺沖刷兩岸，現在則好比午夜時分，南海潮漲潮落，轟然撞擊着水中的礁石、岸邊的堅巖。

兒子跟主考大人在說些甚麼，她彷彿一句都沒聽進，只是那令她親切的中原鄉音，將那些久已淡泊的童年和少女時代的意念，從腦中一絲一縷地勾出，而勾出來的又總是一種苦澀的、辛酸的、悵惘的況味。然而，就在那艱辛的少女生涯中，也曾出現過一段短暫的亮色。那色彩是粉紅的、溫馨的、暖融融的，永遠是她苦難生命中的甜蜜，平凡歲月中的珍稀。之所以有那段色彩，則是因為有了他。這位主考大人是多麼地像他呵！那雙炯炯有神的眼睛，那道正直挺拔的鼻樑，尤其是那滿臉燦爛善良的笑容。正是他，沒錯！儘管離別整整二十五年，他的臉上有了皺紋，腰桿也比過去粗圓，但大體上沒有太多的變化，應該是他！只是天底下相像的人很多，京師距香山有四五千里路途，時隔二十多年了，難道真有這等共處一室同桌吃飯的巧事嗎？

在她四十餘年的日子裏，命運幾乎沒有給她甚麼優待，她不相信人到中年還會有這等喜事降臨自己的頭上。這時，突然有一句話傳進她的耳朵：「念礽，我在你這個年紀時，你知道我在做甚麼嗎？我在京師一個協辦大學士家做西席。後來，東家出了事，我也做不成西席了，便漫遊天下，為的是尋找我的所愛。」

好比一聲春雷，猛然間將她心中的所有霧霾都炸開了。就是他！實實在在、千真萬確的就是他！老天爺，你真的有眼，竟讓我在有生之年能圓這個夢。一行清淚從她的眼眶裏汩汩流下。她趕緊起身，悄悄走進廚房，蒙住臉，讓淚水盡情地流着流着……

桑治平將這一切都看在眼裏，他多麼想衝進廚房，把她抱在懷裏，為她抹去臉上的淚水，暖熱她的心窩。但是他卻站不起來，移不動身子。時光已過去了二十五年，二十五年後的今天，他們都不再是熱血奔湧的少男少女，而是為人父為人母的長者，在兒女面前，他們需要莊重，需要克制。

吃過晚飯後，桑治平被安置在念礽的房間裏休息。他的一顆心，為何能安靜得下來！二十五年前那個初秋月夜的情景，又鮮明而灼熱地顯現出來。二十五個年頭，九千多個日夜，桑治平曾無數次地為那夜的孟浪而自責而痛悔。他做夢也不會想到，短短的兩個多月裏，世事便會發生那樣天翻地覆般的變化，原先的一切美好憧憬被徹底摧毀，毀得連一點殘片都拾不起來。人家一個好端端的姑娘，今後如何嫁人？如何安身？你不該活活地壞了她的一生。罪孽呀罪孽！每每想到這裏，桑治平便禁不住狠狠地抽打自己的耳光：都怪當初年少不更事，都怪一時衝動而不能自制！

此時此刻，桑治平心裏冒出的第一個念頭便是要向她負荊請罪。儘管流逝的歲月不會重返，失去的生活不可再得，一句請罪的話與二十五年的生命相比較，何其渺小輕微！但桑治平仍想當着她的面說這句話。只有這樣，才能使自己心靈上的重荷略為減輕點。

桑治平輾轉床上，無論如何不能入眠。他凝望夜空中的皓月，想起了古人的名句：「年年歲歲花相似，歲歲年年人不同。」是的，花只是相似而已，與人一樣，也不可能歲歲年年相同，要說不與年歲推移而改變的惟有天上的這一輪明月！又是一個秋夜，又是一輪秋月，二十五年前的那個夜晚，月色不也正是這樣的嗎……

半夜時分，秋菱從床上起來，她要離開載礽回自己的房間了。載礽依依不捨地送她出房門，二人攜手來到中庭。此刻，一輪明月，如同清水中撈出的玉盤，高高地懸掛在一塵不染的星空，溶溶的清輝流瀉在肅府寬大而豪華的宅院裏，給白日裏火紅的石榴、墨綠的虯松、淺灰的漢白玉欄杆、橘黃的琉璃瓦，披上一襲薄薄軟軟的輕紗，籠上一層飄飄渺渺的淡霧。人間萬物都進入了一個空濛蘊藉的意境之中。天上升起一輪明月，世間就立刻美了；身邊有着一個秋菱，生命也就立刻美了。載礽終於按捺不住心中火一般的激情，再次將秋菱摟在懷中，口裏喃喃地唸道：「秋菱，我真捨不得離開你！」

「皇上不會在熱河住得很久的，頂多還有兩三個月就會回京師，那時我們就又在一起了。」秋菱再次被巨大的幸福包圍着，胸口急跳，兩頰通紅。

「兩三個月也是一段很長的日子呀！」

「要是肅中堂叫我也去熱河就好了！」

「我們明天一道去熱河吧！」

「那哪兒成！」秋菱小聲地笑了起來。

「秋菱，你一定得嫁給我！」

秋菱臉漲得更紅了。她低下頭，好半天才低聲說着：「我已經是你的人了，不嫁給你嫁給誰？」

「好，就這樣定了！」載礽托起秋菱的臉頰來。月光照在她端正秀麗的面孔上，比起白日來更顯得嫵媚可愛！

「秋菱！」

載礽輕輕地呼喊着，將懷中的女人摟得更緊了。月亮躲進了雲層，它有意讓這對情人放心大膽地長久地吻着……

唉！二十五年前的月亮與今夜一個樣，不曾多一分，少一分，也不曾亮一點，暗一點；可是，人卻大為不同了。對面而坐，卻不能像當年那樣談笑依偎、擁抱深吻！

今夜的她，還記得當年嗎？還記得銷魂蝕魄的那一夜嗎？

不能這樣呆着！往昔曾費了多少功夫踏遍山山水水去苦苦尋找，今日怎能失之交臂，當面錯過！桑治平披衣走出門外。小小的香山縣城早已萬籟俱寂，簡陋的陳家小院也已進入夢境，惟一的一盞昏暗的油燈，在東廂偏房的窗紙上跳動着。桑治平知道，這一定是念礽母親的住房。今夜，她和自己一樣，同是長夜不眠人。猶豫了一會，桑治平終於鼓起勇氣，走了過去，輕輕地敲起窗欞。

「誰呀！」房間裏傳出的聲音輕細而溫婉。

「我，念礽的主考桑……不，我是載礽。」

門輕輕地打開了。

桑治平的心上上下下在急劇地跳着。他快步走進屋，只見她站在油燈旁，兩隻眼睛熱切地望着他，如同二十五年前那夜一樣的激動興奮，一樣的動人心弦。

「秋菱！」桑治平不顧一切地奔過去，將秋菱的雙肩緊緊地抱着。

「真的是你嗎？」秋菱仔細端詳着桑治平，兩行熱淚滾滾而下，好半天，才顫顫地說，「這不是做夢吧！不是做夢吧！」

「不是做夢，秋菱，這不是夢。」桑治平又把秋菱摟入懷中，輕輕地替她抹去眼淚。秋菱的臉滾燙滾燙，猶如發着高燒。「秋菱，我們又相見了。你還記得那一夜嗎？那也是這樣的一個秋夜，在京師，在肅府，月亮也和今夜一樣的好看……」

桑治平的心裏藏着許許多多的話，他恨不得一古腦全部倒出來，對心中的所愛傾訴個痛快！

不料，他才開了個頭，秋菱已雙手蒙住臉，嚶嚶哭泣起來，桑治平趕緊住口。秋菱還在哭。桑治平將她扶到床沿邊，讓她坐下，自己隨手拉過來一條凳子，坐在她的對面。二人對坐好長一會兒，桑治平沉重地說：「秋菱，我知道你的心裏有許多苦楚，是我傷害了你。儘管我是真正地愛你，要娶你為妻，儘管後來的變化是我萬萬不可料到的，但這二十多年來我時時刻刻都在痛責自己，是我的一時衝動給你一生帶來了永遠不能抹去的痛苦。我今天，在認出你的那一刻，我第一個念頭便是要向你請罪。你打我兩個耳光吧，把你二十多年來積壓的苦楚散發出來吧！」

桑治平說着，把頭朝秋菱伸了過去。秋菱的雙手依然蒙在臉上，但哭聲已慢慢停止了。四周靜得一切似乎都凝固了，只有桌上的那盞小油燈的暈黃火苗，還在一閃一閃地跳躍。片刻之間，兩個人彷彿兩座石雕似地呆着。突然，秋菱的雙手伸過來，緊緊地抱住桑治平的脖子，把臉貼在桑治平的額頭上，又嚶嚶地哭了起來，一邊說着：「二十多年了，你到哪裏去了，你怎麼不給我一個信？」

淚水順着秋菱的臉頰流到桑治平的臉上，又從桑治平的臉上流到秋菱的手上。桑治平被秋菱的這一片深情所打動，從不落淚的漢子也忍不住熱淚奔湧。

好半天，倆人才從這相擁而泣的狀態中解脫出來。秋菱起身，拿來一塊毛巾遞給桑治平，又給他倒了一杯茶。

桑治平的心平靜下來：「秋菱，是我傷害了你，你受苦了！」

「唉——」秋菱重重地歎了一口氣。這口氣好像是從她的五臟六腑深處湧出，隨着這聲歎氣，二十多年來心中的鬱積彷彿頃刻間消散多半。「不說它了，這一切都是命。我知道，這些年你心裏的苦楚也不會比我少。」

這一句輕輕的話，如同一把利斧似的，把套在桑治平身上的無形枷鎖一下子全給劈了，他有一種獲釋之感。

「秋菱，為打聽你的下落，我在西山住了一年多。為了尋找你，我走遍了河南。河南找不到，又尋遍大江南北。二十多年來，我時時刻刻都在想念着你，卻不料這次有幸能見到你的兒子，他將我帶到香山，終於在這裏見到了你。蒼天有眼，想不到今生今世，我們還有相見的一天。」

「你的兒子」這幾個字，猛烈地撞擊着秋菱的心房。她再次凝望着眼前這個無數次出現在夢中的男人，嘴唇囁嚅好久後，終於開了口：「念礽是你的兒子！」

「我的兒子！」桑治平睜大眼睛，看着秋菱，他懷疑她是一時情緒激動說錯了話。

「是的。」秋菱的心緒已平靜下來，將剛才的話重複一遍，「念礽是你的兒子！」

念礽難道就是那夜所種下的根苗？桑治平的腦中瞬時間閃過這個疑問，但又覺得不大可能。他拉過秋菱有點發涼的手，急切地問：「這是怎麼回事，你說清楚點！」

「你走後兩個來月，我開始覺得自己身體有些不大對勁，渾身無力，貪睡，作嘔，厭食，不明白得了甚麼病。有一天，我終於跟劉姐說了。劉姐，就是廚房裏那個做雜事的大姐，你應該還記得。」

「記得，記得！」桑治平點頭之際，一個二十四五歲的年輕女子的模樣出現在眼前。她是個喪夫的小寡婦，婆家將她賣到肅府。劉姐心地善良樂於助人，又因為年歲稍大，歷事稍多點，成了肅府那些小丫頭的大姐姐。她們有甚麼事都願意對劉姐講，桑治平也知道她是一個苦命的好女人。

「劉姐聽了我的述說後，怔了好半天，才悄悄地附着我的耳朵說，你對姐說句實話，你有沒有相好的男人？我一聽這話，滿臉通紅，直羞到脖子根下了。劉姐見我這樣子，心裏一下子明白了。她沉下臉說，姐是過來人，這種事經過，我實話告訴你吧，你這病八成是懷娃了！我一聽，眼前發起暈來，淚水禁不住滾珠似地流下，兩手抓住劉姐的手不放，一口勁地對劉姐說，你說的是實話嗎，是實話嗎？劉姐滿臉肅然地說，姐懷過兩個娃，都有這毛病，特別是懷第一個娃時，與你說的絲毫不差。你是個沒男人的人，這事姐怎麼可以誑你！我頓時嚇得六神無主，渾身發癱，兩手一鬆，倒在劉姐的懷裏。」

桑治平心裏難受極了：一個未婚的女子懷上娃，這是一樁多麼丟臉的醜事！古往今來，凡有這種醜事的女子十之八九自尋短見，死了之後，還要被人唾罵詛咒！連娘家人都抬不起頭來。桑治平呀桑治平，你怎麼可以做下這等造孽事！桑治平心頭上的血在一滴一滴地流！

「劉姐對我說，你告訴姐，這人是誰，姐再幫你拿主意。到了這個時候，我不得不說實話了。不料，劉姐聽後，反而笑了，說原來是顏先生！這樣的話，姐倒要恭喜你了。顏先生學問好，今後必有大出息。你跟着顏先生，這是你的福份。聽說肅大人很快就要回京師了，等顏先生回來後，你就趕早辦了大事，明年堂堂正正地生個小子出來。劉姐這一說，我的心寬了許多。不去想別的，一心一意地等着你回京師。」

桑治平的心卻並沒有寬鬆，因為這以後所發生的，完全不是秋菱和劉姐所期盼的。

「過些日子，爾盛從熱河回到府裏，說肅大人過幾天就要回京師了。闔府上下都忙着準備迎接肅大人回府，我心裏更是高興，急着要把這事告訴你。誰知喜事沒有到來，到來的卻是肅府的大災大難。一天清早，突然來了一兩百號兵丁，將肅府團團圍住，一個人也不准外出。我懵懵懂懂的，不知出了甚麼事。一會兒，劉姐告訴我，肅大人犯了謀反大罪，肅府抄家了。我嚇懵了，一時心慌意亂，不知如何是好。我也不知道肅府抄家後會將我們這些丫鬟如何處理，我最擔心的就是會和你失去聯繫，我以後到哪裏去找你呢？我那時想，要是晚幾天你回來後再抄家就好了，有你在身旁，我就甚麼都不怕，我跟着你走就是了。唉，偏偏就在那時出了事。」

秋菱又重重地歎了一口氣，桑治平本想講講熱河行宮裏那些驚心動魄的權力爭奪，他怕打斷秋菱的思緒，沒有插話。

「我在屋子裏乾坐了三天。第四天，我們一羣年輕的丫鬟被單獨押到一處，劉姐也夾在我們一堆裏。

一個滿臉橫肉的把總走到我們面前吼道，你們肅家的丫鬟也都有罪，看在你們是女人的分上，不治罪，把你們統統都賣掉，都是一樣的價，一個人一百両銀子，都有買主了。買家是戍邊的犯官，還是京師裏的老爺，買去是做小妾，想是去做丫頭，這要看你們的命了。說完，一個小兵拿了一個竹筒，竹筒裏插着二十來根竹籤。那個把總又吼道，每人抽一支，抽到哪一支就哪一支，不能抽第二次，抽完後收拾行李，送你上那家去。」

桑治平聽到這兒，心裏又痛得像刀扎似的：想不到幾天前還是高貴顯赫的肅相府，一下子落到這般地步，可憐的肅府丫鬟們頓時淪落為任人賣買的貨物。心愛的秋菱，等待你的是甚麼命運呢？

「捧竹筒的小兵挨個兒從排成一排的丫鬟面前走過，每個丫鬟都從竹筒裏抽出一支。有瞪着眼睛將竹筒盯了半天後才下手的，也有閉起眼睛毫不猶豫就拿起一根的。拿到竹籤看過一眼後，多數丫鬟緊閉嘴唇，面無表情，也有突然放聲大哭的，房間裏的氣氛又緊張又壓抑。我只覺得渾身發冷，抖抖嗦嗦的。眼看那個小兵慢慢走近了。我的左手邊坐着劉姐，她的手顫抖了好一會，才從竹筒裏抽出一支竹籤來。她不識字，要我幫她看。我看那竹籤上貼的紙條寫着：內閣中書陳建陽小妾一名。劉姐鐵青着臉沒有做聲。輪到我了，我閉着眼睛隨手抽出一根，一看：大行皇帝萬年吉地洗衣婦一名。

「劉姐輕輕對我說，洗衣婦好，比做妾強。我剛暗自欣慰一會兒，立刻便恐怖得不得了：要不了三四個月，這肚子便會被人看出來，那時怎麼辦？再過六七個月，孩子就要出來了，豈不更駭人？我抓緊劉姐的手，哭着說，洗衣婦對別人是好事，對我卻不好！劉姐馬上明白過來，說是呀，過不了多久，你就要現懷了！突然間，有了一個想法：跟劉姐換！這念頭一出來，我否定了：給別人做小妾，怎麼對得起礽哥？再說已壞了身，別人不嫌嗎？轉過來又想，若去做洗衣婦，母子命都不能保，給人做妾，至少暫時可以遮醜，想必礽哥可以體諒我這番苦心。腦子裏這樣鬥來鬥去，到頭來，我終於狠了狠心，對劉姐說，我們倆換一下竹籤吧，你也好，我也好。劉姐點了點頭，趁着小兵給別的丫鬟抽籤的時候，我們趕緊偷偷地換了。出了肅府，她去大行皇帝的陵寢地，我則到了陳家。」

桑治平聽到這裏，流血的心突然被擱到冰窖似的，裏裏外外全都冷透了。

「內閣中書陳建陽原來是個快六十的老頭子，家裏有一個年歲與他差不多的老妻。老妻為他生了四個女兒，就是沒有兒子，陳建陽買妾是想要個兒子。知道這個情況後，我決定對他說實話。我說，我已有二個多月的身孕了。老頭子大吃一驚，脫口問，是肅順的？我含含糊糊點了點頭，不料老頭子反而高興起來，說，肅順是天潢貴胄，你把他的種籽帶進我家，日後若生了兒了，必定大有出息。我順着他的話說，若有出息，也是你陳家的光耀。老頭子忙說那是那是。我心裏好受多了，說，那就請老爺你在太太面前替我保密，只說孩子是早產兒。老頭子說，這事只你知我知，再不能讓第三人知道。我一聽這話，便跪下給老頭子磕頭，說，若這樣，你就是我的救命恩人，我一世做牛做馬服侍你。從那以後，我天天給菩薩上香叩頭，求菩薩保佑我生個兒子。果然，七個多月後，生了個男孩，老頭子高興得不得了，給他取名叫耀朝，意思是日後可以光耀朝廷。她的太太居然一點也沒有懷疑，跟着高興。」

到了這個時候，桑治平的一顆心才又回到自己的胸腔，感覺踏實多了。

「過了兩年，我又生下老二耀韓。到了耀朝五歲時，老頭子突然得病死了。他是廣東香山人，那時四個女兒都已出嫁，太太帶着我們母子就這樣來到了香山縣城。陳家並沒有甚麼家產，縣城裏只有這一棟舊院子，鄉下只有十畝水田。到了香山第二年，太太去世，為辦喪事，賣了四畝田。結果留給我們母子三人的，僅只這棟房子和六畝田了。」

桑治平插話：「三口人，六畝田，這日子怎麼過？」

「苦是苦，也這樣過來了。田租給別人種，每年給我們二十石穀，菜自己種，我再幫別人縫縫補補，也繡點花，賺點小錢，供他們兄弟倆發蒙讀書。」

「秋菱，你是一個有見識的好母親，日子這樣艱難，還能讓兒子讀書。」

「這要感激你，是你當時教我識字的。識了字後，就大不相同了，何況他們兄弟倆是男孩，更不能做光眼瞎子。」

說到這裏，倆人都感覺到輕鬆多了。桑治平問：「後來，念礽怎麼去的美國？」

秋菱理了理頭髮，說道：「那年他十二歲，容先生回到老家來招留美幼童，見他聰明可愛，有意招他。來到家裏，問我願不願意。我先問他自己，這孩子一口就說願意。你知道，香山這地方華僑多，華僑們在南洋在美國做工，到老了，也有回到家鄉來的，所以這裏的人對美國不生疏，都知道美國比我們這裏好。孩子的爽快答應幫我定了決心。我想，家裏窮，也無勢力，孩子留在香山，也不會有大出息，讓他出國闖闖也好，於是就答應了容先生。臨走前，陳家叔伯兄弟們知道了，堅決反對。我說，孩子是我生的，我有權為他做主，你們也從沒給過他一文錢，你們有甚麼資格反對！」

先前在肅府，秋菱在桑治平眼裏始終是一個柔弱的小女子，不料她也有這等魄力。正是應了一句古話：女子本弱，為母則強！

「送孩子上船的路上，我對孩子說：你改個名字吧，叫念礽。孩子問我為甚麼要改名。我說，媽在年輕時，曾遇到一個名叫礽的好人，他於媽有恩，媽一直懷念他。孩子懂事地點點頭，也沒再問下去。從那以後，孩子就用了這個名字。」

桑治平身上的血一下子又奔湧起來。他抓住秋菱的手，激動地說：「叫我怎麼感謝你呢，秋菱！你忍受着委屈痛苦，保留了這個孩子，又把他送往美國，學成回國。他即將成為國家的有用之才，我心裏真是高興極了。明天，我就去認了他，讓他歸宗，改叫顏念礽吧！」

秋菱默默地聽着，沒有做聲。兩隻手從桑治平的手中慢慢抽出，好半天，才輕輕地說：「念礽終於能回到自己親生父親的身邊，這是天意，我歡喜無盡；你認他，這也是正理。但我仔細想了想，以為還是不認他，不讓他歸宗為好。」

桑治平急道：「認祖歸宗，這是大好事，為何你不同意？」

秋菱說：「念礽這孩子畢竟是我們未婚所懷的，這事只有你知我知，還有耀韓的父親知，除此之外，再沒有第四人知道。你將他歸宗，這不是攪得沸沸揚揚，大家都知道，叫我在這香山如何做人？以後嫂子知道了，對你多少也會有些怨恨。」

桑治平連連點頭：「你說得有理，有理。」

「還有一點，能讓念礽平安生下來，長大成人，能讓我還有今日與你團聚的一天，這靠的是誰，還不是耀韓的父親嗎？我們不能過河拆橋，忘掉了他的大恩大德。念礽可以改名，但卻不能改姓，這一輩子就讓他姓陳姓到底吧，也算是我對耀韓父親的感激。」

桑治平忙說：「秋菱，你說得很對，剛才是我喜極而懵了。我只有一個女兒，多年來極想有個兒子，現在猛然聽到自己有個這麼卓異的親生兒子，你說我該有多高興！我再不說甚麼認祖歸宗的話了，一切照舊，念礽依舊是陳家的長子。」

秋菱臉上泛出一絲笑容，說：「我倒有個主意，明天我對兩個兒子說，我們昨夜聊家常，才知道原來是表親，讓兒子叫你表舅吧。如此相稱，日後你也好多管教他關心他。」

桑治平似乎忽然之間對眼前的這個女人有了更多的認識。若說二十多年前，他對她是一個熱血青年對一個多情少女的愛戀，那麼二十多年後的今天，則是一個中年男子對一位飽經坎坷的成熟女性的敬慕。

桑治平動情地說：「秋菱，若不是有你嫂子的話，我真想明天就將你娶過門，我們堂堂皇皇拜天地，體體面面做夫妻。」

秋菱臉上頓時飛過一片紅霞。「堂堂正正拜天地，體體面面做夫妻」，多少年來，這一直是秋菱的夢想和追求，但如今夢中人真的來到身邊的時候，卻又時過境遷，往日的憧憬倒反而變得飄渺起來了。她充滿柔情地說：「說說嫂子吧，說說你的女兒吧。這些年來，她們才是你最親的人。」

是的，也應該向秋菱說說這二十多年來自己的經歷。於是，桑治平將自己如何改名換姓隱居西山到漫遊天下，到古北口成家，到入張之萬幕，一直到跟着張之洞從山西來廣東的過程，細細地告訴了秋菱。秋菱靜靜地聽着，臉上看不出多少反應，而胸中卻如一鍋沸水似地翻滾不停。她從桑治平的敍說中，時時能感受到一個男人真摯而深沉的情和愛，一個志士博大而執着的事業心。她為自己當年慧眼識人而欣慰，更為兒子今後的前途有望而舒暢。

「哥，」依舊是當年肅府時的稱呼，它將桑治平全身的熱血直喚到腦頂。「我給你看樣東西。」

秋菱起身，從床底下移出一隻黑漆梓木箱子來。桑治平把桌上的油燈挑亮，他要把秋菱讓他看的東西看個仔細。秋菱站在木箱邊，定了定神，桑治平見她的臉色漸漸泛紅，隱隱約約地感覺到她的心在急速跳動。這情景又使他想起了當年去熱河前夕，秋菱剛進書房那一刻的神態。

她把木箱打開，箱子裏整整齊齊放着幾件舊衣服。她把衣服拿開，露出一大堆男人穿的棉鞋來。秋菱拿出其中的一雙遞給桑治平。這棉鞋，跟二十五年前秋菱送給他的那雙一模一樣。秋菱重新坐到桌子邊，眼睛盯着桑治平手裏捧着的棉鞋，好半天，她才開口說話，語調緩慢而凝重：「這箱子裏一共有二十四雙棉鞋，二十五年來我對你的思念都在這裏面。」

桑治平的心陡然一驚，手中的棉鞋忽然變得異乎尋常的珍貴而沉重起來。他又向木箱那邊看了一眼，那一排排堆放的棉鞋，也突然在他的眼中有了異樣的感覺。他很想說話，卻又不知說些甚麼，呆呆地望着手中的鞋子，猶如當年捧着秋菱送的那雙鞋子一樣，激動得全身熱血奔湧。

「你那年陪着肅大人去熱河的時候，院子裏的海棠樹開始飄葉了。第二年京師海棠樹再次飄葉的時候，我卻做了陳家的小妾。我不知道這個時候你在哪裏，也不知道你腳上的棉鞋穿壞了沒有，我想我應該為你再做一雙。於是我拿起針來，一針一針地納鞋底。邊納邊想，那一針一針地上下抽納，就好像在跟你一句一句地說話，滿肚子的心事，滿肚子的苦水，吐了出來，心裏就好受多了。」

月亮早已不知去向，夜已經很深很深了，四周是一片濃重的黑暗。遠處伶仃洋的海浪拍岸聲，似有似無地傳進陳家舊宅，更使人感到長夜的冷寂。

「從那以後，每年秋風起的時候，我便開始為你做一雙棉鞋。我把這一年來的思念之情，用這一針一線，把它納入鞋中。平時，拿起這些鞋子來，往日的樁樁舊事便會一一浮現在我的眼前。從北京到香山，從背着念礽兄弟到他們成人，就這樣，二十五年來，我為你做了二十四雙棉鞋。每次做鞋的時候，都想到甚麼時候能讓我看到你親自穿上它就好了。前幾年我還抱着一線希望，近幾年來隨着年紀老了，精力衰弱了，我也不再抱希望了。不料，上蒼有眼，還有我們重逢的一天。我真的可以親眼看到你穿上我做的鞋子的時候了！」

秋菱眼中的淚水頃刻間決堤而來，她不再說話。二十五年裏積壓的無窮無盡的思念幽怨、鬱悶冷寂，今天夜裏，都要藉這悲喜交集的淚水來徹底洗刷蕩滌！

伶仃洋的海浪，似乎翻捲得更高，撞擊得更響了；一聲一聲遞進，比起剛才來，顯得清晰可辯。它是在為她苦難的身世而哀哀哭泣，還是在為安慰她而絮絮輕語？茫茫無垠的星空，浩浩無邊的大海，今夜，你們聽到的是一個平凡女子的來自情感最深處的聲音。在天長地久亙古不息的宇宙看來，人類實在太脆弱，太無能，人的一生實在是太渺小，太短暫。這脆弱渺小的人類，好不容易擁有一個生命，為甚麼不好好享受，偏要生出這麼多自身造成的災難，製造出這麼多美與惡的爭鬥，情與仇的糾纏？這個當年卑微的肅府小丫鬟，用她整整二十五年的相思之情，納成的這二十四雙浸泡着淚水的棉鞋，是情到深處的美麗，還是情到癡處的迷誤？是人性的光輝，還是人性的悲哀？這實在是一個說不清道不明的話題。不過，無論外人怎麼評說，對面的男人，卻實實在在地被這一腔深情厚意所打動，所震撼！

桑治平放下棉鞋，將秋菱的雙肩再次抱緊：「秋菱，你那年送我的那雙棉鞋，我一直沒有穿，我走到哪兒，都把它帶着。看着它，就如同看到了你。這二十四雙鞋，寄託了你二十五年的情意，我會用我的全部生命來珍惜它。」

「我知道。」秋菱幸福地望着桑治平，溫存地說，「回房去睡吧，念礽從今往後就交給你了！」

6 海軍衙門和頤和園工程攪到一起了

第二天吃中飯的時候，秋菱當着桑治平的面告訴兩個兒子和媳婦：主考大人原來就是失散了三十年的表哥，想不到在香山居然親戚重逢。秋菱叫他們一齊向表舅磕個頭，認了這門親。念礽聽了，喜從天降。他對桑治平正是感恩不盡的時候，不料這位恩人竟是母親的表兄，從此恩人和表舅合為一人，更是情上加親了。耀韓覺得很是稀奇，好像正應了「天下之大無奇不有」的古話似的，奇事眼睜睜地就在自家出現了。只有兒媳春枝心存幾分疑惑。昨天吃飯的時候，她就發現婆婆的神色不大一般，特別是婆婆突然流淚離席，這個舉動也很特別。夜晚，她隱隱約約聽到婆婆房間裏整夜都有人在說話。這些加起來，憑着女人的直感，她覺得這位主考大人與婆婆的關係決不會如此簡單；但這事非同小可，不能亂懷疑，況且婆婆一向對自己很好。婆婆年輕守寡，這些年來春枝眼見婆婆規規矩矩、清清白白的，無一句閒話給別人說。春枝沒有對丈夫說出自己的懷疑，而且告誡自己，今後永遠也不能說。

於是，念礽、耀韓夫婦一齊起身，然後跪下，喊一聲表舅，再向桑治平磕了一個響頭。桑治平再一次細細端詳念礽的時候，覺得除開那雙眼睛像秋菱外，其他的一切，都像二十多年前的他。平空添了一個親生侄兒的桑主考，一時間真有此生再無所求的滿足感。

磕過頭後，大家是一家人了，一頓飯吃得熱熱火火、團團圓圓。桑治平在陳家一住五天。五天裏，他和秋菱互相說了許多別後的經歷，兩顆深受重創的心都得到了彌補，彼此都有一種青春重返的感覺。一天下午，念礽和耀韓夫婦都不在家的時候，桑治平叫秋菱把那二十四雙棉鞋都拿出來。在秋菱的面前，他將每一雙鞋都在自己的腳上穿了一下，在屋子裏走了幾步。秋菱坐在床沿上，看着桑治平來來回回地走着，心裏得到極大的欣慰。

桑治平說：「這二十四雙鞋我都背回廣州去，慢慢穿。」

秋菱想了一下說：「不要帶走了，就讓它們一直留在我身邊吧！既然每一雙你都穿了，我的目的也就達到了。說實在話，這鞋子穿不穿都不要緊，只要你知道我這些年來的心意就足夠了。」

「正是因為這是你的心意，我是一定要帶回去的。」

「聽我的，不要帶。」秋菱淡淡一笑。「你一下子帶回這多棉鞋，嫂子會覺得奇怪。何況廣東暖和，隆冬季節也不要穿棉鞋。知道離別後，你想我念我，四處尋找我，我就心滿意足了。我的心思沒有白費，鞋子放在你那兒，還是放在我這兒，都是一樣的。仔細想想，還是不拿走好些。」

「好。」桑治平理解秋菱的良苦用心，說，「那我就帶一雙回去吧。」

第六天一早，桑治平帶着一雙棉鞋，與念礽一道離開了秋菱和耀韓夫婦，坐着小火輪，當天晚上便回到廣州。

招賢榜為兩廣總督衙門招來六十餘名各種洋務人才，陳念礽和他的幾個美國留學同學，協助蔡錫勇將這六十餘名人員按其專業特長予以合理安排。有了這批人才進去後，黃埔造船廠、廣州機器局、廣東水陸師學堂都大有起色。陳念礽向張之洞建議，在廣東興辦一個煉鐵廠，自己冶煉鋼鐵。張之洞欣然贊同，要蔡錫勇、陳念礽擬出詳細計劃出來；又撥出專款，讓他們從美、英等國購買器械。

這時，京師海軍衙門正式成立，醇親王奕譞以皇帝本生父的尊貴地位出任中國第一任海軍大臣，名曰總理海軍事務大臣。海軍衙門的主要官員們，根本無需奕譞煞費腦筋物色，慈禧早有安排，奕譞提供的會辦大臣名單不過供她參考而已。由軍機處發佈的名單是：慶郡王奕劻、直隸總督李鴻章、正紅旗漢軍都統善慶，至於奕譞本人所推薦的曾紀澤，則排在海軍衙門大臣中的最後一名。

奕劻乃乾隆帝第十七子慶親王永璘的孫子，父親綿性為永璘第六子。綿性的侄兒奕綵因服中娶妾被革去郡王爵位，綿性欲以行賄來襲爵，事發，被流放盛京。綿性自知再無出頭之日，便把兒子奕劻過繼給無子的綿為。過了幾年奕綵死了，因無弟無子，奕劻被幸運地轉房承襲爵位，初封輔國將軍，繼封貝子。咸豐十年加封貝勒。因為家裏失了勢，奕劻年輕時也便認真地讀了幾年書，也能畫幾筆水墨畫。他家離慈禧的娘家方家園承恩公府近，便常往承恩公府裏跑，想盡辦法博得了承恩公桂祥的歡心。又常替桂祥給慈禧寫信，慈禧因而知道了奕劻。到後來奕劻又與桂祥結了兒女親家，於是變成了慈禧的娘家親戚，因而承襲慶王留下的爵位。以宗室子弟靠走慈禧娘家的門子而發達的人，奕劻是一個代表。奕劻傍着慈禧這個大靠山，以後升親王，兼軍機處領班大臣，直至新政時期的內閣總理大臣，權傾一時。此人有小機巧而無治國大才，更由於他的貪財好貨而將國事政局弄得一踏糊塗。這些都是後話。眼下慈禧起用他做海軍衙門會辦，便是上監督奕譞，下監督李鴻章，將海軍衙門完全控制在慈禧的手裏。而善慶，則是慈禧為奕劻所安排的助手，操縱海軍衙門的實際事務。

海軍衙門成立後發出的第一道公文，便是要各省捐款共襄海軍大業。張之洞有言在先，不便食言，便帶頭捐款三十萬，但其他各省並不踴躍。此時，清漪園已由慈禧親賜頤和園之名。在內務府大臣恩良的掌管下，大張旗鼓地開工了。奕譞對恩良說，光緒十五年元旦皇帝親政，頤和園務必要在光緒十四年秋天完工，以便太后歸政後住到園子裏頤養天年。太后有個舒心的地方住，皇帝才能安心治政。恩良領了這道旨意，加緊督辦園工也便有了更充足的理由。

就這樣，中國近代史上最有名的兩大工程——海軍和園工便攪在一起了。於是，一樁樁關於海軍和園工之間經費模糊不清的傳聞，便由京師傳到廣州，傳到各省，令張之洞和所有關心海防的封疆大吏們憤懣焦慮，憂心忡忡。

受命海軍會辦大臣之初，李鴻章很有一番壯志。自從同治九年以來到今天，李鴻章在直隸總督的位置一坐二十個年頭，成為有清以來督撫任期最長的封疆大吏。直隸為京師所在之地，向為全國疆吏之首。因而實際上，李鴻章做了二十年的督撫領袖。以淮軍起家的李鴻章既深知兵權於人臣之重要，也深知軍事於一國之重要，作為擔負國家對外防務重責的大臣，在塞防與海防之辯中，鑒於西洋諸國多以船炮強行攻破國門和東洋日本日漸崛起的局面，李鴻章認為海防重於塞防，主張大力加強沿海防務。直隸所屬的渤海灣有被英法聯軍野蠻闖入的慘痛教訓，故而李鴻章對北洋水師十分重視。沈葆楨任兩江總督兼南洋大臣時候，曾提出一個每年各省協濟海防四百萬的計劃，他生前未及看到此計劃的實施。前年曾國荃出任兩江總督，在李鴻章和曾國荃的強烈要求下，此計劃開始實行。北洋歷來重於南洋，南洋又重於福建，故這四百萬銀子，北洋佔了一半，南洋又從剩下的一半中提取三分之二，其餘的則歸於福建。

李鴻章又從直隸藩庫中擠出一些銀子來，連同這二百萬一起都投入了北洋水師。他向西洋訂購鐵艦，又高薪聘請洋人做海軍軍官和技師。他一心想把北洋水師建成世界一流的海軍，但苦於銀錢短缺，眼睜睜看到德國、英國造出了時速更快、戰鬥力更強的軍艦，但北洋卻無力購買，只得望洋興歎。

現在好了，太后同意辦海軍衙門，可以藉此大好機會，多要點銀子為外海水師，尤其為北洋水師多置些裝配。李鴻章把他的北洋水師中的中外艦長技師們招來，花了七八天時間擬就一份詳細計劃，其中包括購買最新鐵艦十五艘、銅炮三百座、炮彈六千發，聘請洋技師一百名，修築炮台十座，在大沽建渤海水師學堂等內容，共需白銀五千萬兩。

醇王看了這個計劃後，連聲叫好。他想，讓李鴻章去努力辦，一旦辦成，中國海軍便是世上最強大的海軍，本王便是世上最有力量的海軍大臣。有這樣一支海軍掌握自己的手裏，還怕誰敢跟我過不去？

奕譞興沖沖地將這份計劃呈給慈禧。慈禧看後，冷笑一聲：「李鴻章的胃口也太大了，一個單子就五千萬，戶部一年收多少銀子？園工又停了，閻敬銘說戶部拿不出一兩銀子來。你自己瞅着辦吧！」

奕譞碰了這個釘子，心裏直冒汗，說出的話都不太連貫了：「是，是，五千萬，拿不出，那就分年辦，或者年年辦，慢慢辦。」

慈禧見奕譞這個樣子，又好氣又好笑。她也覺得拿園工和海軍比，又會讓那些台諫清流做文章有把柄了，於是將語氣緩和：「當然，李鴻章也是好心，急着把海軍辦好，但國家哪有這多銀子呀。你告訴他，一口吃不成個胖子，慢慢來吧。」

「是，是！」

奕譞不敢再多說一句話，急忙退出。他總算把太后的心思摸到了：太后原來並不急於建海軍，她心裏裝着的急務是園子！下午，回到王府的海軍大臣，與上午出門相比，十分興頭已去了六七分！

五千萬的計劃，原封不動地又回到李鴻章的手裏，帶來的只有一句話：「朝廷拿不出這多銀子，慢慢來吧！」

會辦大臣的壯志也從此消失多半。

不久，海軍衙門的牌子在一片鞭炮聲裏，裹着大紅綢子高高地懸掛起來。奕譞、奕劻、李鴻章只在開辦的那天去過一趟，以後再沒有踏過衙門的門檻，三人都說太忙不能多照管，而將衙門日常事務交給兩位幫辦大臣。幫辦大臣之一的曾紀澤此時尚遠在英國倫敦做公使，於是堂堂大清帝國海軍衙門的一切權力，便落到另外一位幫辦大臣善慶的手裏。

這位滿人都統對此則是歡喜至極：獨掌海軍衙門，真乃求之不得的大好事。在眾人的眼裏，海軍衙門是朝廷的第一大衙門，這裏必定權力大無邊際，銀子多如海水，能進這裏來，是福星高照，財源滾滾。一時間善慶府門口車水馬龍，除開賀喜的巴結的之外，更多的則是投靠的薦舉的。從掛牌辦事的那一天起，手握實權的善慶便決心把這個朝廷的官署辦成他自家的作坊。他的堂兄堂弟侄兒外甥，一個個聯袂而進。他的拜把兄弟、酒肉朋友也後腳接前腳地跟了進來。各大衙門之所薦，三朋四友之所舉，凡他認為將會對自己有利的人員也逐個兒安插。幾個月過後，海軍衙門正事沒辦成一樁，近百號人員卻已全滿了。這些人三成有二成是善慶的沾親帶故，清一色的紈絝子弟、游手哥兒，沒有一個人識外情懂洋務。自然有人看不慣，閒言雜語也便隨之而起，間或也有幾句傳到慈禧的耳朵裏。

「海軍衙門辦起快有半年了吧，辦了幾件事呀！」

在一次叫起將要結束的時候，慈禧問海軍事務大臣。

奕譞奏道：「回稟太后，衙門各員近日才到齊，正在商量着今年要辦的事。」

「各省的海軍協濟，戶部已上了摺子，今後就都由海軍衙門來安排吧。」

「太后處理得極是，海軍衙門要很好地使用這筆銀子。」

「衙門的事，你也要常過問過問，要是各省督撫問起來，協濟的款子都做了些甚麼呀，你總得有個交待吧！」

回到王府，奕譞有點着急了，恰好打簾子軍機孫毓汶跟着他的轎子後面進來，他把慈禧的話告訴這位醇王府的常客。孫毓汶摸着尖尖的下巴，想了好長一會，終於有了個主意。

「前幾天，天津電報局的督辦盛宣懷來京辦事，在我家裏坐了一會。閒談中他說，李中堂去年跟德國訂購的三艘軍艦，已於近日從不萊梅港起航，開往大沽口交貨，估計下月中旬可到，何不就此做點文章。」

「這是李少荃以北洋大臣的身份在去年買的，與海軍衙門搭不上界呀。文章怎麼做？」奕譞一時還不明白孫毓汶肚子裏的算盤。

「王爺，這事可以做大文章。」孫毓汶陰陰地笑了一下，說，「您可以率海軍衙門各位會辦、幫辦大臣一道去天津，一來驗看北洋新買來的這三艘軍艦，看合不合格。二來命令北洋所有艦隊在海面上實地操演，您和各位大臣予以檢閱。三，您帶着各位大臣巡查渤海灣沿海炮台修築情況。這三篇文章都是海軍衙門成立以來的新作，到時將它做得轟轟烈烈，必是花團錦簇的大好文章。」

「行，你這個想法不錯。」孫毓汶這一段話，說得奕譞大為開心，「這真是一件很風光很露臉的大好事情，虧得他指點。稍停一下，奕譞笑道，「萊山，這文章還可加一段：曾國荃去年向英國買了三艘快船，叫他命這三艘快船到時也趕到大沽口，乾脆來個北洋南洋大會操！」

奕譞畢竟也是個聰明人，孫毓汶這一提醒，他立即意識到這是個顯示海軍衙門辦了大事的好機會。但孫所說的，依然還只局限北洋的範圍，這些事，李鴻章都可以北洋大臣的身份來做；若將南洋的快船調來會操，卻就大不相同了。不是海軍衙門的命令，北洋能調得動南洋，曾老九能聽李鴻章的？誰說海軍衙門沒有做事，這不在做大事嗎？

孫毓汶聽了這話，也從心裏佩服奕譞的這個補充，忙說：「王爺，您這段文章真是絕大手筆，天底下再沒有第二人可以想得到，做得出了。今年來個北洋、南洋大會操，明年等福建水師的那幾條船修好了，再給他們配兩條洋船，我們就來個北洋、南洋、福建三支水師大會操，那可就是大清開國以來最大的軍事盛典了。到時把太后、皇上都請來檢閱，王爺，您就為咱們大清海軍的萬世功臣了！」

孫毓汶這馬屁拍得恰到好處，一絲不偏地拍到點子上，一連幾天，奕譞一想起「大清海軍萬世功臣」這句話，心裏就美得喜洋洋、暖融融、興衝衝的。

奕譞也不再與奕劻商量，立即給李鴻章拍了一封電報，將北洋南洋會操的設想告訴他，然後要他出面以海軍會辦大臣的身份奏請太后、皇上。

李鴻章接到這封電報，一眼就看出了醇王的用意，但他欣然贊同。因為這事說到底是在看北洋水師，這齣戲的真正主角是他李鴻章，他正好藉此機會向太后、皇上，向全國乃至洋人展示北洋水師的實力。因五千萬計劃遭駁而心情鬱悶的李鴻章，頓時開朗了許多：不管如何，憑藉海軍衙門這個招牌，總能有所作為，至少可以藉這個檢閱之機大大渲染一下北洋水師，今後利用海軍衙門統一安排海軍款項的權力，再大力將它擴充。李鴻章拜發奏摺後即刻下令北洋水師各隊各艦各炮台，做好迎接朝廷檢閱和兩洋會操的準備。

這種視表面熱鬧為事業成就的心態也正是慈禧的性格。聽完李蓮英讀的這道摺子後，慈禧笑着說：「這是誰給老七和李鴻章出的點子，看來海軍衙門裏還真的有幾個能幹人！」

李蓮英忙恭維：「太后洪福齊天，玉皇大帝把天上文曲星武曲星都打發下來，輔佐咱們大清了。」

「好，這件事就依了他們。」慈禧斜靠在鬆軟的黃緞躺椅上，兩個宮女正在輕輕地為她捶着大腿。

李蓮英忙把手中的奏章遞給慈禧。慈禧接過，右手拇指在奏章的左下角用力掐一下，棉軟宣紙上留下一道深深的指甲痕。李蓮英又從慈禧的手中把奏章接過來，立即就有內奏事處的小太監過來，將這道奏章轉給外奏事處。外奏事處的官員以及軍機處和內閣的大臣們，都熟知慈禧的這個處置方式：凡無指甲痕的奏章都是不同意的，凡有指甲痕的都是贊同的。他們甚至還能根據指甲痕的大小深淺，印在紙上的位置等等不同的情況，來判斷慈禧對此摺是欣賞、同意或是勉強同意等不同的態度。他們的判斷大抵會不錯。這一套內廷學問，也虧得這班官員能研究得出來，真正不容易。

「唸下一份吧！」

「喳。」

李蓮英躬身答應一聲，打開了另一份奏章。這是內務府大臣兼頤和園工程總辦恩良的摺子。摺子裏說的是德和園建大戲樓的事。這德和園便是那年奕譞第一次查看清漪園時，特別看重的怡春堂。就是他親自向慈禧建議，在這裏修建一座「前代無雙本朝第一」的戲台。慈禧對這一建議大加讚賞。慈禧識字不多，也沒有讀書吟詩的興趣，她政餘的最大愛好便是聽戲，尤好皮黃。她對前代歷史的那點知識十之八九來自舞台。慈禧常召一些皮黃名角進宮來演戲，其中她特別賞識楊月樓、譚鑫培的唱工武打，特許他們入昇平署做內廷供奉，每月發給定銀，使得楊月樓、譚鑫培在京師梨園界享有崇高的聲望。慈禧對擬建戲台的怡春堂特別在意，將清漪園改名頤和園的同時，也將怡春堂改名德和園。

恩良也深知慈禧的這一愛好，故而對德和園戲台下的功夫最大。他請京師最有名的工匠首領景矮子按照「前代無雙本朝第一」的意思，設計了一座前無古人的大戲台。戲台分前後兩部分，前台在正面，有三層，後台在背面，有二層，前台有六丈多高，第一層舞台最寬，有五丈多，最上一層的舞台也有二丈多寬，上中下三層舞台用一個名曰天地井的通道相連。在下層舞台的底下還有一個地下室。地下室的正中有一口小井，四周有四個方形小池。當演水漫金山寺這樣的水戲的時候，小池可以噴出水來，戲台上好像真的在打水戰。若是演鬼怪土遁的場面，藝人還可以從一層戲台鑽到地下室，讓看戲的人彷彿眼看着他忽然消失了似的。要是碰到演神仙一類的戲，便可以通過天地井裏的絞索，將藝人從一層升到三層，或從三層降到一層。真個是上天入地，均可隨心所欲。慈禧對這個戲樓的機心巧設甚是滿意，一再叮囑一定要照這個設計精心造好，不能打折扣。在大戲樓的對面還設計一個看戲的場所，正中有一個大廳寬敞明亮，太后一人獨坐，旁邊有兩廂側房，可讓后妃及王公大員家的女眷坐，以便陪伴太后，側房左右再建兩條長廊。這兩條長廊也可安置座位，讓那些奉慈禧特許一同觀賞的王公大員坐。慈禧對這一安排給予讚賞，特為賜名頤樂殿。

這兩大建築全部完工需銀六七十萬両。慈禧特諭，別的工程或可節省，德和園的大戲樓和頤樂殿非建好不可。

恩良的摺子講的就是這件事，說萬事皆備，只欠東風。這東風就是銀子，第一期工程需撥三十萬両銀子，否則難以開工。

慈禧聽完這道摺子後，面色十分不悅：「閻敬銘那倔老頭，早幾天才讓我訓得勉強拿出五十萬両銀子。現在又叫他拿三十萬，這不又要他割肉嗎？」

慈禧像是自言自語，又像是說給李蓮英和兩旁捶腿的宮女聽。

李蓮英聽慈禧這樣說，不敢把摺子遞過去，仍舊兩手捧着，十分真誠地說：「唉，太后打長毛，平捻子，保住了祖宗江山，辛辛苦苦為國操勞二十多年，把兩位萬歲爺從小拉扯大。到頭來，連個安生居住的地方都沒有。莫說皇上、王爺過意不去，就連奴才們看了，也心裏挺難受的！」

不知李蓮英說這話時是真難受還是假難受，慈禧聽了這話後，倒是真正地難受起來：李蓮英說的一點不錯，歸政後有個園子住下來，聽聽戲，散散步，這總不能算過份吧！今後九泉之下見了列祖列宗的面，也都說得過去。奕譞、閻敬銘，這些人怎麼就這麼不體貼呢？她由難受而變得惱怒起來，氣得說道：「這三十萬是非撥下去不可，哪怕從各省海防協濟款裏借也要借出！」

李蓮英心疼地說：「太后，這大清天下哪樣東西不是您的，這協濟款裏的銀子還要借嗎？海軍衙門若是要太后還的話，他們可真沒有天理良心啦！」

李蓮英這句真心話，倒反而使慈禧心跳了一下：借海軍款項去修園子，這話傳出去，不會說我皇太后動用軍餉來為自己謀私利嗎？這有多難聽呀，萬一被那些舞文弄墨的人再添油加醋，寫進甚麼私家史乘中去，我慈禧太后豈不成了一個歷史罪人！慈禧想到這裏，馬上坐起來，神色嚴肅地對李蓮英說：「我剛才不過說句氣語，你就當真了，再沒錢修園子，也不會向海軍衙門去借款呀！」

今兒個是怎麼啦，從來說一不二的皇太后，竟會說自己的話是「氣話」？李蓮英略一思忖，立即就明白了：原來這老太婆是又想要海軍衙門的銀子，又怕別人說！他滿臉笑容地走前一步，說：「太后克己奉國，奴才是又仰慕又難受。太后當然不會借海軍衙門的銀子啦，不過，奴才想，李中堂也是，太后這麼抬舉他和北洋水師，他也應該孝敬孝敬太后呀！若太后不同意，海軍衙門能辦嗎？南北兩洋會操能操得起來嗎？他李中堂能有這個臉面嗎？」

剛一說完，李蓮英就意識到自己今天這話說多了說過頭了。海軍衙門，兩洋會操，這是多大的國事呀，能輪得上我李蓮英來插嘴嗎？李中堂是國家的頂樑柱，我李蓮英有甚麼資格說他！這些話，若是在乾嘉道咸時期，哪個太監敢稍稍言及，腦袋早就搬了家。雖說太后寵愛，有時也能偶爾談兩句國事，但從來沒有這樣放肆過呀！李蓮英不由得出了一身冷汗，忙跪在慈禧的面前，狠狠地抽了自己兩個耳光，連連叩頭說：「奴才該死，奴才今兒個話說多了，老佛爺您處置我吧！」

慈禧太后面無表情地看着李蓮英的這一番表演，心裏想：李蓮英的這個主意還真的不錯，就讓他將這番話對李鴻章說一遍，要他為園工捐獻了一點銀子。李鴻章當了二十多年的直隸總督，辦了二十年的北洋水師，前些年又辦了電報局，據說那是個很賺錢的買賣。他隨便從哪裏挪動一下，從哪個指頭裏摳一點，拿個百兒八十萬銀子是不為難的。直隸總督這樣做了，別的督撫也會學樣呀，頤和園的銀子不就有了嗎！這話朝廷不能說，還只有李蓮英去說才最合適。但李蓮英又哪有機會去跟李鴻章說呢？慈禧想了想，腦子突然開了竅。

「李蓮英，四月份檢閱北洋水師的時候，你去侍候醇王。」

「奴才去侍候醇王爺？」李蓮英簡直不敢相信自己的耳朵。太后不但沒有斥責，反而派出宮外侍候醇王去檢閱北洋水師，這可真是大清開國以來從沒有的事呀！我李蓮英的祖上哪輩子積了這樣的大德，讓我這個閹人來出這種光宗耀祖的風頭？李蓮英轉念又一想：興許是太后在試試我？「奴才從來沒有侍候過醇王爺，奴才不敢領命，奴才還是在宮裏侍候着太后。」

慈禧沉下臉說：「你不侍候醇王，你怎麼可以去見李鴻章？」

我怎麼可以去見李鴻章？我又有甚麼必要去見李鴻章？李蓮英下意識閃過這個念頭後，立即大徹大悟了：原來太后同意了我剛才說的那番話，要我借侍候醇王爺的機會去天津見李鴻章，把帶頭為頤和園捐銀子的話當面與李鴻章去說。李蓮英趕忙重重地叩了三個響頭，口齒麻利地說：「奴才領旨，奴才一定不辜負老佛爺的大恩大德，把醇王爺侍候好！」

7 醇王檢閱海軍，身旁跟着握長煙管的李蓮英

四月中旬，正是京津一帶最為宜人的初夏時光，天氣和暖，薰風陶醉。楊樹、榆樹、柳樹早已枝繁葉茂，燕兒、雀兒、鶯兒成天歌舞飛翔，連渤海灣的水也從冬天的冰凍中蘇醒過來，如今已是洗手洗腳都不覺得冷了。

宏闊壯麗的渤海灣，一天到晚水藍如染，波平如鏡。打魚謀生的漁民，運貨賺錢的海船老闆，當兵吃糧的北洋水手，哪個與海面打交道的人，不喜歡眼下這如母親般兼柔情與博愛於一身的渤海灣！

北洋水師前年秋天定購的四艘德國兵艦，兩個多月前從不來梅港下海，由北海進入大西洋，經印度洋到太平洋，十天前已停泊日本長崎，將順帶的貨物在長崎港卸完後，再開渤海灣，在旅順海口接受中國政府的驗收。之所以選定在這個時候交接兵艦，是因為初夏時光，乃渤海灣的最好季節。

李鴻章這一個多月來既忙碌又興奮。他一向精力充沛，越辦大事越有精神。事情雖多而繁雜，但在他的設在天津的北洋通商衙門的指揮下，一切都在有條不紊地進行着。北洋水師現有四十餘艘大小海船，這次從中選出十五艘來，分為左、中、右三翼，在北洋水師都督丁汝昌的率領下操練，力求為全國海軍做出一個榜樣來。昨天上午，兩江總督南洋大臣曾國荃派出的三條快船，由六十八歲的老將、長江

水師提督黃翼升率領，開進了大沽口。早在咸豐年間，身處曾國藩幕府的李鴻章，便與那時已為水師總兵的黃翼升認識。二十多年過去了，這位長沙籍老資格湘軍雖然鬚髮皆白，卻依然精神抖擻。李鴻章心裏高興。下午，官方迎接的隆重儀式之後，兩位沙場老友又親親熱熱地暢談了好一陣子。

「明天中午，醇王爺到天津，一清早我們一道進城去。」

「好，我陪你這個幫辦大臣一道去接督辦大臣。」黃翼升笑了笑說，「跟着醇王爺來的還有哪些人？」

「曾劼剛還在英國來不了，慶郡王說是身體不適不來，海軍衙門的大臣中跟着來的就只有善慶了。」

「善慶這人我沒見過，過去聽說老打敗仗，究竟有沒有點本事？」

「此人過去一直跟着勝保。勝保是有名的敗保，他手下會有能人嗎？」李鴻章冷笑兩聲，「你說他一點本事都沒有，也冤枉了他。醇王爺是不管事，慶王爺老有病，曾劼剛在英國，我在天津，這海軍衙門就成了他一人的天下，據說他把自己的人馬將衙門上下都安插遍了。」

黃翼升憤憤地說：「朝廷怎麼叫這種人來呢？」

「唉，都別提了！」李鴻章擺擺手，輕聲說，「還不是命好！生在正黃旗，就是一個傻子，也是天生的靠得住的自己人呀，何況他還有軍功，做過杭州將軍哩！」

「少荃！」黃翼升也壓低了聲音，「這麼看來，善慶說不定是太后特為派到海軍衙門來的，你今後還得提防點才是。」

李鴻章點點頭，沒有做聲。

第二天一早，天津北洋衙門便張燈結彩，披紅掛綠，鼓樂不斷，鞭炮轟鳴。在衙門一里外的地方，又專門搭起一座牌坊和幾間棚架。牌坊和棚架紮得氣派宏大，上面掛滿紅黃彩綢，又特為安排一隊排場齊全的吹鼓手。李鴻章和他的老師曾國藩不同。曾國藩事事節儉，李鴻章處處講闊綽、擺臉面，何況，今天所迎來的人非比一般。北洋通商衙門前身是三口通商衙門，同治九年將「三口」二字換「北洋」二字，故而北洋通商衙門掛牌以來到今天不過十六七年歷史。醇王乃是這個衙門十六七年間迎來的最高位的人。醇王不僅有着皇上本生父的崇高身份，更加上一貫深居簡出，輕易不離開京師，倘若不是兼着總管海軍事務大臣這個職務，他才不會到天津來，更不會出來冒海濤風波之險哩！

作為北洋通商衙門大臣，醇王此次的下榻，也是給李鴻章一個極大的臉面，所以他要以最高的禮儀來迎接。

正午時分，在天津道府縣三級長官的郊迎下，醇王一行龐大而豪華的隊伍緩緩進了城門，逶逶迤迤地直向北洋通商衙門走來。遠遠地看着旌旗飄舞，彩牌高舉，十幾匹高大驃壯的戰馬在前面開路，李鴻章知道醇王來了，便領着北洋水師統領丁汝昌、長江水師提督黃翼升以及一批艦長等高級武官，齊刷刷地跪在牌坊下等候。

「李中堂，快請起來。」奕譞笑容可掬地走出杏黃大橋，來到李鴻章等人的身邊。

李鴻章起身，抬起頭來望着奕譞說：「王爺以萬金之軀，親來天津檢閱海軍，老臣及所有北洋水師官兵能在此躬迎王爺，實三生之幸！」

「李中堂，辛苦了！」奕譞指了指牌坊和棚屋說，「你何須如此花費，快請上轎，咱們一道進衙門吧！」

「王爺請先上轎！」李鴻章彎着腰，伸出右手做一個姿式。杏黃大轎移動了兩步，來到了奕譞的身邊。

「李中堂，奴才向您請安了！」

李鴻章這時才發現，杏黃大轎的左邊橋槓邊，正有一個中年太監，在一腿單彎，一手向前甩，向他做了一個請安的架勢。這不是李蓮英嗎？他怎麼來了！李鴻章大吃一驚，瞇起老花眼睛定睛再看一眼，不錯，正是李蓮英：沒有穿平時常穿的四品官服，而是穿了一身普通太監的灰布長衫，沒有甩動的那只手裏拿着一桿足有三尺長的渾身閃光發亮的長煙管，手腕處懸着一隻繡有二龍戲珠花紋的明黃大荷包。他請好了安，跟在轎槓邊，對着李鴻章發出極為謙卑恭順的笑容。

「李總管，你也來了！我是老眼昏花，竟沒看見您，真不中用了！」李鴻章一邊說，一邊上前去也向李蓮英彎了彎腿，以地主身份表示迎接。

「李中堂，快莫這樣，折殺奴才了。」李蓮英忙着又連連給李鴻章請了兩個安，走到李鴻章的身邊，悄悄地說，「醇王爺身邊裝煙的老太監病了，別人幹不好。老佛爺叫奴才來替代，這不，」他指了指煙桿和荷包。「奴才跟着來天津就為了裝煙點火，專門侍候王爺吸煙的。」

「難為李總管了。」

李鴻章笑笑地和李蓮英說了幾句後又跟善慶打了聲招呼。大家重新都上了轎。李鴻章的墨綠大轎緊跟在醇王的杏黃大轎後面，看着前面一手扶着轎槓，另一隻手握着煙管，邁着方步緊套轎夫的步伐亦步亦趨不緊不忙地向前走着的李大總管，直隸總督、海軍衙門幫辦大臣李鴻章深深地納悶着：李蓮英怎麼會跟着醇王到天津來了呢？當然，他必定是太后指派的，但太后為甚麼要派他來呢？這實在是一件極不一般的事情。它首先是大為反常。李蓮英名義上是大內太監的總管，其實只為太后一人服務。他一天到晚不離太后左右，現在居然離開太后好些日子來為醇王裝煙點火。從來沒有哪個大內總管出宮伺候一個親王的先例，作為太后的寵奴李蓮英本人也從來沒有過離開太后外出的先例，這兩者都是反常的。

反常之事背後必然藏着反常的企圖。那麼他的企圖是甚麼呢？醇王來天津是檢閱海軍，可以算是一個軍事舉措。翰林出身的前淮軍首領立刻想到了「監軍」這兩個字。

皇帝派出寵信的太監代表他本人，到前線去慰勞軍隊，甚至長期住在軍營，藉以掌握前敵情況，監督前敵軍事統帥的行動，這就是中國歷史上屢見不鮮的「太監監軍」。太監監軍是中國政治的特有產物，成事不足敗事有餘。唐代宗時期的魚朝恩，明神宗時期的高起潛，都是惡名昭著的太監監軍的代表，稍有點才能和血性的前敵統帥，都討厭這種挾天子令驕橫霸道卻又一竅不通的監軍太監。至於言官史家、街頭巷議，更是從來沒有對此惡政有一言之讚的。鑒於前代教訓，清朝立國之初，便嚴禁閹寺幹政，至於派太監出京監軍，更是從來沒有過的事。不過表面上，李蓮英的確不是監軍，是隨同醇王來的，要說監軍，只能是醇王，而不是他。其實醇王也不是監軍，他本人便是這次檢閱的最高統帥。監軍、監軍，監督前敵的最高統帥，這麼說來，李蓮英是以裝煙為名來監視醇王的？李鴻章想到這裏，背上直冒冷汗。要說太后不完全相信我李鴻章，還可以說得過去，我是漢人，我手裏有淮軍。但醇王是甚麼人？他是太祖太宗一脈相傳的嫡系子孫，他是當今皇上的親生父親，對他還能不相信嗎？何況他手裏還並沒有軍隊哩！

只能這樣認為：醇王雖不危及大清江山，卻有可能危及太后本人的權力；醇王儘管過去沒有軍隊，但現在是海軍大臣，有可能藉此檢閱會操的機會培植自己的親信，今後就有可能掌握最有力量的軍隊，所以要派李蓮英出來監視，以便防範？太后呀太后，你已六十多歲了，馬上就要歸政頤養了，你何必還要如此煞費苦心？李鴻章剛剛在心裏冒出這句話後，突然又想到，說不定李蓮英的監軍，不是監醇王，而正是監督李某人我呢？他發覺左腿已發麻了，原來右腿壓左腿壓得太久。他換了一下，將左腿壓在右腿上，然後靠着鬆軟的後墊，在略有點晃動的轎子裏又閉起眼睛思考起來。

太后怕我跟賣船的德國人有甚麼交易？還是怕我在南北會操中兜售私貨？或者是擔心我會跟醇王在這次檢閱中結成朋黨？

對了，李鴻章輕輕地拍了一下左腿：一定是這種可能，擔心我與醇王結朋黨，所以派李蓮英出來，既監視醇王，又監視我，二人一道都在監視中。想明白了後，李鴻章也就寬心了：我李鴻章對太后從來沒二心，醇王也只有這麼大的能耐，我也不想與他結黨營私，你監視就監視吧！

李鴻章沒有想到，他的這一番思慮，這些天在醇王的腦子裏也同樣有過。

離京前夕，奕譞陛辭太后。太后的臉上露出很和善的笑容，這種笑容在她的臉上很少見到。他正有點奇怪，只聽見太后說話了：「七爺，聽說王府裏給你裝煙的老哈頭病了，你這次去天津，他不能陪你去，你身邊也不能沒有一個人照應。我看，就讓李蓮英侍候你幾天吧！」

奕譞聽了這幾句話，人木了好一陣子：這是怎麼回事呀，老哈頭一點病都沒有，太后怎麼說他病了？再說，太后又怎麼知道，王府裏有一個專為我裝煙點火的老哈頭，難道是福晉聊天時跟她說起過？退一步說，即使老哈頭病了，也沒有太后身邊的太監出宮侍候我的道理，何況這個太監現領着大內總管的職務哩！

奕譞忙說：「太后恩德，臣領了。臣身邊有人照料，不麻煩李蓮英了，太后身邊也一天不能缺他呀！」

慈禧依舊微笑着：「七爺，你不知道，李蓮英可會侍候人啦，裝煙點火更是他的一絕，侍候我抽煙十多年了，這兩年調教出了一個小譚子，居然也有幾分像他。你身子骨不好，好多年沒有當過這差了。這回到天津去，還要受海濤顛簸，我不放心，就讓李蓮英去侍候你吧，也省得我天天在宮裏牽掛。再說，李蓮英侍候人，那是再也找不出第二個來的。你就享幾天福吧！」

太后這麼說，奕譞還能再推辭嗎？他只得帶着滿腹狐疑接受下來。回到王府，一宿沒睡好。第二天清早，李蓮英便在兩個小太監的陪伴下來到醇王府。這兩個小太監就是平時服侍李蓮英的，他帶着他們一道去天津：白天，李蓮英服侍醇王；夜晚李蓮英歇下後，這兩個小太監又來服侍他。

一路上李蓮英對醇王照顧得無微不至。他總是穿一件半舊的灰布長褂，一手握着醇王十分喜愛的那桿鑲金嵌玉的特長煙管，另一隻手的腕下則是懸掛裝着特種煙絲的荷包。旅途中，他總是緊靠在醇王的轎旁，一手扶着轎槓；休息時，他總半哈着腰站在醇王身後，隨時聽候命令。他不僅對醇王謙辭卑容，即便對善慶乃至海軍衙門裏的其他中小官員也一樣的客氣有禮。這一些人都不曾見過李蓮英，但幾乎都聽說過這個人。傳聞中的李蓮英是如何的狐假虎威，如何的氣燄熏天，如何的令人嫌惡，但幾天下來，他們親眼所見的這個大總管卻又不是所說的那樣。這是怎麼回事？大家覺得稀奇。不管是醇王面前，還是在別的官員面前，李蓮英從不多一句嘴，至於軍國大事，他更是不聞不問。儘管如此，奕譞還是對李蓮英心存戒備。白日在轎中，他也總在琢磨這個題兒：太后為甚麼要讓他跟着我，是太后不放心我，讓他監視？或是太后自己有甚麼私事要在天津辦理，如同當年派安得海出京一樣？抑或是太后讓李蓮英代她看一看京津一帶的民風民情，興許也是讓他藉此機會代我瞅一瞅北洋水師官兵的舉止言行？

從北京到天津，一路上，奕譞就是這樣琢磨來琢磨去，到底也沒有琢磨個名堂出來。只是有一條他給看準了：李蓮英此行決不是只在裝煙點火，他一定負有太后交給他的特殊使命。對這個人身卑賤到了極點，所處位置又高到極致的角色決不能掉以輕心！

醇王由北京帶出的這支辦正事的二三人、隨從的服務的三四十人的浩蕩隊伍，在北洋通商衙門安排的二百多人的精心照料下，吃得好睡得好住得好。傍晚時分，待醇王飯後休息了一陣子後，在驛館外便房裏等候多時的官員，便開始遞牌子請求接見了。他們有天津道府縣各級官員，有朝廷特派駐津衙門的官員，也有像盛宣懷這樣新興的洋務局廠官員，還有從江寧城裏跟着三條快艦來到天津的兩江督署衙門的官員。人人都知道醇王地位的非比一般，人人都知道這是一個難得的巴結機會，人人都想得到醇王的召見，以便和他說上一兩句話。這一面之見，幾句話之賜，說不定在今後的仕途中一生享用不盡！

奕譞慢慢地翻看着由王府長史帶進來的一大疊名刺，一張張地仔細閱讀，將這些人的姓名、字號、官職、籍貫一項項地用心記住。他難得出京，也難得與道府以下的官員接觸。他想藉此機會召見他們一下，跟他們隨便聊聊，以示恩寵，保不定，就因這短短的一次召見，他們一輩子都會成為忠心不二的家臣。但就因為有李蓮英隨侍在側，就因為弄不清李蓮英此次究竟是為了啥，奕譞猶豫了半天，還是決定一個都不見。

醇王府的長史奉命傳話：王爺旅途勞累，要早點安歇，各位心意王爺領了，請各位回府吧！所有等待召見的官員莫不大為失望，但又無可奈何，只得掃興離開驛館。

這些人剛走不久，李鴻章匆匆趕來，奕譞正在李蓮英的服侍下準備就寢。

「王爺，從德國買回的三艘鐵艦，昨天已從日本長崎開到旅順口了。老臣不想讓那些護送鐵艦的德國海軍軍官看到我們大沽一帶的防務，叫他們停泊在旅順口，在那裏驗收完畢後，就將除技師工匠外的德國人全部打發走。」

「你這個安排不錯。」奕譞插話。

「謝王爺。」李鴻章繼續說：「老臣想明天就出海到旅順口去，不知王爺想不想去。」

奕譞早就聽說坐船出海是件很苦的事，最苦就苦在暈船上。船到海中，風浪一起，便左右晃蕩。晃得你眼花心慌，頭昏腦脹，就是睡在船板上，也要讓你五臟六腑的位置錯亂，肚子裏的東西全部嘔出來；沒有東西嘔了，連膽汁都要流出。奕譞是個從小就養尊處優慣了的人，怎受得起這種折磨。再說，自己身為皇上本生父，也不能當着臣子的面前嘔吐失態呀！他說：「聽說出海要暈船的，我就不去了，你和善慶一道去！」

李鴻章知道奕譞怕苦不去，也不再勸。正要告辭，一眼看到李蓮英正在給煙管頭上的小銅鍋裝煙，靈機一動，走了過去，親熱地說：「李總管，明天和我們一起去旅順口玩玩吧！」

「豈敢豈敢！」李蓮英連連搖手，「老奴是專為來服侍王爺的，王爺不去，老奴豈敢去旅順？李中堂，您千萬別害老奴了。老奴還要留下這副賤體服侍老佛爺、王爺幾年哩！」

李鴻章笑道：「總管硬硬朗朗的，哪個想折你還折不了哩！」

出了驛館，李鴻章放心了：看來李蓮英不是來監督我的！

第三天下午，李鴻章乘着剛驗收過的德國新軍艦，從旅順口回到大沽口。他連夜進城，稟明醇王。

「這德國人造的船叫甚麼名字來着？」奕譞聽了李鴻章的稟報以後，滿臉笑容地問。顯然，他對這幾艘洋船有很高的興致。

「這三艘鐵艦還沒有命名，王爺，您給它們取個名吧！」

其實，兩個多月前，當知道艦已下水，正在向中國開來的時候，李鴻章已為這三艘新軍艦想好了名字。好在還沒有公佈，正好把此榮譽送給這個愛虛榮的王爺。

「好哇！」果然，奕譞很高興。在他看來，給這三艘新買來的軍艦命名，就意味着他是這三艘軍艦的當然主宰者。「讓我好好想想。」

清朝對皇子的教育歷來都很重視，他們的師傅都是飽學之士。奕譞小時候也曾在南書房裏規規矩矩地上過十年學，書讀得不少。

「想是想了三個名字，不知行不行。李中堂，你是翰林出身的大學士，若不合適，你幫我改一改。」

花了一袋煙功夫，翻來覆去地比較十幾個名字後，奕譞終於看好了幾個。

「誰不知王爺是當年阿哥中的大才子，取的名字一定好，快說出來讓老臣開開眼界。」

李鴻章擺出一副很誠懇地樣子催道。其實，當年誰也沒有說過七爺是阿哥中才子的話，反正這種話無法對證，不過是說者順口、聽者順心罷了。

「李中堂，我想這三艘鐵艦來自遙遠的西洋，他們的名字中都可以有一個『遠』字，這好比我們中國人兄弟的輩份一樣，他們是遠字輩。」

果然，醇王不是愚魯之人，這種想法便新奇而貼切。

「好！就用『遠』字輩，真是妙極了！」李鴻章兩隻手掌輕輕地擊了一下，他是從心裏佩服這個設想的。

李蓮英恭敬地站在一旁，沒有說話，但從臉上流露的笑容裏看得出，他一直在仔細地聽。

「遠字輩三兄弟，既然買過來了，便是我們的武器。我要用它來對付洋人，鎮壓外敵，這第一艘便命名鎮遠。我也要用它來安定海疆，安定人心，這第二艘便命名為定遠。我還要用它來救危濟難，同舟共濟，這第三艘便叫濟遠。李中堂，你看這三個名子取得怎樣？」

「好極了！」李鴻章再次擊掌。「鎮遠、定遠、濟遠，這三個名字實際上寄託了王爺對我們未來海軍的殷切期望。請王爺寫下這三個名字，明天，我就叫漆工把它們漆在船頭上。今後，這威鎮外敵、安定海疆、救危濟難，便是我們大清海軍昭示全世界的口號！」

李鴻章這一發揮，讓奕譞格外高興。

「李中堂，還是你講得好，我們要把這三句話昭示全世界，也要讓全體海軍官兵奉為練軍宗旨。」

李鴻章興奮地說：「王爺，檢閱一事，我看後天就可以開始了。我想安排這樣三個項目：首先，來一個新購鐵艦的命名大會。這個會就在鎮遠號開。開完會後，北洋、南洋實地操演。次日，我陪王爺巡視沿海幾個炮台。巡視完後，王爺在天津安靜休息兩天再回京城。您看怎麼樣？」

「行，就這樣吧！」奕譞對李鴻章的安排很是滿意。他也想不出甚麼補充，便說，「你去安排吧，明天準備一天，後天正式開始！」

一輪紅日從遙遠的海平線上冉冉升起，渤海灣迎來了它又一個風平浪靜的夏日。今天是渤海灣一個不平凡的日子，中國有史以來的第一次海軍檢閱就將在這裏舉行。前天才進港的三艘新軍艦一字兒擺開，平整地浮在海面上。這三艘軍艦高大雄壯，氣勢宏偉。雪白的艦身，高高的桅杆，粗大的煙囪，黝黑的鋼炮，這一切都在朝陽的照耀下閃閃發亮，給人以儀表堂堂威風凜凜的感覺。

奕譞親自書寫的艦名：鎮遠、定遠、濟遠，已被分別油漆在三條新艦的船頭船尾上。正中鎮遠號艦艇是命名大會暨閱操典禮的主席台，高高的桅杆上從上到下豎掛着三條大紅綢帶，依次寫着「威鎮外敵」「安定海疆」「救危濟難」三句話。大紅綢帶下擺着一長條鋪着白布的桌子，桌面上滿是鮮花、時菓、杯碟等物。

上午十時，奕譞、李鴻章、善慶等一班海軍衙門的大小官員，在北洋通商衙門和北洋水師提督衙門的官員們陪同下，踏過長長的跳板，從大沽碼頭登上了鎮遠號炮艦。就在這時，三艘新艦同時拉響汽笛。頓時，巨大的「嗚嗚」鳴叫聲劃破海波，響徹碧空，把萬千人的注意力都吸引過來了。汽笛聲剛一停止，安裝在艦艇後部的尾炮開始鳴炮。三艘艦共有尾炮十八座，每座炮發三炮。只見轟隆一聲炮響後，空中出現一團耀眼的火光，立即就見海中飛起數丈高的一堆浪花。五十四聲轟鳴，五十四團火光，五十四堆浪花，使得有史以來的第一次海軍檢閱，便以空前未有的壯觀場面拉開了帷幕。奕譞雖處皇上本生父的尊貴地位，卻也是生平第一次經歷着這樣宏大的場面。這種以西式禮儀為主要內容的典禮，使他大開眼界，大享風光。這位過去對洋人仇恨至極，對洋人的一切發明創造都視為奇技淫巧的醇親王，似乎從此刻起，開始徹底與過去的舊觀念告別，立誓要做一個精通洋務、融入世界的大清海軍大臣。

他在李鴻章等人的陪同下，在一排排身着簇新持刀挺立的水兵面前走過，興致百倍地欣賞鎮遠號炮艦。這是他生平來第一次見到大海，第一次上炮艦，第一次見到水兵，第一次聽到諸如時速、噸位、海米等古怪的名字。他新奇無比，興奮無比，當然，他甚麼都不懂，好壞優劣如何，他一點也查看不出。但他是大清朝海軍的最高統帥，所有北洋水師官兵，所有專家工匠，從李鴻章到管帶到普通炮手，都在聆聽他的對海軍炮艦外行到類似白癡的言談，都在恭維他字字正確，句句英明，只有那些懂得中國話的洋匠們在一旁竊笑不止，尤其對醇王身旁那個握長煙管、懸大荷包，半躬着腰，亦步亦趨的太監更是又嘲笑又納悶。他們不明白，海軍大臣巡視炮艦，為何要帶上這樣一個怪物！

巡視完畢，命名大會召開，奕譞、李鴻章、善慶等一班人端坐在鋪着白布的長條桌邊，甲板上站滿將要在這三條艦上服務包括管帶、副管帶、輪機手、炮手、伙夫在內的所有人員。

奕譞端坐在大靠背椅上，將命名訓詞唸了一遍。這訓詞是昨天由李鴻章衙門裏的文案寫的，訓詞通篇駢文，四六對仗工穩，引經據典確切，捉刀者還十分注意聲調、文氣，力求做到抑揚頓挫，鏗鏘有力，存心要將它這道訓詞做成一篇流傳百世的文章範本。可惜，奕譞事先看也沒看一遍，便拿來朗讀，因而讀得很不流暢，很不貫氣，作者精心營造的韻味一點兒也沒讀出來。那位混在人羣中聆聽的文案，直氣得跌足長歎。好在全鎮遠號只有他一個人在聽，包括李鴻章、善慶在內的數百號人，沒有一個在意醇王的朗讀。抑揚不抑場，鏗鏘不鏗鏘，在他們看來，全是一回事！

奕譞的朗誦結束後，按事先的訓練，三條艦上的所有人員在丁汝昌的統一指揮下，齊聲高呼：「謹遵王爺訓令：威鎮外敵，安定海疆，救危濟難，永固大清！」

一連三次，整齊有力，響徹海空。奕譞對此甚是滿意。

命名會結束後，李鴻章以主人的身份，在鎮遠號的豪華餐廳裏擺開了一桌十分豐盛的西餐。餐桌上擺滿牛排、乳豬、烤羊、熏魚、奶酪、麵包及各色小菜，還有威士忌、白蘭地、啤酒等各種美酒，殷勤款待奕譞等一班京師來的要員，其他的人則上岸吃飯。飯後，這次檢閱的主要內容——北洋南洋大會操開始了。

8 世俗之禮都是為常人設的，大英雄不必遵循

鎮遠號開出港口，來到深海，以便讓座在檢閱桌邊的奕譞等人觀看艦艇的操練。按照先賓後主的傳統禮數，遠道從吳淞口開過來的南洋快艇先做表演。這三艘快艇，分別為開濟號、南琛號、南瑞號，是兩年前從英國買進來的。這三艘快艇規模不及剛從德國買來的的遠字三艘，但它們速度快，行動輕巧。黃翼升身穿從一品武官袍褂，前胸掛着一塊方方正正的繡獅補子，挺直腰板，站在指揮艦——開濟號船頭上，手裏高舉一面黑底黃邊海牙滾龍旗，遠遠地向鎮遠號開過來，身後緊跟着南琛、南瑞兩隻快艇。

開濟號開到離鎮遠號一箭遠的海面上，黃翼升彎腰向醇王行了一個鞠躬禮，同時口裏喊道：「長江水師提督兼南洋水師大臣黃翼升參見王爺！」

抬起頭後，他將手中的指揮旗一揮舞，開濟號便箭一般地飛馳起來，南琛、南瑞也同樣全速運行。一望無際的海面上，三艘南洋快艇一會兒成品字形，一會兒成一字形，一會兒成川字形，不斷地交換位置。隊形表演後，接下來是實戰演習。黃翼升手裏的指揮旗在不停地揮舞着，一發接一發的炮彈，從船頭船尾不斷地射向天空，然後落在遠處的海面上。三艘快艇表演一個多小時後，再次聚集在鎮遠號船頭的海面上。黃翼升佇立向奕譞報告：「演習完畢，請王爺指示。」

奕譞很高興，連聲說：「好，好！」並讓身邊的一個大嗓門北洋管帶傳他的話：「王爺說，南洋快艇操演得好，有賞！」

奕譞轉過臉對李鴻章說：「黃翼升本是湘江上一個一字不識的船老大，想不到六十多歲的人，居然能把洋船指揮得這樣好，實在不容易！」

「不容易，不容易！」李鴻章忙點頭附和。其實他心裏清楚，黃翼升根本不懂指揮洋船，他只是做個樣子而已，真正的指揮者是他身後那個紅毛藍眼的英國佬。曾老九以二萬銀元的年薪將他從利物浦聘來做南洋水師的教頭。

接下來是主人北洋水師的表演。北洋水師不愧為三大水師中的龍頭老大，二十年來，在李鴻章的苦心經營下，無論艦艇的數量質量，還是水師官兵的才能待遇都要明顯地優於南洋和福建。參加這次操演的十五隻艦艇，更是集中了北洋這兩方面的優長。當丁汝昌將這十五隻艦艇齊刷刷地開到鎮遠號面前時，奕譞和所有檢閱者立即眼睛一亮：這的確是一支實力強大的艦隊！

北洋因為有十五隻艦艇，故他們的隊形操練，較之南洋的三隻遠為壯觀、複雜和多變。首先是全隊出動。他們或作一字長蛇，或作方形矩陣，或作三角連環，都有一種劈波斬浪、勢不可擋的巨大威懾力。在遼闊的海面上，將平靜的渤海灣攪得波濤洶湧，上下翻騰，倘若真有龍王和海底龍宮的話，這個下午必定是他們恐懼不安人人自危的時候。

隊形操完後，北洋的實戰演習更為精彩動人。他們的火炮不是空對空，而是真打實轟。遼遠的海面上，突然出現一排張滿白色風帆的大木船，在海風吹拂上，不停地左右擺動。為了讓檢閱者看得清楚，李鴻章在奕譞、善慶面前擺了兩隻單筒望遠鏡。奕譞拿起尺把長猶如楠竹竿似的望遠鏡來，遠處鼓着白帆的木船立時顯得清清楚楚了。只聽見一聲炮響，一隻木船應聲傾斜，船身着火，布帆被燒，很快這隻船便沉沒消失了。

「好！」奕譞不覺叫了一聲。放下望遠鏡，他關切地問身邊的李鴻章，「船上的人呢，他們不被炸死了嗎？」

李鴻章笑着說：「王爺，船上的人早就走了。操練時拿人的性命來玩，那我李鴻章不要短陽壽嗎？」

正說着，又是一聲炮響，遠處又有一隻木帆船着火。善慶和其他人一齊叫起好來。

奕譞重又拿起望遠鏡，聚精會神地看起來。炮彈一發接一發地射出，木帆船一隻接一隻地消沉。一個小時後，海面上的白帆船全部消失殆盡。

奕譞放下望遠鏡，升起大拇指對李鴻章說：「彈無虛發，百發百中，北洋炮手盡皆紀昌、養由基！」

正說得高興，不料渤海灣頓起狂風，鎮遠號突然間左右搖蕩起來。奕譞和眾人一樣，在座位上不停晃動，李蓮英趕緊雙手扶着。但李蓮英自己也站不穩，一邊撫着奕譞一邊自己也在擺動。奕譞本來身體弱，又加之中午吃的西餐，吃時味道很好，過後腹中便覺不對勁了，加之沒睡午睡，經不住這幾次搖擺，他已覺得肚子裏像打翻了五味瓶似的難受得很。又一股狂風吹來，鎮遠號劇烈地搖動一下，奕譞終於忍不住了，「哇」地一聲吐出一口酸水來。接着又是一連串的嘔吐，中午吃的牛排、喝的牛奶全部從肚子裏跑了出來，弄得一身髒兮兮的，嚇得李鴻章等人不知如何是好，只得趕緊叫來幾個人把奕譞穩住，由李蓮英背着進了船長室，將衣服脫下讓他平躺在床上。

躺了一會兒後，奕譞覺得好多了。李鴻章這才命令將鎮遠號向港口開去。艦艇以最慢的速度緩緩地開着，奕譞睡在裝有彈簧的西式床上，感覺越來越好，不知不覺間，安然入睡了。

李蓮英想：往日在驛館，想說話一直沒有機會，今兒個在鎮遠號上，正是天賜良機。

到了港口邊，天色已近黃昏，李蓮英悄悄地拉了拉李鴻章的衣角：「李中堂，王爺睡得正好，讓他睡一會兒，醒了後再扶他回驛館。您讓船上的人該回去的都回去，您和我兩人陪着王爺坐一會兒，行嗎？」

一直在戒備李蓮英的李鴻章一聽這句，便知道這位大內總管今天一定有事了。他馬上心領神會，讓善慶和所有檢閱官員以及其他人員都下船，只留下管帶、輪機手、廚師和自己隨身的跟包，一共不過七八個人。半個鐘點後，喧鬧的鎮遠號安靜下來，管帶將船上的電燈全部開起。在夜色的籠罩下，日間那個鐵血壯士似的炮艇已不覆存在，燈火明亮的鎮遠號宛如一位雍容豐韻的闊太太，流光溢彩，美麗多情。

見床上的奕譞正在勻稱地發出鼾聲，李鴻章對侍立一旁的李蓮英輕聲說：「王爺睡得很好，這裏暫時讓我的家僕代為照料一下，李總管請去餐廳吃晚飯吧！」

「多謝中堂的美意。」這一安排正合李蓮英的心思。

在管帶的帶領下，李蓮英跟在李鴻章的身後，來到另一間小房子，這是艦艇專為管帶、副管帶設計的小餐廳。這裏完全按西式餐廳佈置，雖狹窄一點，但精緻、協調，氛圍很好。

管帶親自送上全套中國飯菜酒水，然後把門帶上，悄悄地退出去了。

「你以前在海船上吃過飯嗎？」李鴻章親自為李蓮英倒了一杯酒，遞過去。

李蓮英趕緊雙手接過，連連說：「中堂大人為奴才倒酒，這哪裏是奴才所能承擔得了的。奴才平生第一次坐海船，在海船上吃飯，也是平生第一次。」

「今天我們以朋友身份一起喝酒吃飯，不要拘禮節。李總管。」

「您還是叫奴才李蓮英吧！這樣叫，奴才反倒心裏自在些！」李蓮英打斷李鴻章的話。

「哪兒的話！你到天津來，就是我的客人，哪有直呼其名的道理！」李鴻章的態度似乎很誠懇。「你平日在宮中見到我，以為我很講禮數。其實，我是一個最不講究禮節禮儀的人了。」

「中堂大人是大英雄。世俗之禮都是為常人設的，凡大英雄都不必遵循。奴才也聽說過中堂大人平常灑脫大度，奴才是從心裏敬佩中堂大人這樣的大英雄。」

李蓮英這幾句話並非全是客套，朝中像李鴻章這樣文武兼資的大臣，倒真是鳳毛麟角。他一向都對李鴻章另眼相看。

「你這話真說到家了。」李鴻章心想：李蓮英還知道說「大英雄不必循世俗之禮」的話，可見此人是有些見識。

「來，再喝一杯！」

「奴才一向不喝酒，中堂大人，您寬恕奴才。奴才慢慢地把這杯酒喝完。」

李蓮英的臉色已泛紅，看來是真的不善飲。李鴻章怕奕譞很快醒過來，他不想再跟李蓮英多說廢話了，必須抓緊時間說點有用的話。

「李總管，你看今天北洋水師操演得如何？」

「精彩，精彩，大人統領下的北洋水師真是天下雄師！」李蓮英恭維道。

李鴻章對今天的操演很滿意，笑着對這個名為醇王奴僕實為太后特使說：「北洋水師能有今天，全託太后、皇上的洪福。」

李蓮英也不想轉彎抹角，他也要趁着這個好機會完成太后交給的重任。他是個很有心計的人，平時儘管從不過問國家大事，看起來像個本份太監，其實他對官場最高層的舉動都看在眼裏，記在心裏。因為平時讀摺和旁聽的緣故，他知道許多別人所不知的事情。為了讓李鴻章就範，幾天來他使盡腦汁在想主意，終於讓他找到了一個缺口。他若無其事地問：「中堂大人，這三艘從德國買來的炮艦花了多少銀子？」

「六百五十萬。」李鴻章隨口答道。

「三艘六百五，一艘二百多。」

李鴻章說：「鎮遠號貴一點，二百四，定遠號二百一，濟遠號二百，一共六百五。」

一直掛在李蓮英臉上的謙卑笑容不見了，他有意輕聲問：「中堂大人，這事是誰在中間牽的線？」

「天津電報局的督辦盛宣懷。」

李蓮英把頭伸過去，做出一副很關心的神態來：「中堂大人，盛宣懷可能在這中間玩了手腳。」

「怎麼啦？」李鴻章顯得頗為驚奇，疑惑的目光盯着李蓮英那張一旦不笑便很難看的臉。「你是說，這三艘船沒有六百五十萬，盛宣懷從中貪污了？」

「有可能。」李蓮英的臉色仍然不好看。「去年，德國公使陛見老佛爺。老佛爺問他，買一艘德國造的最新式的軍艦要多少銀子。公使答，目前最新式的炮艦，如果買法國的要二百五，買英國的要二百四，如果買德國的，同樣性能，只要二百萬，如果是賣給中國，看在太后的聖面上，還可以再優惠。鎮遠號用了二百四，是花英國的價買來的，吃虧了。」

李鴻章聽了李蓮英的這番話，心裏暗自吃驚。李蓮英過去在他的印象中，只是一個貪錢財會逢迎好使兩面手法的小人而已，沒料到此人如此精明強識，而且如此準確地選擇要害之處下手，厲害！北洋有購洋船的打算，盛宣懷立即向他推薦德國船，說同樣性能的船，德國造的可便宜二十萬。李鴻章本是一個精明人，容不得別人在他面前玩手腳。他不輕信盛宣懷，暗中打發人直接詢問法、德、英三國船商，證明盛說的不假，便委託盛去辦。不久，盛辦成了此事，悄悄地對李說，三艘船明價六百五十萬，這個價和法國、英國差不多，用來向戶部報銷；實際收錢六百萬，那五十萬做為回扣。另外，三家船廠的船主感謝中堂的惠顧，另外湊了三十萬送給中堂個人，請以後再多多關照。盛宣懷還十分懇切地說，北洋要辦的事很多，中堂個人要辦的事也很多，都要銀子，務請把這八十萬全數收下，不要對戶部說起。他也決不會跟誰說起。李鴻章覺得盛宣懷會辦事，於是就這樣定了。三個月前，盛宣懷前往德國，辦妥了這件交易，真的把八十萬銀子打到李鴻章私人賬戶上去了。李鴻章於是從中拿出十萬獎勵盛宣懷。聽了李蓮英這番話後，他明白，湊給他三十萬這件事，其實是船主自願做的，說不定盛宣懷促成了這筆生意，那三家船主也湊了三十萬給他。但此事絕不能讓這個太后的耳目獲得任何把柄。

他靈機一動，嘿嘿笑了兩聲說：「德國公使對太后說的話不錯，我們這三艘船，買船的價的確只用六百萬，那五十萬是用在火炮上去了。一是三艘船共增加八座炮，另外，所有的火炮都用的克虜伯廠的最新造出火力最大的鋼炮！故而多花了些錢。不過，李總管，你提醒得很重要，說不定這些炮不值五十萬，盛宣懷那小子在中間玩了手腳，我要好好地查查賬。」

李蓮英一邊聽，一邊在心裏盤計着：人說李鴻章厲害，果然不錯！他在大炮上來糊弄朝廷，倒也不失為高招。但思忖半天才回我的話，不明擺着在思考對策嗎？「不過」後面的話，就是明顯的心虛表現。

他也乾笑了兩聲說：「哦，原來這三艘船多裝了八座炮，這一點奴才沒想到。不過，這事中堂大人今後還得專門具個摺稟告老佛爺，萬一被哪個小人先告狀，反而不美。老佛爺是寧肯虧自己，也是捨得拿大錢用於海防的。若是她知道受了騙，心裏自然不舒服。」

李鴻章品出了這話中弦外之音，馬上說：「李總管說得很好，這是對北洋水師的愛護。過幾天，我再上個摺給太后，把添置火炮的事說說。總管剛才說太后寧肯省自己，是不是頤和園的工程又要節省了。」

「是呀！」話說到這裏，才說到正題上。李蓮英說：「為德和園戲樓的事，老佛爺很難過了一陣子。」

「誰讓太后難過了？」李鴻章表現出極大的關切。

「還有誰，戶部唄。」李蓮英推開酒杯，那情形，就像心裏堵得連酒也喝不下去的樣子。「戲樓要開工了，恩良上了摺要戶部提出三十萬兩銀子作前期費用。老佛爺看了摺子後，歎了一口氣說，戶部近來很緊，哪裏拿得出三十萬銀子出來，戲樓別修了吧！那天吃飯，老佛爺只喝了兩口湯就不吃了。奴才知道，老佛爺是為德和園戲樓的事哩！果然，飯後溜圈子時，老佛爺跟奴才聊天說，李蓮英呀，咱們今後就不看戲了，實在悶得慌，你叫楊月樓、譚鑫培他們到園子裏來兩段清唱好了。奴才聽了這話，直想掉眼淚，說，老佛爺快別這樣說，這話讓皇上和內外大臣們聽了，還不知有多難受。唉，老佛爺為國家操勞二十多年了，歸政後有個園子住住，建個戲樓看個戲，到哪兒說都不過份呀！戶部每天撥到各地的銀子少說也有一両百萬，就不能勻點出來嗎？老佛爺說，那都是救急救難的銀子，不能勻。奴才又說，聽說北洋買船，戶部一次就是六百多萬哩，辦事的人稍微節省點，三十萬就出來了。老佛爺說，那是買船守海疆哩，也不能省。」

李鴻章聽到這裏，覺得凳子上突然長出許多釘子來。一隻一隻地都在刺着他。六百多萬銀子買船的話，不是說明李蓮英早就知道船價了嗎？那麼剛才的話是明知故問，是敲山震虎。這個可惡的不男不女的李四！

「老佛爺的這份心真讓奴才感動得不知說甚麼是好，奴才實在忍不住了，衝口說，天下所有的官員，哪個不是老佛爺您放出去的？老佛爺於他們的恩德比生養他們的父母還要重。父母缺錢用，做兒子的理應拿出。現在老佛爺缺銀子，天下的官員都應該從自己腰包裏掏出錢來捐獻，這是兒子對父母的孝順呀，是理所當然的。老佛爺笑道，現在的兒子都不孝順父母了，有幾個你李蓮英這樣的孝順兒子呀！」

李鴻章終於徹底弄明白了，李蓮英此次來天津的目的，乃是為老佛爺化緣。他來找我這個天下第一督撫化，然後再以我為榜樣，讓所有朝廷命官所有食皇糧的人都來向太后盡孝心，為她的頤和園捐款納銀。我拿出幾十萬銀子出來不要緊，只是我這一帶頭，必將給其他人出了難題，不捐不行，捐了又不情願。我李鴻章立時就將被天下命官所咒罵所怨恨，「千夫所指，無疾而終」，這樣一來，我的陽壽也折了。不好帶這個頭。但不拿銀子看來是不行的。你看他一出言便抓住船價的事，做好做歹的，分明是懷疑此中有中飽情事。事實上，李鴻章此事也是過不了硬的。德國船廠的回扣五十萬、禮金三十萬，除分了十萬給盛宣懷外，剩下的七十萬，他全部入了自己的金庫。李鴻章口口聲聲以老師為榜樣，實際上，他的行為與老師有很多的不同之處，其對銀錢的態度便截然相反。非份之錢哪怕一絲一毫，曾國藩都不要，但李鴻章對到手的銀子卻從不推辭。就這樣，二十年直督，他為直隸省創造了財富，也為他李家聚斂了萬貫家財。

一個難題擺在他的面前：銀子拿也不是，不拿也不是，怎麼辦呢？李鴻章死勁地在腦子裏想着，驀然間，他想起了一件事。

那是一個月前，楊宗濂深夜進了北洋通商衙門，拜訪李鴻章。楊宗濂的父親是跟李鴻章一起創建淮軍的功臣，後來官至記名提督，在一次與捻軍的戰鬥中重傷而死。臨死前夕，楊父將獨子宗濂託付給李鴻章。李鴻章珍惜這種戰場上的生死情誼，對楊宗濂格外照顧。楊家有錢，先為楊宗濂捐了個監生的功名，又為他買了個候補道員的官銜。那時李鴻章的兄長瀚章在湖北做湖廣總督，楊宗濂就跑到武昌投奔李瀚章。李瀚章對他也很照顧。清末官場混亂，用銀子買來的候補官多如牛毛。過去有個成語，叫做羣盜如毛，現在人們將「盜」換成「道」，羣道如毛，反而更貼切。湖北一省候補知縣、候補知府、候補道員便有二三百人，通常要候補一兩年才能得一差，有的十年八年也得不到一差。因而候補官員中窮困潦倒的不少，病餓而死的也屢見不鮮。楊宗濂一到湖北，便立即被委以漢江河工的美差。誰知楊宗濂不爭氣，領了這個美差事不好好幹，聽任屬下偷工減料，貪污挪用，中飽私囊。他自己整天花天酒地，吃喝嫖賭。結果耗費百萬巨款修築的堤防一點用也沒有，次年大水一發，處處崩潰，漢江兩岸數十萬百姓流離失所，淹死好幾百人。

鐵面御史鄧承修為此上了一摺，請朝廷嚴懲瀆職者。湖廣總督李瀚章為他說情，將責任推在幾個具體辦事人身上。結果楊宗濂只受了降二級處分改調直隸交李鴻章委用。湖北人不服，紛紛上書。於是太僕少延茂、御史屠仁守再上劾摺，朝廷將楊宗濂革職永不敍用。楊宗濂向李鴻章求情，李鴻章也為此給吏部尚書打過招呼，但吏部尚書怕言官再上彈章，不敢答應。此事一拖就是半年。

「少叔。」楊宗濂親熱地叫了一聲李鴻章。「侄兒不肖，有負少叔、筱叔的器重，革職查辦，是罪有應得，侄兒並無怨言。只是家母因侄兒之事氣病在床，已奄奄一息了。侄兒不忍心讓母親死不瞑目，寧願捐出一筆銀子來，請求開復。侄兒只是想求個名份，讓母親安心遠行，並不想當官掌權。海軍衙門買船買炮，經費必定會不夠，侄兒願捐出兩萬銀子出來，懇求少叔幫侄兒一把。」

李鴻章心裏想：這個辦法不錯，海軍衙門正缺的銀子，一紙撤銷處分的部文便換得海軍的二萬兩銀子，是一件很好的事情；若有十個楊宗濂這樣的人，就一下子得了二十萬。過去湘淮軍創建之初，不就是靠賣空白執照賣軍功牌來換餉銀嗎？海軍創建之初，也不妨如法炮製。

「好，我試試看。」

打發楊宗濂走後，李鴻章便忙於北洋南洋大會操的事，楊宗濂的事擱了下來。現在何不把這筆錢換一個名稱，將海軍捐銀改為園工捐銀呢，孝順太后，換來取消處分的部文豈不更方便些嗎？

「李總管，太后耿耿為國為民之心，實在讓我們做臣工的欽佩不已。按理說，做臣工的捐出自己的俸祿為太后修園子，這是份內的事。但我想，太后可能會為此不安。」

李鴻章看到李蓮英的臉色依然繃得緊緊的，知道他是鐵了心不拿到銀子不罷休的。「我有一個辦法，既可以得到銀子，又不讓太后心不安。」

「甚麼好辦法，中堂大人說得奴才聽聽。」李蓮英的臉色有了鬆動。

「是這樣的。」李鴻章把楊宗濂謀求開復的事簡要說了一下。

「這個辦法是不錯。」

生於河北鄉間，從小吃苦受罪，九歲淨身進宮的李蓮英，在他的腦子裏，衡量世界，只有一個標準，那就是金錢利益，至於禮義廉恥、道德操守之類空泛的一套，他從來不去管它。在他看來，賣官鬻爵，與賣米賣鹽也差不了多少，同是在做一手交錢一手交貨的交易，曾國藩、李鴻章等人將此作為不得已的權宜之策，李蓮英卻認為這也是公平買賣，無所謂「不得已」之類的於心不安。李蓮英想，這事誰去跟吏部說呢？老佛爺當然不能去說，自己出面也不方便，若由醇王去跟吏部說，則較順理成章。「中堂大人，明天，您去跟王爺說說，請王爺跟吏部打個招呼。只是，一個楊宗濂的二萬還不夠，還得多一些人才行。依奴才之見，海軍衙門真的要向老佛爺獻孝心不難，大沽港口停泊的北洋水師艦船少說也有四五十隻，新近又買進三艘最先進的德國炮船，還有南洋的船也很好。就現在這個樣子，在世界上也算很強大的海軍了。奴才愚見，海軍衙門這兩三年可以不再添置新船，省下來的一千多萬兩銀子，可以拿出一半捐給園工，另一半委託戶部去放息，息錢給園工，本錢仍是海軍的。兩三年過後，頤和園建好了，老佛爺安心了，海軍衙門盡可以再去添船買炮。李中堂，你說行嗎？奴才是個蠢人，不懂國家大事，只是看着老佛爺吃不下飯睡不好覺心疼，也知道中堂大人想盡孝心而摸不着門路，胡亂說幾句罷了。今夜奴才有幸跟中堂大人在海上共享晚餐，有一句話怎麼說的，」李蓮英敲了敲腦袋後說，「想起來了，叫做海外奇談。奴才剛才說的也都是海外奇談，好在沒有別人在場。行不行，中堂大人自己斟酌，若不行，就當奴才沒說。我們快吃飯，王爺還得等奴才去侍候呢！」

海軍衙門不再添船買炮，拿海防銀子去修園子孝敬太后，這真是匪夷所思的事情。這種餿主意，除開李蓮英外，別人大概難以想得到。海軍幫辦大臣聽了這話後，怔了好長一會。忽然他想到，莫非這主意就是慈禧本人的意思，特意讓李蓮英到天津來說給我聽？對，一定是這樣的！唉，太后呀太后，這大清江山是您的，您自己都不愛惜，我們還苦心經營個甚麼呢？您實在要這樣做，我們也只得聽命了。轉念他又想，只有兩三年的時間，海軍的興建暫時委屈一下，也不是甚麼大不了的事。再說，自己的那份家產也不明不白，真的得罪了那個說得出做得到的老太婆，說不定哪天一張封條就全給封了。李鴻章想到這裏，遂放寬了心，認真地對李蓮英說：「李總管的想法有道理，我明天就去跟醇王爺商量。」

「好吧！忙碌一天了，吃完飯，中堂大人也要早點安歇。」

李鴻章轉過臉看了看窗口。

窗外，早已是夜色深沉，無邊無際的黑暗罩住了鎮遠號，也罩住了渤海灣。沒有月亮，連星星也看不見，只有一陣接一陣極有節奏的海浪在拍打着岸邊的石頭，發出沉悶的響聲。李鴻章的心裏驀地生出一絲不祥之感來：這海軍衙門剛剛建起，太后便向它伸手要錢，開了一個極壞的先例，今後難免不會有人再向它打主意。五千萬銀子得不到，看來今後每年協濟的四百萬銀子也難以全部用於海防上。海軍呀，大清的海軍，你的前程怕也會像眼前的渤海灣一樣茫茫黑暗，風險難測！

9 半百再得子，張之洞歡喜無盡

第二天，李鴻章將昨夜與李蓮英的談話向奕譞說了。這同時也解開了奕譞心中的疙瘩：原來李蓮英是來向李鴻章要錢的，並不是來監督自己的。奕譞一下輕鬆了，並因而生出一份對太后莫名其妙的感激來。

他熱情地幫助李鴻章修改捐獻方案：「楊宗濂的銀子不能捐到園工去，這會使太后蒙受不佳的名聲，只能說是捐給海防，並且鼓勵像楊宗濂這樣的人向海防報效，海軍衙門單獨為這一報效立冊。然後，再將這筆銀子如數轉給頤和園工程。海防費用這兩年暫時壓一壓，支援一下太后，也是好事。過兩年園子修好了，太后歸政了，我們再大辦不遲！」

由李蓮英提醒，經慈禧默認，再藉檢閱海軍的機會由李蓮英私自向李鴻章提出，最後奕譞拍板。這就是中國近代史上最大的一樁經濟案子的全部策劃過程。從此，由內務府掌管的頤和園工程處，便名正言順、肆無忌憚地向海軍衙門索款。後來又將海軍學堂的牌子掛在頤和園大門口，說是昆明湖可用來操練海軍。小小的昆明湖能讓萬噸鐵艦縱橫馳騁嗎？這豈不是笑話！其實，這是在遮掩世人耳目，為的是將園工與海防綁在一起，從而可以更方便地調拔海軍衙門的銀子。據歷史學家統計，從光緒十二年海軍衙門正式辦公起到甲午年北洋水師消失，九年間，頤和園共挪用海軍二千萬兩銀子，佔各省協濟海軍款的三分之二。另外，尚有六百萬兩銀子長期存入戶部起息，其息銀也用之於頤和園。由於存的是死期，海軍衙門後來連修築炮台都不能從戶部提取這筆錢。外加上海軍捐報效銀四百萬，也全部給了園工。故而，頤和園工程大約用去海軍銀子二千五百萬。按照當時宮中用工三七開的慣例，實際用於工程上的只有七百五十餘萬，而一千七百多萬的大頭則流入各級人員的私囊了。這九年間也即自有海軍衙門以來，中國海軍就沒有再新添一隻軍艦，致使得本來實力已不差的海軍後來大大落伍，終於在甲午年被後來趕上的日本海軍打得全軍覆沒。經濟上的腐敗，導致政治上的失敗，最終使得政權徹底垮台。這就是歷史留給後人的教訓。

奕譞匆匆看了幾座大炮後，便立即打道回京。回京以後，向太后上了一道稟報北洋、南洋會操盛況，請太后給有功人員以重賞的摺子，然後給吏部打了招呼。很快，楊宗濂便接到部文，開除處分，交北洋委用。楊宗濂用二萬銀子報效海軍贖罪的事在官場上引起很大的反響。於是，許多革職官員多方籌措銀兩，來到海軍衙門，請求報效，海軍衙門全單照收，這些革員也都重新得到委任。又有許多想很快遷升的在職官員，也帶着巨額銀子來到海軍衙門。不久，他們便主事的得升郎中，郎中的得升道員，道員的則升兩司。真可謂銀到官到，立竿見影。本來就已潰爛的官場，從此更爛得不可收拾。

京師又有不少愛抓把柄做文章的言官諫官，他們對李蓮英出京參加天津檢閱海軍一事大為不滿。內中有一個不怕死的御史，居然直接給慈禧上摺，指名道姓地批評這樁事，又翻出十多年前安得海擅離京城，而被殺頭的舊事來，提醒慈禧萬不可重用宦官以致自亂朝綱。

這個名叫朱一新的御史像吃了豹子膽似的，竟然敢捋虎鬚逆龍鱗，惹得慈禧大為惱火，抓住朱一新摺子裏一句無法證實的話，將他貶為禮部主事。朱憤而辭職，欲回浙江老家終老林下。

敢於糾劾老佛爺，這實在是一樁駭人聽聞，也令人敬仰的舉動。朱一新的奏疏儘管邸報不敢登載，還是不脛而走，風行海內。張之洞在廣州讀到這道奏疏後，不禁拍案叫好：「好多年沒有讀到如此文章了，有一朱一新，可見京師清流之風未絕！」

他立時心情激動起來，對一旁的楊銳說：「你以我的名義寫封信給他，叫他不要回浙江了，就到我這裏來。我聘他為廣雅書院主講，把他身上這種浩然之氣帶到南國來。」

楊銳滿口答應，正要握筆作書，趙茂昌提醒張之洞：「香帥，朱一新得罪了太后，您把他聘來廣州，豈不惹太后生氣？」

剛才是清流舊習一時激發，經此提醒，張之洞猛然省悟：「竹君說得有道理，只是人才難得，廣雅書院失去此人，太可惜了。」

「我看這樣吧，」趙茂昌建議，「讓梁節庵以朋友身份寫封信給他，請他到廣州來玩玩。如此方不露聲色。」

「也好。」張之洞點點頭。

不久，朱一新受梁鼎芬之邀，來到廣州城，住進廣雅書院。張之洞悄悄地到廣雅書院看望朱一新，對他的奏疏讚賞不已，並請他主講廣雅。朱一新欣然接受。張之洞為網羅了朱一新這樣的人才高興了好些天。

這天午後，大根滿臉喜氣地推開簽押房門，高聲說：「四叔，恭喜賀喜，姨太太生了一個兒子，母子平安！」

「這麼快就生了，不說要到半夜嗎？」張之洞歡喜無盡地說：「我去看看！」

「四叔，過會兒去吧，房子裏都是血腥味，要傷運氣的！」大根勸阻道。

「不要緊，我一身堂堂正氣，甚麼血腥味也傷不了我！」

張之洞急忙走出簽押房，三步並作兩步地向後院奔去。

張之洞已有兩子一女，長孫都已五歲多了，照常理來說，他似乎不必如此的欣喜激動，猶如初為人父似的。這是因為一則出於對佩玉的愛，二則他由此更對自己充滿了信心。

佩玉嫁給他三四年了，先前一直沒有懷上孩子。佩玉焦急，他也為此不安。這幾年來，佩玉以她特有的賢淑，溫暖着張之洞那顆在情感上備受挫傷的心，尤其是佩玉的琴聲和對準兒的疼愛，更使張之洞時時感受到女性的溫馨和柔情，為他繁忙而枯燥的宦務增添了生活的亮色和家庭的情趣。在張之洞略有閒暇、心情寬鬆的時候，佩玉常常會為他奏幾曲。佩玉此時的琴曲，常會激起他青少年時代那種吟詩作賦、臨池揮毫的情懷，也同時又讓他生出簿書堆積、雅興殆盡的感歎。在張之洞公務不順、心情抑鬱的時候，他也會叫佩玉彈彈琴。佩玉清清幽幽的琴曲，常能為他引來一泓化外清泉，洗去心頭的塵俗和鬱結。有一次，佩玉為他彈了一個曲子，那琴聲幽冷清越若曠世遺音。張之洞半躺在床上微瞇着眼睛，面前漸漸浮現出一副高山深澗、泉水清洌、冷月高掛、猿啼古松的圖畫來，沉寂多年的創作慾望突然在胸間湧動。

他問佩玉：「這曲譜有歌詞嗎？」

佩玉答：「這是一首很古老的曲譜，我父親教給我的。父親説，教他的師傅説過，這曲譜原是有詞的，幾百年前失傳了。」

張之洞從床上一躍而起：「我來為它配上一首新詞。」

他走到書案前，一邊磨墨一邊凝思。佩玉放下琴過來觀看，只見張之洞在紙上寫出三個字來：幽澗泉。佩玉問：「這是詞名嗎？」

「是。」張之洞説，「我想這一定是古時一位懷有絕大志向絕高學問而遁逸山林的隱者所作。他藉幽澗流泉來象徵自己遺世獨立的高尚人品，我現在就來摹仿他的心緒作一首詞。」

隨着一行行字的出現，佩玉輕輕地唸道：

> 幽澗泉，千尺深，長松磊砢，生乎南山陰。中有美人橫素琴，軫有美玉徽有金，清商激越生空林。元霜殺物兮蕭森，素月默默兮青天心。哀猿為我啼，潛虬為我吟。牙曠千載，憂思欽欽。撫茲高張與絕弦兮，何怨乎箏阮之善淫，惟有幽澗流泉知此音。

「好淒美的一首詞。」佩玉讚道。「我彈這琴曲的時候，腦子裏也隱隱約約地有這種意境，經你用文字這一描摹，就變成可觸摸的實物實景了。我想你這首詞與那首失傳的古詞大概八九不離十。」

張之洞喜道：「認準了就好。你邊彈邊唱一遍給我聽聽。」

佩玉唸了幾遍之後，已記在心裏了，於是重新坐在琴架房，一邊撫弄琴弦，一邊輕輕地吟唱起來。

果然，詞與曲交融，意境更臻絕妙。從此，這首琴曲便為他們倆人所共同喜愛，常彈常唱，彈者不倦，聽者不厭。

在佩玉的悉心指教下，準兒現在也能彈得一手好琴，這尤使張之洞欣慰：母親的琴藝，如今張家終於有人能夠傳承了，母親的在天之靈，應可得到些許安慰。佩玉為他做了這多奉獻，但佩玉始終是個姨太太，倘若不生兒子，她在張家就沒有地位。佩玉還年輕，自己一定會走在她之前，沒有兒子的姨太太，處境是很悲涼的。在為佩玉焦急時，他也對自己的生命力產生懷疑。佩玉這麼久不能懷上孩子，這無疑證明自己的生命力已大不如先前。事業才剛剛開始，多少宏偉的設想尚在等待着去一一付諸現實，強健的體魄，旺盛的精力，才是事業成功之本。家有年輕的姨太太，卻不能讓她懷上孩子，這說明甚麼呢？張之洞每每想起這事，一絲悲哀便會壓抑不住地油然而生。現在好了，佩玉生養了，而且還是一個兒子，她的焦慮可一掃而光，張之洞的自信心也頓時增加十分！

當張之洞來到後院時，上房門前圍滿了人，幾個女人匆匆忙忙地端盆捧巾地進進出出。大家看到張之洞時，忙不迭地賀道：「恭喜，恭喜！」「大人，又得貴子！這是大喜事！」張之洞也破例地雙手抱拳，對各位笑道：「謝謝，謝謝！」說罷就要進門。剛好佩玉的母親捧着一堆血布出來，見到張之洞，嚇了一跳，隨即滿臉堆笑：「大人，請暫勿進去，要看兒子，過會兒包紮好後抱他出來。」

張之洞說：「不要緊的，我要看兒子，更要看佩玉。她還好嗎？」

佩玉娘聽了這話，很是感動，連聲說：「好，好，佩玉沒事，託大人列祖列宗的保祐，母子平安。」

說話間，張之洞已走進了屋，春蘭和新僱的小丫頭蕉兒在床邊檢檢弄弄。接生婆已給嬰兒穿好了衣服，佩玉臉色慘白地躺在床上。接生婆見張之洞來了，猶如獻禮似地忙將手中的嬰兒遞過去，咧開大嘴笑道：「張大人，看看你的兒子，大頭大耳，滿臉紅潤，這鼻子眼睛跟大人您一個樣，沒差一絲一毫。」

大家聽了都笑起來，佩玉見張之洞不管產房的血氣髒亂，這麼快就進來了，心裏欣慰至極，臉上泛出甜蜜的微笑。張之洞接過兒子，心裏真是樂開了花。他仔細地端詳着還沒睜開眼睛的小臉蛋，舒心地笑了：「說是像我，但更像他媽。他的這張臉長大後，一定比我的臉豐滿，不會像我這樣尖嘴猴腮的。」

平時滿臉威嚴的張制台，今天這樣當眾戲謔自己，大家知道他此刻真的是開心，於是也都放心地大笑起來。張之洞將兒子還給接生婆，坐到床沿邊，望着笑意盪漾的佩玉，溫存地問：「這會子好些了嗎？」佩玉點點頭。「都說要等到半夜才生哩，沒想到小傢伙等不及，趕早就鑽出來了。」

張之洞一句笑話，又把大家逗樂了。

張之洞將佩玉枕邊的被角壓了壓，說：「女人生孩子，好比從鬼門關口打了一轉回來，母子平安，真是天大的喜事。這幾天就在床上好好躺着，叫你娘吩咐春蘭和蕉兒多做點活血提神雞湯肉湯，多吃點，盡早復元，第一千萬不要傷風受涼。產後空虛，好比一根頭髮絲點的燈，最是要提防……」

說着說着，王夫人當年難產喪命的那一幕又浮現在眼前。多麼賢惠的夫人呵，多麼使人高興的添丁加口的好事呵，孰料轉瞬之際，便化為人間最慘痛的悲劇。王夫人含恨離世六年多了，六年來，只要一旦想起，張之洞就會痛責不已，彷彿是他奪去了夫人年輕美麗的生命似的。現在又一次地面臨這樣的大事，幸喜生產順利，而產後的調理也萬不可輕視。經歷過三位夫人生產、年過半百的張之洞，感到有許許多多的經驗，許許多多的叮囑要對佩玉細說。

佩玉娘從外面進來，見張之洞還在娓娓不斷地說這說那，她很驚訝：從沒看到這個八面威風的冷面半老男人，竟然還有如此脈脈溫馨、款款深情的一面！

她走到床邊，從接生婆手裏抱過小外孫，問張之洞：

「大人，兒子的名字給取好了嗎？」

「還沒想好哩。」

佩玉娘親了親小外孫，充滿着對女兒和外孫的無限愛意，說：「大人，你年過五十，再得一子，真是一樁天大的喜事。佩玉嫁到張家四年了，才生下這個兒子，也是望穿了眼睛。大人，兒子滿月時，就可要好好辦幾桌酒，慶賀慶賀。」

張之洞高興地說：「那當然，當然。」

佩玉娘對張之洞的這個答覆很滿意，她把小外孫放進女兒的被窩裏，讓他跟媽媽並肩睡覺，然後摸着嬰兒紅撲撲的臉蛋說：「小乖乖，跟媽媽睡覺，父親大人已答應了，滿月時給你擺大臉！」

佩玉把兒子緊緊地抱着，沉浸在巨大的幸福中。眼看着這一幅母子連心圖，張之洞心裏也格外覺得溫馨平靜。閒暇時讀讀好的詩文，欣賞古玩古畫，或是登山臨水融於造化之中的時候，他的心裏也往往有一種平和的感覺，但那是外界的引發，而此時的這種感覺，卻是從心靈深處所發出。細細地品味，這中間有很大的不同。是的，這是人類對新生命的歡喜接納，這更是人類對自身生命延續的一個本能企盼的滿足。人的生命的價值，豈是無血無肉的外物所能比擬！這宇宙萬象、世間萬物，一旦離開了人的生命，又有甚麼意義可言？

一晃半個月過去了，為越南戰爭結束後的遺留問題，如馮氏父子的賞賜授職及所募十八營團勇的獎恤遣歸、劉永福與黑旗軍的妥善安置，為遠道來粵的湘、淮軍的遣散，為廣州城幾家洋務局廠的早日開工等等一系列大事小事，張之洞忙得一天到晚團團轉，竟把為兒子辦滿月酒的事丟得一乾二淨了。

這天晚上，當佩玉再次提起的時候，他才恍然大悟。佩玉並不是一個很俗氣的女人，她贊同母親的意見，希望丈夫熱熱鬧鬧辦滿月酒，除開對兒子的疼愛外，也想藉此為自己贏得臉面。受過詩書教育的佩玉，孀居之後，仍然抱着寧願為人清貧之妻不願做人富貴之妾的素志，當初純是出於對張之洞摯愛琴藝之心所感動，做了張府的姨太太。儘管上面並沒有正室在堂，她實際上是督署後院之主，但因為名份上始終只是姨太太，她的心態總免不了有失衡之感。她希望能有一次風光的機會，讓她揚揚眉，擺擺臉，真正以一個女主人的姿態接受眾人對她的恭賀，對她的祝福。自從得知懷孕之後，她便想到孩子做滿月是個好機會。倘若生個女兒，只在督署裏辦個三五桌就行了；倘若是個兒子，她巴望丈夫能在廣州城裏的酒樓上，開它二三十桌筵席，讓全城的人都知道，她李佩玉生了個兒子，張制台又添了一脈香火。

「佩玉，我想我們不辦滿月酒算了。」

張之洞用手指頭輕輕碰了一下兒子的臉蛋。兒子的名字在三朝時給取定了，叫仁侃。小仁侃瞪着烏黑發亮的眼睛，望着眼前這個留着尺來長黑黃鬍鬚的半老頭兒的臉，眨都不眨一下。看着兒子這副粉餅肉團似的模樣，張之洞舒心暢意地笑了。

「為甚麼？」佩玉大感意外，心裏已有幾分不快。「是因為他是小妾生的，就不擺酒了？我的身份雖賤，他卻是你的親骨肉！」

佩玉越說越委屈，竟然止不住流下眼淚來。

「你想到哪裏去了，佩玉。」張之洞拿起枕邊的綢巾，為佩玉拭去眼淚。「我甚麼時候把你當妾看待了，整個家務錢財不是都交給你了嗎？除開名份外，你和哪家的正室夫人有一點區別？快別哭了，你在坐月，女人在月子裏一身骨頭都是散的，千萬別傷着身子。」

這幾年來，張府的家務一直是佩玉在主持，油鹽柴米，傭人用錢，都是佩玉說了算，連仁梃、準兒兄妹的吃穿零用錢也都是由佩玉來安排。應該說，佩玉是個有職有權的主婦。想到這裏，佩玉的怨氣消了許多，說話的口氣和緩下來：「那是為甚麼？」

「佩玉，我告訴你吧，仁權是頭生子，他都沒辦滿月酒。為甚麼，因為那時清貧，我雖是翰林，但是有名的窮京官，辦不起酒。仁梃滿月說是辦了幾桌，但那是在臬台衙門他外公家裏辦的，自己家其實也沒辦。他們都是太太生的。」

「正因為是太太生的，不辦可以。」佩玉插話。「仁侃是姨太太生的，若不辦，會有人說閒話。」

「閒話不閒話，不要去管他，倒是那天你母親說辦滿月酒，我是滿口答應的。不只是為兒子，更主要是為了你，我是想好好地為你慶賀慶賀一番的。」

這幾句話，說得佩玉心中的怨氣已減去了八成。

「但是，我仔細想了想，還是以不辦酒為好？」

佩玉凝神望着丈夫，沒有做聲。她在認真地聽着。

「這沒有別的，不是因為你和仁侃，而是因為我，是我不該做着兩廣總督。」

張之洞離開床沿，在屋子裏一邊慢慢踱步，一邊緩緩地說道：「在廣州城裏，有多少官吏怕我畏我，又有多少官吏想靠近我巴結我，更有多少商人想討好我買通我，假若我張某人為兒子做滿月酒的口風一傳出，廣州城數以百計的衙門、數以萬計的官吏、數以千計的商行、數以十萬計的商人中那些怕我畏我、想靠近我巴結我買通我的人，都會藉此機會送重禮以達到他們的目的。官吏們拿的是民脂民膏，商人們拿的是敲詐盤剝，這樣的禮物送到總督衙門，即使不是為了某種目的，我也是不敢拿不願拿的。上有神明，下有祖宗，我張之洞拿了心裏不安呀！」

窮苦塾師家出身的佩玉，深以丈夫的這番話為然，她已在心中點頭贊同了。

「官吏中也有清官廉官，商人中也有正經買賣人。我若辦滿月酒，他們要是送禮，又於心相違，若不送，怕我對他們有別的看法。」

佩玉對這幾話很有同感，因為他的父親便是這樣一位耿介的窮書生，時常為世俗的禮節而煩愁。

「更重要的是，廣州城裏，還有上百萬的黎民百姓在瞪大眼睛看着我。眼下貪官污吏遍佈全國，他們利用各種機會巧取豪奪，中飽私囊，藉升官調遷、祝壽弔喪、生子添孫、娶婦嫁女等大辦酒席，廣斂錢財，這種手法比比皆是，形同公開。假若我張之洞辦滿月酒，即使申明不收人一文賀錢，又有誰會相信呢，我半世清名豈不毀於一旦？這尚在其次。更重要的是我今後在兩廣想再要整飭官場，廉潔官風，那就沒有人聽了。我這個兩廣總督，豈不成了一個尸位素餐、形同虛設的木偶？」

佩玉心裏下意識地打了一個冷顫，丈夫說得有理：為了一個小小的虛榮，將會給他帶來多大的不利！佩玉呀佩玉，你真的是一時糊塗了。

「所以，我張某人生長子、次子時，沒錢不辦滿月酒，生三子時，有了錢也不辦滿月酒。佩玉，望你能體諒我，成全我。」

「你想得周到，仁侃這個滿月酒就不辦了。」佩玉誠懇地說。

「你真正是我的賢內助！」張之洞為佩玉的深明大義而感動，重新坐到床沿邊，滿眼含情地望着佩玉在親吻兒子的臉蛋，心裏充滿濃濃的天倫之樂。

過一會兒，他又對佩玉說：「你這樣賢惠，令我欽佩，這幾年來操持家務，也很辛苦，現在又生了仁侃，為張門添丁，我理應表達我的一點心意。我還是要讓你母子熱鬧一番的。」

「哦，那太好了。」佩玉又興奮起來。「你有了別的好法子？」

張之洞笑着說：「你等着那一天看吧！」

佩玉也不再打聽，存了這個心，從第二天起便仔細觀察，看張之洞如何讓她們母子熱鬧一番的。

10 以中國百姓第一次看見電燈的喜樂來慶賀兒子的滿月

這一天清早，佩玉見大根裝束停當，像要出遠門的樣子，便問：「你到哪裏去？」

大根答：「到黃埔港去買松樹。」

「到黃埔買松樹做甚麼？」

「四叔說，他那年去黃埔看張軒帥，見北岸牛山上有一片好松林，他當時尚未在意，這些年來卻發現廣州城裏幾乎見不到松樹。四叔說，他平生最愛松樹，要我去黃埔牛山去買兩株好松樹來，栽到督署衙門空坪裏。」

當年晉祠內松柏森森，一派肅穆景象，令佩玉懷念不已。眼前的確是不見松柏，經大根一說，佩玉倒真覺得是一個遺憾。「四叔跟你說過，要買甚麼樣的松樹嗎？」

「四叔說，不要彎彎曲曲奇形怪狀，也不要稀罕少有、品種名貴的，要選兩棵主幹粗直，形體端正，讓人看着覺得有一股堂堂正氣就行了。」

佩玉聽了很高興，這種選材主張也合她的心意，又問：「買大的還是買小的？」

「四叔說，儘量買大的，大的氣派足些，但一要考慮到容易成活，二要考慮到好搬運，要我跟當地農民好好商量。」

「好，你去吧！」佩玉心想，老爺子一天到晚忙忙碌碌的，今兒個倒有閒心來美化環境了。看來，仁侃的確給他帶來一份好心緒。

下午，趙茂昌領着幾個木匠和泥灰匠來修繕幕友堂。幕友堂在督署大院的西側，中間一個大廳堂，四周有十餘間小房，這裏是兩廣總督衙門的幕僚辦事之處。幕僚原本是古代將帥用兵打仗時，隨軍住在帳幕中的軍事參謀、書記等人的通稱。後來，地方大員因衙門屬官定制有限，忙不過來，便把將帥們的做法學過來，聘請一些人辦理文書、刑名、錢穀等事務。因為是學的軍營一套，名稱也便跟着叫幕僚。這些人不屬朝廷命官，是衙門主人請過來的，合則留，不合則走，類似朋友的關係。所以主人都客氣地叫他們為幕友。清代末年，內亂頻繁，地方大員擔負着繁重的軍政責任，故聘請幕友之風大盛，各省督撫都有一個寵大的幕友隊伍。此中最為有名的當然要屬曾國藩的兩江督署的幕僚班子了，那裏集中着數百名行政、軍事、理財、科技等當時的第一流人才，號稱天下人才淵藪，甚至還有朝廷人才不及兩江的說法。

兩廣地處中國南大門，近幾十年來又是與洋人打交道的要衝之地，故兩廣督署的幕僚也不少，各色人等加起來有三四十號。由於桑治平與張之洞的特殊關係，來到廣州後，他實際上成了幕僚長。前一向他和蔡錫勇用招賢榜的方式召來了六十餘名洋務人才，這中間絕大部分到了局所，只有陳念礽等五個從美國留學回來的留在督署做幕友。過去的幕府科房都以朝廷六部命名，即吏科、戶科、兵科、工科、刑科、禮科，現在這六科外再增加兩科，即以蔡錫勇為頭包括陳念礽等五人在內的洋務科，以辜鴻銘為頭的翻譯科。

趙茂昌將這些幕僚們暫時安置到別的房屋裏辦事，指揮工匠們將幕房全部修整粉刷，又特別從中挑選一位手藝高巧的細木工匠，要他按照張制台的墨跡為幕友堂做一塊橫匾。

過幾天，佩玉又看到督署裏來了一位怪人，和辜鴻銘差不多，粗看起來像是一位普通的師爺：瓜皮帽，長袍馬褂，細看卻又像個洋人：高鼻樑、白皮膚，瓜皮帽沿露出的竟是金色的頭髮。但又聽他一口純熟的中國話，和張之洞邊走邊親熱地交談着。佩玉心裏很納悶，這是個甚麼人？

剛好桑治平到後院來找他的太太柴氏——這段時期，後院事多，柴氏常來幫幫佩玉——佩玉便問他。桑治平說：「那是個英國牧師，名叫李提摩太。早在山西時，制台便和他成了朋友。前幾天到了廣州，特為來看望老朋友。他向制台推薦一種機器，制台很高興，立即委請他到香港去買。」

「甚麼機器？」

「電燈機。」

電燈機是甚麼機器，作甚麼用，佩玉弄不清楚，她也不好意思再問下去。

再過幾天，便有馬車拖來又大又沉的鐵製機器，連同一卷一卷細長的繩子。跟着機器來的，除李提摩太外，另有兩名洋匠。三個洋人在衙門裏住下來，足足在幕友堂裏裏外外忙碌了四五天，有時又傳來一陣陣「叭叭叭」的響聲。佩玉因身子尚未完全復原，也沒過去看。接着大根買的兩棵松樹也運進來了，遵照張之洞的吩咐，這兩棵松樹栽在幕友堂大門前左右兩旁。

又過幾天，眼看明天就是滿月的正日子了，究竟怎麼熱鬧一番，張之洞仍未透露。夜裏，佩玉忍不住問丈夫。張之洞笑着說：「明天晚上，我要讓你看一樣你出生以來從未見過的東西，讓你有許許多多的驚歎和興奮。」

會是甚麼東西呢？會給我送一個稀世珍寶，一套華貴衣服，或許是給侃兒送一個世所罕見的玩具？這些都有可能使觀者驚歎和興奮。佩玉想了很久，到底沒有想出個甚麼東西來。

第二天上午，幕僚們搬進了修繕一新的幕友堂。只見門窗都油上了新漆，牆壁被石灰刷得清白如雪，地面全都嵌上一色青磚。眾人站在案几邊，環望四周，立即生發出一種舒適清爽之感。尤其是大門口的那兩棵新移來的松樹，約有二人之高，合抱之粗，雖不很高大，卻主幹挺直，側枝秀勁，針葉茂密而深綠，給幕友堂平添一股雄壯之氣、威嚴之姿。幕僚們人見人愛，人見人喜。

到了下午，桑治平對眾位幕友宣告：吃了晚飯後，各位還請到幕友堂來一下，晚七時，張制台將親自主持幕友堂掛匾儀式。到時備有茶點，還將請大家看一樣洋玩意兒。

幕友堂，是衙門內人員對幕僚們辦事處所的稱呼，並不是一個規矩的名稱。張制台親自主持掛匾儀式，看來這個匾額是他親題的。他會題幾個甚麼字呢？幕僚們都在猜着。於是大家恍然大悟了，原來修繕房間，移栽松樹，都是為了今晚的掛匾，而洋玩意兒又是甚麼呢？

雖是初秋時節，但廣州的夜色來得卻比北方遲。吃過晚飯，眾幕僚都穿戴整齊來到幕友堂時，天色仍未黑下來，大家喝着茶，聊着天，心情都顯得有點亢奮。

將近七點時，張之洞來了，後面還跟着幾個工役，其中兩個抬着一塊用紅綢包好的大木板。這木板約有四尺長二尺多寬，幕僚們都知道這一定是幕友堂的匾了，都好奇地圍了過來，卻看不見上面的字。這時有人搬來了一個竹梯，一個年輕力壯的工役豎抱着木板，登上了梯子，將木板掛在預先釘好的釘子上，紅綢依然裹着，一根長長的繩子一頭連着紅綢，一頭垂到地面。

眼看天色漸漸暗下來，張之洞對大家招了招手，大聲說：「諸位幕友們，大家辛苦了。」

三十多號幕友除幾個暫時告假養病或回家省親的外，差不多都來齊了，聽到東家已道出開場白，便紛紛走過來。

「各位看得起我張某人，從四面八方來到兩廣總督衙門，幫助鄙人料理各項繁雜的事務，事情多，薪水少，再加之鄙人一向為人粗疏，不會噓寒問暖，各位沒有怨言，盡職盡責。諸君都是十年寒窗的飽學之士，還有乙榜出身的，還有從西洋留學回來的，之所以能如此，我想主要不是為了賺錢養家糊口，而是為了施展自己的平生所學，上報朝廷，下為庶民。」

張之洞這幾句話，慕僚聽了舒服。其實，這些幕僚，絕大多數都是奔着衙門優厚薪水而來的。幕僚月薪，視出身、能力、資歷及所擔負事務的不同有高低之分，通常最低的也不會低於二十兩銀子，高的甚至可達四十多兩。當時一個七品縣令的年薪不過四十五兩。到了年底，一切事故都沒出，平平安安過了一年，則可以得養廉費一千兩，按每月攤下去，月薪不過九十多兩。身為縣令，有許多排場應酬，又有許多窮親戚來打秋風，所以，一個不貪污的清白縣令，以其正當收入來過日子，並不算太寬裕。至於一個通常塾師，月薪不過五六兩而已。讀書人若命不好，做不了官，便只有做塾師的份。一旦來到總督衙門做師爺，就可以得到半個縣令七個塾師的收入，這是一項多麼令人垂涎的好行當！但是，他們這些人都是讀着孔孟長大的，從小起一個個都有經世濟民的宏大抱負。許多人明知今生永遠與經世濟民無緣，但在嘴巴上，總喜歡這樣說說，或許是眷戀太深，或許是畫餅充飢，也或許純粹是為了騙取別人的尊重。總之，都喜歡說說「一展抱負，為國為民」之類的大話。現在總督大人肯定他們，讚許他們，他們何嘗不感到心裏暖融融的！

「但是，鄙人身為主人，心裏總覺不安，所以這次下決心將諸位辦事的場所來個修繕粉刷一番，讓大家有個舒舒服服的環境，一天的疲勞也可減輕一點。另外，我又特為從黃埔移來兩株松樹。」

大家的眼光都不約而同轉向門前的兩棵松樹上。

「不瞞諸位幕友，鄙人平生最喜愛的草木便是松樹。愛它雄壯偉岸的軀幹，狂風吹不倒，大雪壓不垮。愛它頑強的生命力量，元氣充沛，虬枝針葉，千年不衰。更愛它四季長青，哪怕隆冬嚴寒，依然青翠翠，昂然居三友之首。故而聖人稱讚它，歲寒而後知松柏之後凋。將這兩株松樹從黃埔移到幕友堂前，不但為自勵，也為激勵眾位朋友們，將它看做是兩個畏友，天天面對着我們，逼我們自省，逼我們奮進。」

幕友堂前，剛才還有點小小的私語聲，這會子完全靜寂下來。夜色中，依稀可見幕友們大都神色莊重，表情嚴肅，有幾個年紀較大有點倚老賣老放任自流的幕友不免面有赧色，心生愧疚。

「趁着幕友堂裝修的機會，我為它題了個堂名，並製成一塊豎匾掛上去了。各位朋友們可能都在想，張某人會給它題個甚麼字呢？等會鄙人扯下這塊紅綢，大家就可以看到了。」

隨着張之洞的手勢，大家又都不約而同地抬起頭來，向大門頂部望去。可惜，天色已經黑下來，包着紅綢的豎匾模模糊糊的，很多人都在心裏說：就是扯下綢子，也看不清上面題的甚麼字呀，為甚麼不選在白天掛匾呢？要不，門口上多掛幾隻燈籠也好呀。就像聽到了眾人的腹議似的，張之洞笑了笑：

「大家一定都會說，黑燈瞎火的，這匾怎麼個看法哩！各位不要急，鄙人會給你們借火來的。」

他轉臉對站在旁邊一直在待命的趙茂昌說，「你叫他們把機器發動起來吧！」

「是！」

趙茂昌很快走進廳堂，只聽見一陣「噗噗噗」的響聲過後，眾人冷不防眼睛一花，忽見堂裏堂外頓時明亮起來，猶如瞬時間點燃起千萬支蠟燭，又以為黑夜中的閃電被長久地留在天空，大家正在驚疑四顧的時候，幾個留美的年輕人一邊指指點點，一邊大聲地叫道：「電燈，電燈！」眾幕僚這才發現，突如其來的雪白光亮，原來是從一個拳頭大的白玻璃泡裏發出來的，並且又很快發現，不但大門上懸着這樣的玻璃泡，而且廳堂內，各個小房間裏都懸掛着好些個這樣的小燈泡，有人在數着：「一個、兩個、三個……」有人則大聲地說：「我已數清了，整整一百個。」又有人說：「你們看，松樹上還有哩！」

大家又都看松樹了。可不是嗎，兩棵松樹，每一棵上也都吊了七八隻白玻璃泡。松樹軀幹上的樹皮，本來就有着龍鱗似的裂紋，此時在燈光的照耀下就更像一條挺立着的龍身，它的頭就藏在松樹葉中，而尾部則埋在泥土裏。

除開辜鴻銘、蔡錫勇、陳念礽幾個喝過洋水的人，以及像趙茂昌等極少數幾個進過公使館和洋行的人外，今夜，幕友堂前數十號幕友及衙役和後院眷屬僕人，打從娘胎出來，還是第一次看見這種不可思議的神奇現象。一個小小的玻璃泡怎麼會發出如此耀眼的光亮來？泡子裏面裝的是甚麼？有的人還懷疑，這玻璃泡裏是不是事先捉進了許許多多的螢火蟲？不過他們又想，螢火蟲不可能這樣聽話，說亮就都亮了，再說螢火蟲的亮光是一閃一閃的，這光它並不閃呀！

藉着燈光，彼此都發現對方的睛眼裏全射出驚喜不止的目光，臉上都流露出喜氣洋洋的神色，陳念礽終於忍不住呼喊起來：「張大人，你把電燈牽到衙門裏來了，你真偉大！」說着說着，不由自主地鼓起掌來。梁普時等幾個留美學生也高呼：「張大人偉大，偉大！」跟着也鼓掌。

眾幕僚也學着鼓起掌來，他們不習慣叫「偉大」這個詞，但一時又想不起別的合適頌詞來，只好呼喊：「張大人，張大人！」二百多年了，自有兩廣總督衙門以來，似乎還從來沒出現過這樣熱烈喜慶、興高采烈的場面。

待大家的情緒稍稍穩定下來後，桑治平站在大門口，高聲喊道：「現在，請張制台為幕友堂揭匾！」

張之洞走到豎匾下面，拿起繩索懸下來的一頭，輕輕一拉，紅綢飄落下來，門楣上的豎匾露出了它的真面目：烏黑發亮的漆面鏨着三個上了石綠色彩的大字，在雪亮的燈光照耀下，這三個忠實體現張之洞書法的字，筆畫剛勁，結構嚴謹，轉角勾折之處，硬直中流動着秀美的靈氣，大家幾乎異口同聲地喊起來：「廣益堂！」

張之洞高興地說：「廣益，既有集思廣益之意，也有諸位多多獻策，使兩廣獲益之意。為了使諸位更好地辦事，在英國朋友李提摩太的幫助下，我們從香港買來了一個發電機。發的電只能裝一百個燈泡，這一百個燈泡就全部裝在廣益堂。下次我們再買一個，為簽押房那邊再裝上燈泡。那時我們兩廣衙門就在一片光明中辦文案，理公事。願這一片光明帶給我們諸位光明磊落的心地，辦光明乾淨的公務，為兩廣百姓謀光明燦爛的前途。」

幕友房總文案蔡錫勇代表眾幕僚誠懇地說：「您這樣厚待幕友，大家都很感激。大家都說，您文治武功，彪炳於世，這都是您自己的才幹所致，幕友們並沒有幫上甚麼忙。如今督署裝電燈，先不裝你的簽押房，也不裝後院上房，而先裝廣益堂，大家都覺得受之有愧。」

為祝賀兒子滿月而設置的這一熱鬧場面，獲得了眾幕僚的衷心感激，張之洞為此而十分滿意。蔡錫勇剛才「沒有幫上甚麼忙」的謙虛話，使他突然想起野史上的一則故事，一時高興，竟忘乎所以了。張之洞拍了拍蔡錫勇的肩膀，笑着說：「眾幕友都幫了我張某人的忙，這不消說了，有些事，是用不着幫忙出力，也可以心安理得享受好處的。我說個笑話給你們聽。」

總督大人要說笑話，這可是難得的事，大家都圍攏過來。

「話說當年東晉元帝司馬睿的寵妃生了一個兒子。元帝很高興，不僅重賞他的寵妃，而且遍賞文武百官，每人加升一級，真正是皇恩浩蕩，皆大歡喜。大臣殷洪喬出面代表百官感激元帝。這殷洪喬是個老實人，說的也是老實話。他說，皇上喜得皇子，這是普天同慶的好事，只是我們並沒有出甚麼力而得此重賞，心裏都過意不去。元帝哈哈大笑，說，我生兒子，當然不要你們出力，你們哪個若是出了力，那還了得！元帝說的也是大實話。這兩段大實話加在一起，便成了一段大笑話，很快便傳出宮外，全國官民聽了，都捧腹不已。」

張之洞剛一說完，眾人都哄堂大笑起來。最愛搶風頭的機靈鬼辜鴻銘最先反應過來，他大聲說道：「香帥中年得子，我們蒙電燈之賞，雖沒有出力，心裏也不會不安！」

經辜鴻銘這一點破，大家恍然大悟。是的，上個月張府添了一位公子，今天莫不是小公子的滿月！原來大家都在與張制台分享他的兒子滿月之喜。霎時間，廣益堂內外沸騰起來。

這時，張之洞看到佩玉坐在稍遠處的回廊裏，正望着他，臉上滿是幸福的笑容。

張之洞高聲對大家說：「好了，揭匾儀式完結了，諸位都進去，到各自辦公室的房間裏去瞧瞧吧，看看光線夠不夠。為慶祝今晚這個大喜事，廳堂裏還擺有瓜果糕點，大家邊吃邊看邊議論。」

於是，眾幕僚、衙役和僕人都雀躍般湧進廳堂，興致萬分地在小小的玻璃泡前，久久地佇立着，笑談着。兩廣總督衙門，度過它有史以來第一個最為光亮的不眠之夜。

第二天消息傳出，巡撫衙門、藩司衙門、臬司衙門以及廣東提督衙門、廣州知府衙門等各大衙門都來打聽。張之洞意識到這是一個宣傳普及洋務最有說服力的例子，於是請幕僚們半個月內夜裏暫不在幕友室辦事，這段時間每天夜晚從七時到十二時，開亮所有的電燈，讓各大衙門的官員、各大商號的老闆、各大書院的學子，乃至廣州城裏的普通百姓前來參觀。這個決定做出後，每天晚上，兩廣總督衙門前便排滿數以萬計的參觀者。人們懷着興奮的心情，紛紛前來一睹這亘古未有的新奇。許多人看後都歎道，不料夜明珠真有其物！更多人反駁道，哪裏有甚麼夜明珠，那都是騙人的鬼話，這電燈是洋人的聰明才智製造出來的；我們再不要夜郎自大了，要放下架子向洋人學習。也有人說，我們不要妄自菲薄，洋人的技巧我們也可以學過來，今天督署點上了，往後我們老百姓家裏也可以點上。

光緒十四年，廣州城內，張之洞成了第一個將電燈引進官署的中國人。第二年，廣東商人黃秉常在張之洞的支持下，在廣州開辦中國第一個民辦電燈公司。從此以後，電燈走入神州大地的千家萬戶，給茫茫長夜帶來如同白晝的光明！就在這個時候，近代社會的另一個重要標誌——鐵路能否引進中國的問題，正在大清高層官場上激烈地爭論着。

第一章 籌議幹線

1　香濤兄，你想做天下第一督撫嗎？

自古以來，中國的交通運輸，陸路靠的車馬，水路靠的舟船，雖然史書上有諸葛亮造木牛流馬運糧食的記載，頗有點自動化的味道，可惜千餘年間，無數絕頂聰明的人按照書上所說的尺寸規則，無論怎樣擺弄來擺弄去，也不能讓拼出來的牛馬開步行走；改變尺寸另闢蹊徑，也一樣的沒有成功。於是，仍然只能沿用人力畜力水力和風力來做減輕人的勞累，至於以轉換其他能量來作為代替的設想，卻很少有人想過，更沒有在現實中實驗過。

十九世紀，蒸汽機的誕生，使人類獲得一個能量轉換的有效途徑。它的廣泛應用，更改變人類在許多領域內的生存方式。輪船和火車的出現，使得人類在水陸交通上找到比舟船、車馬強過許多倍的運輸工具。

對於以五千年悠久文明自誇於世的中國來說，用蒸汽船取代人工船的過程，似乎沒有遇到多大的麻煩。同治元年正月，正是江南戰事最激烈的時候，經朝廷批准，由曾國藩出面購買的第一艘洋人製造的蒸汽機船，開進了安慶港碼頭。半年後，華衡芳、徐壽所設計製造的第一艘中國人自造的蒸汽機船在安慶江面試航成功。曾國藩為此在日記中寫下一句頗為自得的話：「竊喜洋人之智巧，我中國人亦能為之，彼不能傲我以其所不知矣。」

然而，火車的引進中國，則遠不是這樣的一帆風順，這段歷程的曲折複雜，實在令人可悲可歎！

幾乎在購進洋船的同時，以怡和、旗昌為首的英美等二十七家洋行，便向時任蘇撫的李鴻章建議，興建一條由蘇州至上海的鐵路。因主權問題，遭李鴻章拒絕。次年，英國工程師斯蒂文生來華，又向清廷提出興建六大幹線，即漢口至上海，漢口至廣東，漢口至四川，上海至福州，鎮江至北京，廣東至雲南的建議。也因主權問題被拒絕。同治四年，美國商人在北京宣武門外修建了一條一里多長的鐵路，欲作為樣品來引起朝廷的重視，結果因為中國人從來沒有見到這種怪物，被其吼叫聲和運行時的強烈震動所嚇倒，沒有幾天便讓步軍統領衙門給拆掉了。到了光緒元年，怡和洋行修築了一條由上海至吳淞的鐵路。火車在鐵路上行駛仍然引起官府民間的一致反對，終於藉火車壓死一個士兵的理由，勒令停止運行，不久又用二十八萬兩銀子買下拆毀投入海中。第二年直隸開平礦務局成立，為方便運煤，李鴻章向朝廷奏請興建一條運煤的鐵路，但遭到朝廷許多大臣的反對，事未果。直到光緒六年，李鴻章再次奏請，並特別聲明不用洋機車頭，而用驢馬拖拉，才得到朝廷勉強同意。一年後，由中國人自辦的第一條鐵路在中國建成了。這條鐵路起自唐山，終止胥各莊，全長只有二十二里，由驢子和馬拖着車廂在鐵軌上走。這在世界鐵路史上，可謂獨一無二的創舉。再過一年，英國工程師金達利用舊鍋爐進行改造，終於造出中國的第一台蒸汽機車。這台蒸汽機車的引力只有一百餘噸，全長一八點八英尺，每小時只能行走五公里，儘管各項指標都小得可憐，然而它卻是第一個中國製造的有着完整概念的火車。

與唐胥鐵路誕生的同時，一場關於鐵路興建與否的論爭也在展開。

光緒六年，前淮軍大將劉銘傳上了一道名曰《籌造鐵路以圖自強摺》，向慈禧太后詳細說明修造鐵路的重要性和必要性。劉銘傳指出其重要性首先體現在軍事上，可以迅速調兵運餉，保衛邊疆，同時也有利漕務、賑務、商務、礦務、行旅者，並提出興建南北四條幹線，即北京至奉天，北京至甘肅，漢口至河南，清江至山東。考慮到四條幹線同時並舉，資金短缺，可先修北京到清江一條。若銀錢不夠，可舉借洋債。這份奏摺，道理充足，規劃詳盡，言辭懇切，引起慈禧太后及軍機、內閣大臣的重視，下發交朝臣疆吏們討論。

內閣學士張家驤首先發表反對意見，批評劉銘傳是無事生非，莠言亂政，指出興造鐵路有三大弊病：一招致洋人覬覦，二壞沿途墳墓田園房屋，百姓不滿，三與輪船爭利。

時任直隸總督的李鴻章態度鮮明地支持劉銘傳的意見，詳細分析興建鐵路有保衛京師、籌辦海防等九個方面的利益，並逐條駁斥張家驤的詰難。

李鴻章的摺子剛遞上，即遭到另一批人的猛烈攻擊，這批人中最有代表性的是通政司參議劉錫鴻。此人曾經做過中國首任駐英公使郭嵩燾的副使。他雖然和郭嵩燾共事，卻對郭氏的一套全持反對態度，後來又向朝廷密劾郭氏在外的種種不是，終於使得郭嵩燾被撤職查辦。劉錫鴻因此贏得朝野守舊派的稱讚。劉錫鴻堅決反對修鐵路，說火車雖在西洋通行，但中國斷不能仿效。劉錫鴻以一個見過世面的副使身份出面反對修造鐵路，很有說服力。於是，劉銘傳的建議以「着無庸議」擱置一旁。

但是，事實勝於雄辯，不少頑固守舊的人逐漸在事實面前清醒過來。這幾年間朝廷中有一位舉足輕重的人物也終於清醒過來了，此人便是醇王奕譞。通過中法戰爭，尤其是做了海軍衙門督辦大臣親自檢閱海軍、主持南北海軍大會操的盛典之後，奕譞對洋人和洋務的看法有了根本性的改變。

在一片反對聲中，奕譞支持李鴻章將唐胥鐵路延伸至蘆台，並同時組建開平鐵路公司。光緒十三年，延伸段完工，整個鐵路更名為唐蘆鐵路，又繼續再延伸到天津。由於奕譞的原因，朝廷同意了這一計劃。趁此機會，李鴻章將開平鐵路公司改名為中國鐵路公司，儼然以中國鐵路的總督辦自居。光緒十四年，全長二百六十里的唐津鐵路建成。這時，一個廣東商人表示願意接造天津至通州的鐵路。經奕譞奏請後，上海報紙很快便刊出中國鐵路公司為津通鐵路招集股金的廣告。消息傳出，又招致一班人的激烈反對。

這一班人以新任戶部尚書翁同龢為代表。原來，閻敬銘已在一年前就離開了戶部。自從頤和園開工後，閻敬銘便因撥款事數次與慈禧相抵忤，惹得慈禧老大不快。於是藉故將閻敬銘革職留任。戶部尚書崇綺知趣，乾脆繞過留任的閻敬銘，源源不斷地將款子撥給園工，弄得閻敬銘十分惱火。年過古稀的倔老頭終於對官場徹底厭倦，第三次奏請開缺回籍。慈禧是個既專斷自用的皇太后，也是一個恩怨分明的女人。她既對閻敬銘於園工持不合作態度甚是不滿，但也對咸豐年間幫她渡過難關的老臣始終懷一分眷顧之情，特別是閻敬銘，是她將他再次起用，而他這幾年也的確為整飭戶部豐富國庫做出極大的貢獻。故而當慈禧接到閻敬銘的開缺摺後，心中不免有一絲傷感。她一面接受他的懇請准予開缺，將閒置三四年的翁同龢補授戶部尚書，一面又勸他暫勿回籍，在京師裏寬住一段時日，由太醫院風疾聖手蕭長治給他診治，待病好再回解州不遲。閻敬銘為風疾苦了二十餘年，這幾年在京師，早就聽說太醫院的蕭長治極擅長治風疾。閻敬銘是個拘謹的人，儘管京師也有達官顯宦私下裏用重金請御醫治病，但他不願意這樣做。沒料到太后逾格示恩，閻敬銘感激之餘，遵命在京城賃屋住下。至於戶部的大小事情，他決不過問。翁同龢聯合內閣學士文治、國子監祭酒盛昱以及禮部尚書奎潤等人上書，說鐵路為開闢所未有，祖宗所未創，又將太和門近日失火聯繫起來，認為這是天象示儆，應將李鴻章的誤國誤民之舉立即停止，以弭國患。

以兩江總督劉坤一為代表的一批督撫則全力主張在中國大辦鐵路，將鐵路視為千萬人之公利，萬世之大利，是安內攘外刻不容緩的急務。

一向以經營八表自命的兩廣總督張之洞，自然十分關注着這場激烈的爭論。今日的張之洞，已經是一位底氣甚足眼界更寬的政壇後起之秀。天下督撫，在他的心目中，已沒有幾個可與之比肩了。靠幾十年的積資逐級而上的，多平庸老邁，已成漸薄西山之夕陽，自然不必理論。就是那幾位以戰功起家的中興功臣如劉坤一、曾國荃、劉銘傳、劉錦棠、岑毓英等，早些年張之洞對他們尚有三分敬畏，現在，這種敬畏已不復存在了。他們的戰功，只不過是對神神鬼鬼的長毛和烏合之眾的捻子而言，能跟打敗擁有世上最強大的艦炮武器的法國人相比嗎？張之洞有時想，倘若自己早生二十年，說不定還不會讓長毛捻子猖獗那麼久；那批所謂大帥名將中，究竟有幾個真正會用兵的人，真是天曉得，也不過是時運際會罷了！世無英雄，遂使豎子成名。抹去這些人的武的光環後，他們的文的一面就簡直提不得了。走私鹽梟劉銘傳、丘八劉錦棠不說，就是號稱讀書人的劉坤一、曾國荃、岑毓英等人，也沒有一個得舉人功名的，要他們不假人手，自己作一篇賦吟一首長詩都不行。探花出身的張之洞一想到這一層，便自覺比他們高出一頭地。

中興名臣這批人中，張之洞真正崇敬的還是他的恩師胡林翼和曾國藩、左宗棠，他們上馬擊賊下馬吟詩，可謂文武雙全。可惜，胡林翼英年早逝，曾國藩也僅壽止花甲，就連到老不改英雄本色的左宗棠也在前年去世了。

對於那個被世人公認為中興名臣之一、領天下督撫之首達二十餘年、以羣臣領袖自命的李鴻章，張之洞的看法則要複雜得多。

說句實在話，張之洞對李鴻章還是佩服的。當年，李鴻章以一個清華翰林的身份，能看清天下大勢，毅然離開舒適寧靜的翰苑回原籍辦團練，主動投入兵凶戰危之地，這一舉動就要高過千萬個讀書破萬卷的儒士文人了。後來親自組建淮軍，指揮一支能征慣戰的軍隊，直到在他的手裏徹底撲滅流竄四方的捻子，也算得上有統兵之才。這些年，李鴻章能清醒地看到必須學習洋人的長處，並在直隸辦機器局槍炮廠，辦水師學堂，為北洋大購艇炮，繼而又辦電報局修鐵路，在中國開一代風氣之先。這辦洋務一途，尤使得從清流變為督撫的張之洞更加欽佩，他不得不承認：這個曾文正公的高足確有過人之處。

但張之洞不喜歡李鴻章，有時甚至是厭惡。這種心態最初萌生於彼此間的政見不同。

作為清流黨中重要人物，在對外關係上，張之洞一貫持強硬態度。但李鴻章多採取妥協的作法，主張退讓、息事寧人。對此，張之洞十分看不慣，激情勃發時，他也會和清流黨的朋友張佩綸、陳寶琛等人一起罵李鴻章貽誤國家，與漢奸差不多。這幾年來，儘管他已從清流黨的狹隘圈子中走了出來，對李鴻章的某些做法有些體諒，但他還是認為徐圖自強和對外強硬並不矛盾。

張之洞不喜歡李鴻章，還因為他對李鴻章的人品有反感。他認為李鴻章的為人，一喜拉幫結派，二喜聚斂財貨。李鴻章用人，最看重兩個背景，一是不是出身淮軍或與淮軍有淵源，二是不是安徽人。若有這兩個背景，又有本事，他則重用；即便沒有本事，他也會優予看顧。安徽人尤其是廬州府的人去找他，他都吩咐手下人好好接待，能安置的儘量安置。他有一句名言：「咱兩淮人歷來生計艱難，好不容易如今混出一支軍旅、出息了這麼多人物，父老鄉親來依附你，找碗飯吃，你能讓他失望而歸嗎？」這句話，讓千萬安徽人聽了心暖，卻也因此而壞事。李鴻章和他的袍澤們所管轄的地方，無論官署還是軍營，都是良莠不分，魚龍混雜，常常使得英雄氣短，志士灰心，最後終因甲午海戰大敗而壞了他的一世英名。李鴻章在錢財上不檢點。他本人是來者不拒，他的兄弟子侄則更是放肆聚斂。他們人在外面做官，家中則良田無數，美宅無算，合肥李氏家族是安徽最大的財主。當時有句民謠：「宰相合肥天下瘦。」對他諷刺挖苦是既辛辣又絕妙。

這兩點素為中國傳統操守所抨擊，也是清流黨人敢於與李鴻章做對的所恃之處。李鴻章以鄉情和銀錢來網羅收買世俗間雞鳴狗盜之輩，成就了一番英雄豪傑的事業，也因此得罪天下清高之士，招致生前身後洗刷不去的罵名。這原是自古以來，凡做世俗大事的人都不可避免的無奈。「求仁得仁」，就李鴻章本人來說，以他豁達大度之胸襟來看倒也沒有甚麼，但要堵住世人悠悠之口，讓人對他有發自內心的敬重，卻也是做不到的。

張之洞就是這羣人中的一個突出者，即使當年身為洗馬一類的小京官，輩份上足足低了一輩，他也敢對李鴻章不恭，甚至指名道姓地罵。

如果說這兩個方面，在先前尚未構成直接利害衝突的話，那麼在中法之役中，張之洞則實實在在感受到了李鴻章對他的禍害。按照張之洞的想法，是要趁着諒山大捷的大好時機來一個「直搗黃龍府」，將法國在越南北部的勢力一掃而光。此事一旦成功，對國家來説，將可長保滇桂一帶的安寧，大大提高在世界上的聲譽。對他個人來説，則可以建立更大的功勳，留在史冊上的這頁記載也將更光彩。可惜，李鴻章卻害怕因此而打亂他的和局戰略，見好就收，最後反而出現戰勝國向戰敗國求和的咄咄怪事。張之洞深怨李鴻章這樣做，使國家蒙受了恥辱。李鴻章則多次指責張之洞是矜能自詡，好大喜功。

張之洞從此與李鴻章結下個人仇隙：李鴻章不但誤國，也誤他張某人！他決心要與這個四朝元老較量較量，讓此人感受一下後來居上者的壓力。

張之洞和他的幕友們無疑是鐵路興建的熱烈支持者。至於如何辦，他安排洋務科拿出具體的方案來。

主管蔡錫勇集合陳念礽等人搜集歐美等國建造鐵路的歷史資料，根據本國的具體情況，提出三個階段的設想：第一階段全力支持李鴻章建立中國鐵路公司，並成立招商股份公司，先把津通鐵路建好。第二階段興建上海至南京的滬寧鐵路和上海至杭州、寧波的滬杭甬鐵路。第三階段，則為興建北京到漢口的京漢鐵路。這條鐵路直貫中國的腹心地帶，好比人身上的一根主動脈，對於國家各方面關係重大。但因為線路長，施工難度大，耗資浩大，技術和財力一時都跟不上，故宜擺在第三階段，待津通、滬寧、滬杭甬三條鐵路相繼完成後再考慮。

蔡錫勇向張之洞稟報這個三步走的設想後，特別提出：「這是洋務科全體幕友將中外情況反覆研究比較後，提出的一個慎重而又可行的計劃，希望香帥能採納並據此上奏。」自趙茂昌首開「香帥」的稱呼後，沒有多久，除桑治平和楊銳等極少數幾個仍沿用舊稱呼外，其他人都一律尊稱張之洞為香帥。張之洞也樂於聽人家這樣叫他。

張之洞沒有表示態度，只讓蔡錫勇把所有的有關資料存放在他的簽押房裏。

過兩天，翻譯科主管辜鴻銘對張之洞說了該科幾位幕僚的看法。他們認為不必分三個階段，鐵路於中國太重要了，要迅速地大規模地把鐵路建起來，因此他建議先建北京至漢口的京漢鐵路。這條鐵路一建好，立即就建武昌至廣州的鐵路，可稱之為粵漢鐵路。兩條鐵路建好後，從北到南，從燕趙到湘粵，貫穿一氣，中國的大脈絡就順暢了，中國的元氣便會很快復蘇。辜鴻銘的話，張之洞聽了頗為心動，只是這的確是一個曠古未有的大工程，其艱難程度不亞於秦始皇修萬里長城、隋煬帝開大運河，眼下能動這樣的大手筆嗎？

桑治平這些日子來，也一直和陳念礽在討論鐵路事。陳念礽來兩廣總督衙門洋務科已經兩年多了。這兩年多裏，他不僅為事業有成而興奮，更為表舅父親般的疼愛而深感溫暖。念礽從小就失去父親。在過去二十年的歲月裏，尤其在艱辛困頓、委屈痛苦面前感覺到自己脆弱乏力的時候，幼小的念礽是多麼渴望一個堅強有力的父親的呵護和支撐，然而他沒有！一切都靠自己挺起肩膀扛着，硬起頭皮頂着，咬緊牙關忍着。人前從未低過頭，母親面前他也從未哭訴過，弟弟面前他更要敢於擔當。可是，在那些個不眠之夜裏，小念礽獨自流過多少心酸的淚水！他萬萬沒有想到，二十四歲之後來到廣州，卻遇到這樣一個表舅。表舅對他的關懷和照顧，足以填補這二十年來父愛的缺失。

念礽哪裏知道，填補這個缺失正是桑治平這幾個月來從心靈深處所爆發出來的強烈願望。桑治平為虧欠念礽母子太多而內疚，也為半百之後突獲親子而欣喜，他把自己滿腔的父愛全部傾注在念礽的身上。他給念礽買來七八套新衣服，又為念礽購置全套新傢具。每天夜晚他都會去念礽的房間裏說話，對念礽所說的一切都有着極大的興趣。尤其喜歡聽念礽談美國，無論是美國的實業還是美國的政體，也無論是美國百姓的生活習俗，還是上層社會的名流交往，這些從念礽口裏說出來的話，都給桑治平帶來很大的樂趣。有時念礽睡着了，他也會盯着那張越看越像自己的臉龐，很久之後才悄悄離開。休沐之時，他或是陪着念礽遊五羊城，登越秀山，或是帶着念礽到自己家裏，置辦豐盛的酒食招待他。這段日子裏，他給仁梃講《資治通鑒》。為讓念礽也能聽課，他對張之洞說，辜鴻銘、陳念礽都是西學好而中學欠缺，必須讓他們補上這一課。經學子集有的可不看，中國歷史卻不能不知。應讓他們二人與仁梃一起讀《通鑒》。張之洞很贊同。於是辜、陳天天下午與十八歲的仁梃聽桑先生的課。在桑治平與陳念礽每天晚上的對話中，桑多說的是中國學問，陳多說的是西方見聞，二人互補不足，都有很大的提高。

從陳念礽的談話中，桑治平知道在歐美各國，鐵路縱橫交錯，與機器、船炮一道是國強民富的重要條件。中國幅員遼闊，更需要鐵路作長途運輸，未來中國最大規模的洋務工程，應該是鐵路，誰執鐵路牛耳，誰便執洋務牛耳。

篤信管桑之學的桑治平，從陳念礽的無意言談中悟出一個深刻的大道理：如果說二千多年的管仲、桑弘羊以農商來求富國強兵的話，處當今之世，欲求中國富強，捨洋務之外，別無他途，而眼下最大的洋務在鐵路。一個構想電光石火般地在他的腦子裏閃現。倘若這個構想付諸實現的話，對張之洞而言，可成就一番絕頂大事業，對自己而言也可酬謝知遇之恩。

幾天來，他為這個構想的完善而日夜思索着，也因而心情亢奮着。

這天吃完晚飯後，他約張之洞在衙門簽押房裏密談他的構想。

「香濤兄，你想做天下第一督撫嗎？」桑治平這句橫空出世般的話，給張之洞罩上滿頭霧水。

「你這話怎麼講？本朝有明文規定，直隸總督才是疆吏之首，我即便想做天下第一督撫，若不取李少荃而代之，一個兩廣總督，人家也不承認你是老大呀！」

桑治平笑了笑，說：「直督為疆吏之首，是不錯，但這只是表面的具文，真正的天下第一督撫不在表面，而在內裏的份量。比如說，曾國藩做兩江總督的時候，天下第一督撫是那時做直督的劉長佑呢，還是曾國藩呢？答案是很明白的，當然是曾國藩。這是因為曾國藩當時正在做削平長毛的天下第一大事業。又如林則徐做兩廣總督的時候，天下第一督撫是那時做直督的琦善嗎，當然不是，而是林則徐，因為林則徐當時也在做天下第一大事即禁煙。所以，依我之見，天下第一督撫不是屬於直督的專利，而是屬於做當時天下第一大事業的督撫。」

張之洞恍然大悟：「你指的是這種第一督撫，那我張香濤當然想。若不是李少荃膽小怕事，鼓動朝廷匆匆談和，我讓馮子材、劉永福他們軍隊長驅順化，將法國人徹底趕出越南。按你的說法，那我早就是天下第一督撫了。」

桑治平晃了晃頭：「即便如此，也只是立功異域，在中國國內，你還是取代不了李少荃的地位。」

張之洞說：「這都不行的話，那依你看，憑甚麼可以取代李少荃而做天下第一督撫？」

「眼下就有一樁天下第一大事，誰把這事辦好了，誰就將有可能成為天下第一督撫。」

張之洞思索片刻後說：「要說眼下國家的第一樁大事，就是修鐵路了。李少荃要修津通鐵路，醇王和一批疆吏支持，翁同龢等人反對，還不知道太后傾向哪一邊。不過，即便太后同意修津通鐵路，那也是李少荃的功勞，論不到我張香濤的頭上。話又說回來，修好一條津通鐵路，也算不上建了天下第一功呀！」

「香濤兄呀，香濤兄！」桑治平哈哈大笑起來。「人人都說你目光遠大，你也常常以經營八表為志，可惜，你是百尺竿頭，尚欠一步。」

張之洞被桑治平笑得不好意思起來：「你說說，欠了哪一步？」

桑治平的上半身向着張之洞移了半步說：「津通鐵路不過二百多里，自然算不了很大的工程，但蔡錫勇、辜鴻銘他們提出的蘆漢鐵路全長三千二百里，粵漢鐵路二千四百里，這兩條鐵路加起來五千六百里，按修二里一萬両銀子計劃，共需銀子二千八百萬両。五千六百里線路二千八百萬両銀子，這樣的工程算不算天下第一大事？」

張之洞說：「蘆漢、粵漢這兩條鐵路是蔡錫勇他們提出的，等津通、滬杭甬等路建好之後再考慮，辜鴻銘認為可以先建蘆漢鐵路。我想，這好比歷史上的長城、運河一樣的大工程，朝廷會有如此魄力接受嗎？」

桑治平點點頭說：「你的顧慮極有道理，但鐵路不是一年就可建好的，假定一年建四百里，八年建好蘆漢，所耗的一千六百萬両銀子，每年只需二百萬。二百萬只要願意，戶部是提得出的。依這個速度六年再建好粵漢鐵路，十四年後兩條鐵路就可建好。誰若主持辦好這事，誰不就為天下立了第一大功？身為督撫者，豈不成了天下第一督撫？」

這話說得張之洞笑起來：「仲子兄，聽你的口氣，是要我張香濤來做這天下第一事。姑且還不知太后同意不同意蘆漢鐵路這個規劃，即便同意了，我在廣州，也與這條鐵路搭不上界。這天下第一督撫，我是可望不可即呀！」

桑治平鄭重地說：「先看你想不想做這事，若是有意為之的話，再來辦第二步第三步。」

張之洞笑了笑說：「有意為之又怎麼樣？」

「那我們就先上一個摺子給朝廷，把李少荃修津通鐵路的設想給打掉，讓朝廷接受粵督所提出來的蘆漢鐵路的構想，這是第一步。」

張之洞認真聽着，沒有做聲。

「第二步，請朝廷將你由粵督改調湖督，主持蘆漢鐵路的興建，同時作粵漢的規劃。湖北居這兩條鐵路的中樞，你今後坐鎮江夏，穩建這不世之功。上可接林文忠公的徽光，下可承胡文忠公的遺緒。」

張之洞拊掌喜道：「這當然好極了。只是這同意建蘆漢鐵路和平移湖督，都得由太后聖躬獨斷。自古說天意從來高難問，如何能讓太后的心思隨着我們的意願轉呢？」

桑治平說：「事在人為。有些事看起來像是極難做到，其實若深入其間，也並非想像中的難；在於去做。」

「如何去做呢？」

「這事在廣州不能做，要到北京去。你給我兩個月的時間，一個月的旅途，一個月在京師的活動，到了京師後再相機而行。」

張之洞說：「到京師後，當然你可以去找子青老先生，還有閻丹老。可惜丹老現在只是京師一寓公了，不妨也去和他商量商量，聽聽他的意見。」

「張中堂、閻丹老我都會去拜訪的，另外也還可以找仁權，看看他有些甚麼朋友可以幫得上忙。」

「仁權這孩子老實過頭了，沒有多大的用。」張之洞摸了摸腦門說，「倒是楊深秀你可以去見見他。他去年中的進士，分發在都察院。楊深秀能幹會辦事。」

「是的。」桑治平點點頭。「有三四年沒有見到漪村了，到了京師，自然應該去看看他。」

「還有一個人，你和他也有過一面之交，進京後你也去看看他。」

「哪一個？」

「王懿榮，準兒的親舅。他在翰林院做侍讀。」

「哪，王廉生。」桑治平高興地說，「他過去是你們清流黨的尾巴。據說這幾年用心研究古文字，在京師很有點名氣，我也很想去拜訪他。」

因為王懿榮和清流黨，桑治平的腦中突然又冒出一條路來。

「仲子兄，你去看望子青表哥，順便幫我帶件禮物給他。」

很少見張之洞給人送禮，桑治平覺得新鮮。

「梁節庵前些天對我說，趙王街有家端州人開的硯鋪，鋪子裏收藏了一方明永樂年間五蝠獻珠硯。你和節庵一起去，把這方硯台買過來。子青老哥平生好硯，把這方硯台送給他，他一定喜歡。」

端硯產在廣東肇慶府端州，與宣紙、湖筆、徽墨號稱文房四寶中的佳品。粵督送明永樂端硯，自然是件既合身份又名貴的禮物。

「閻丹老有風痹，你的老朋友李提摩太與廣州洋藥行熟，請他代買一些治風痹的洋藥。你忙，叫辜湯生去找李提摩太。辜湯生常埋怨無人跟他講洋話，怕把洋話給丟了，叫他與李提摩太說一天的洋話，讓他過足癮。」

張之洞這樣細心地給兩位大老安排禮物，足見他對這次進京的重視，同時也給桑治平以啟示。他想起此次要見的另一撥人，他們或許比張、閻更需要外官的敬奉。

「香濤兄，你給張萬兩銀票給我。我去相機行事，有的人是很需要這東西的。」

張之洞立即明白了桑治平的用意，帶着歉意地說：「是我考慮不周，帶上銀票是很重要的。你再細細檢索下，一萬兩夠不夠，要不乾脆帶一萬五吧！」

桑治平說：「一萬兩夠了，這也是民脂民膏。」

「一萬也好，一萬五也好，都是我本人的私蓄。這些開支不會動用公款的，你放心好了。」

張之洞如此公私分明，令桑治平感動：「這筆銀子，說到底不是為私，而是為公。你作為私款開支，自然更好。既是私人積蓄，我更要精打細算了。具體開支，眼下也說不清，從京師回來後，我再給你一個明細表。」

「將在外，君命有所不受。一切由你作主。」張之洞抱着桑治平的雙肩說，「祝你成功！」

待桑治平剛轉身出門時，張之洞又把他叫住：「帶嫂夫人一道去京師，讓她回古北口去住些日子，與親友敍敍舊。」

2 為了一個麻臉船妓，禮部侍郎自請削職為民

在兩廣總督衙門洋務科眾多幕友集思廣益的基礎上，由桑治平、楊鋭起草，經張之洞字斟句酌的審核，一道長達三千餘字的《請緩造津通鐵路，改建腹省幹路摺》三天後，在督署轅門前放炮拜寄。同日下午，桑治平帶着夫人柴氏在臨海碼頭登上火輪。他們取道水路，經廈門、上海、煙台，半個月後在天津塘沽上岸，再由陸路僱騾車進京。將夫人送到古北口後，桑治平回到城裏，在南橫街一家小旅館住下，展開緊張而不露聲色的活動。

第一個去拜訪的，是位居體仁閣大學士的軍機大臣張之萬。這一對主賓在京師分手已經八年了，再次相晤，張之萬已到望八之年。晚景的大紅大紫，使得張之萬雖老而不衰，紅光滿面，步履穩健，配着白髮雪鬚，真有點鶴髮童顏之狀。張之萬見桑治平年近五十，卻依舊挺拔矯健，精力飽滿，也深覺事業對人生的激發力之大。兩人見面，都倍覺歡喜。桑治平將張之洞的永樂端硯送上，果然，這位丹青老前輩激賞不已。寒暄之後，桑治平談起了他此次進京的意圖和打算。

「八年來，與香濤相處甚得，我常覺對他貢獻太少，有負中堂當年的推薦和他的一番殷殷相聘的誠心。故毛遂自薦，進京辦這樁事，算作一種酬謝吧！」桑治平款款説道，「我想藉重老中堂的力量，讓

朝廷接受香濤所上的摺子。」

「這道摺子已到了北京。」張之萬插話，「三天前，我就在外奏事處的登記房裏看到已收到的記錄。」

「第二，能讓朝廷將張香濤從粵督平移湖督，以便由他來主持這樁天下第一大事。」

張之萬半躺在軟椅上，仔細地聽着。聽到「平移湖督」這句話時，他緩緩坐起來，摸了摸胸前稀疏的長鬚，慢慢地說：「各省關於建鐵路的摺子，遵照太后懿旨都先到軍機處過堂。軍機處議事時，我自然會替香濤說話，禮王爺那裏，我也可以先去打個招呼。但督撫遷徙這種事，若不是太后特為叫軍機處發表意見，照例軍機處不敢多嘴。這是太后筷子下的一碟特菜，別人是不能下箸的。」

「這我知道，但可以造出一個機會來，讓一位太后極信任的人來點一點。而且，我已想到了能打動太后的要害之辭。」

「打動太后的要害之辭？」張之萬笑了笑。「你從沒與太后打過交道，你知道甚麼言辭能夠打動她？」

桑治平也笑了笑，從容答道：「太后這個人，我雖沒與她直接打過交道，但她的脾性，我還是略知一二的。我曾經對她的馭政之道作過用心的研究。老中堂，我給你說點心得吧！」

身為太后的重臣，張之萬自覺對這個心計甚深的女人都難以捉摸，桑治平這個布衣遠客，居然對她研究有得：是旁觀者清，還是隔靴搔癢？體仁閣大學士斂容細聽。

「這是二十多年前的事了。咸豐十年，文宗爺命左宗棠自立一軍，協助曾國藩辦理江南軍務。第二年文宗爺去世，太后秉政。這年年底，太后簡授左為浙江巡撫，以一四品京堂越級升為從二品疆吏，本已屬破格隆遇。不料僅隔兩年，又擢升左為閩浙總督。四年前左宗棠還只是一個避難曾國藩幕中的食客，轉眼功夫便與他平起平坐，而且左的楚軍也由六千人擴大到三萬餘眾，成為別於湘軍的一支勁旅。左宗棠為甚麼能得到太后的這般重用，遷升得如此之快？僅僅是因為他的才高會打仗嗎？」

張之萬被這一問給鎮住了。作為曾、左時代的人，那個時候他也已進入高級官員一流了，對於左宗棠三四年之間的飛黃騰達，他的解釋與朝野普遍的看法是一樣的：左宗棠會打仗，朝廷急需這種人平叛復國。看來這位過去的幕友另有高見，且聽他是如何說的。

「要說能打仗，李鴻章並不亞於左宗棠，且出身翰林，也不過只升到巡撫而已，直到同治六年才正式做湖廣總督。為何左宗棠獨獨這樣受到太后的眷顧呢？依我看，同治二年時，江南軍事大勢已定，朝廷的第一要務並不是對付長毛，而是對付在與長毛作戰中迅速膨脹的曾國藩和他的湘軍勢力。但又不能採取削弱實力的做法，而只能採用帝王學中的另一招——制衡術。左有本事有實力，又一向不服曾國藩，尤其這『不服』二字使得左成了最好的人選。於是將左迅速提拔起來，與曾國藩相當，分庭抗禮，形成一股在長毛削平之後，穩定政局的極為重要的制約力量。相反，李鴻章是曾的學生，便不能擢升太快。太后那時秉政不久，年紀尚輕，不可能有如此的深謀遠慮，不知誰為她出了這個主意，那人是大清朝的一大功臣。此人對同治中興所起的作用，當不在曾、左之下。太后接受這個主意，也足見太后的智慧不低。從後來她用醇王來制約恭王，用清流黨來制約當權派，都可見她已深知其中三昧。」

彷彿真有點說破英雄驚煞人的味道。二十多年前江寧打下後大裁湘軍，抑曾氏兄弟抬左宗棠、劉長佑叔姪的一系列反常舉措，以及這些年來朝廷內部權勢鬥爭的此消彼長，經桑治平拈出「制約」二字來，在官場中從青年混到白頭的張之萬，頓時有廓清一切之感。

他不斷地點頭說：「你看得很準很透，太后是在時時用這個辦法。就拿前幾年辦海軍衙門來說吧，既叫醇王做督辦大臣，又要派個慶王來做協辦大臣。一個是皇上的本生父，一個是她方家園的親家，這不也是用慶王來制約醇王嗎？」

「正是這樣的。」桑治平接着說，「依我看，太后這些年面對着以李鴻章、劉銘傳為首淮軍勢力的炙手可熱，和以曾國荃、劉坤一為首的湘軍勢力的倚老賣老，總在設法尋找一個非淮非湘，而又能獨當一面的人來培植，以便制約湘淮兩股力量。以我冷眼觀察，這個人便是張香濤。」

堂弟這些年的遷升速度確有當年左宗棠飛黃騰達的架勢，但做為湘淮力量的制約人，張之萬倒沒有從這個方面想過，經桑治平這一提醒，他有點恍然大悟似的。

「香濤這些年也還爭氣，尤其是鎮南關那一仗，打得太漂亮了。你不知道，戰前我還真為他擔心，生怕他成了第二個張樹聲。祖宗保祐，他沒有給張家丟臉。」

「所以，我以為在今後的年月裏，張香濤將做為文武兼資的社稷之臣受到太后的器重。故而，當有一個太后信得過的大臣向太后點明，興建鐵路尤其腹省幹線乃是國家的第一等大事，這樁事若讓湘淮兩個圈子裏的任一個人來做，都會因此而更助長他的聲望，從而使得重量傾向一方。只有讓張香濤來做，才能讓他挾此事功，成為真正能制約湘淮的第三大力量。若能如此，大清江山將可厝於磐石之上，至少二十年內可保平衡。」

張之萬離開軟躺椅，一邊踱着步，一邊說：「你這話是計慮深沉之言，只是得由誰去向太后挑明呢？我是他老哥，自然不合適。醇王爺格於他的身份，不宜講這等話。其他人，有能和太后做這種談話的，太后未必信得過他；太后信得過的人，又未必有這個機會。」

「有一個人，太后信得過，他也會樂意為張香濤去當說客，但眼下缺少與太后見面的機會。」

「哪一個？」

「閻丹老。」桑治平答。

「要說太后對閻中堂，雖然也有過不愉快，但我知道，從心裏來說，太后是很敬佩他的。接受他的致仕請求，卻又挽留他住京師，每個月派御醫登門兩次為他拿脈診病，從太醫院那裏給他取藥，本朝尚無先例。只是他既不在軍機處，要見太后就十分之難了，怎麼能有進言的機會呢？」

桑治平說：「張香濤知他風痹嚴重，特為從洋人那裏購來了最新的治風痹良藥。明天我去拜訪他，先把藥給他送去。」

「也好。你先去看看他，了解下他的近況。過幾天，我親自去見見他。若有可能的話，我們兩個老頭子為香濤來謀劃謀劃。」

第二天，桑治平由張府僕人帶路，來到貓耳胡同閻宅。

貓耳胡同是一條很小的胡同，胡同裏只有十幾座老舊的小四合院，閻敬銘所住的院子就是其中的普通一座。不但外面不起眼，裏面也一樣的灰暗逼仄，若不是張府僕人導引，桑治平尋遍京城，也不會想起會在這種胡同宅院裏，找到一年前還是協辦大學士戶部尚書軍機大臣的閻敬銘。八年前去解州書院拜訪的那一幕又重現在眼前，對比數百步外的豪宅大院高車駟馬，桑治平禁不住感慨唏噓。

「去年當然不是住在這裏，那院子寬大些，胡同也大些，因為一天到晚有不少人來，主要是方便客人。現在不在位了，也沒有幾個顯貴的客人來了，要那大院做甚麼，這也就足夠了。」當桑治平疑惑地發問後，閻敬銘平淡地解釋。

一個三十餘歲不脫莊稼人本色的黑瘦漢子過來沖茶，桑治平認得，這就是那年陪着進京的閻敬銘的侄孫。閻敬銘指着侄孫說：「過去的男女僕人也全都打發走了，只剩下他們倆口子跟着我，做點茶飯漿洗的雜事。」

京城哪一位退下的大員不依舊是鐘鳴鼎食奴僕成羣，閻敬銘如此不合時宜，怪不得在官場裏混不長久！桑治平在敬佩之餘不免生出幾分憐恤來。

「你這次為的啥事進京？張香濤還好嗎？」閻敬銘仍然是一口帶着濃重鼻音的陝西口腔。桑治平心裏想：他這樣甕聲甕氣地說話，慈禧聽了不煩嗎？嘴上忙答道：「我來京師，是為兩廣辦點公務的。張香濤很好，他常惦念着你，知你有風痹，特為從洋行裏買了些西藥，叫我送給您。您試着吃吃看。」

說着，打開隨身帶來的布包，將一個尺餘長寬印着幾排洋文的白紙盒遞了過來。閻敬銘接過，打開紙盒蓋，裏面整整齊齊排列幾十個雪白的玻璃小瓶，取出一個小瓶子看時，內裏裝着百十顆黃豆大的小丸子。

「怎麼個吃法？」

「每天早晚各一次，每次四粒。一個瓶子一百粒，可吃十二天，這裏有二十四瓶藥，差不多可吃一年。」

「勞香濤費心了。」閻敬銘笑了笑說，「蕭太醫很怕洋藥，看來這個藥還只能偷偷吃，不能讓他知道。」

叫侄孫收好藥後，閻敬銘笑瞇瞇地問：「你來京師辦甚麼公事，機密嗎？」

桑治平答：「也不是甚麼機密事。眼下為着要不要修鐵路的事，各省都在發表自己的看法，張香濤集合衙門幕友也在探討這個事。大家都說，鐵路是致中國於富強的大好事，並且提出一個大膽的設想，為此專門上了一道長摺給朝廷。」

「大膽的設想？」閻敬銘微笑的臉上佈滿皺紋和褐色老年斑。「設想甚麼呀！」

「張香濤和粵督衙門的幕友們認為，中國有一條大鐵路要修，即從北京到廣州，把這條大鐵路修好了，中國南北就通了。京廣鐵路好比人身上最大的一條主血脈，這條血脈一通，人就生龍活虎了。」

「好！」閻敬銘昏花的老眼裏突然射出光亮來。「這真是一個石破天驚的大設想，張香濤為朝廷出了一個好點子！」

不待桑治平點明，閻敬銘已明白他此次進京的意圖：「我知道，你此次是負着張香濤的重託，來京師遊說當路者，讓他們為這個設想說話。」

「正是的！」桑治平興奮地說。

「可惜，我已不當路了。」閻敬銘邊說邊用手按壓着大腿，顯然是風痺的原因：因坐久了大腿發脹。

「不過，我可以為你出個主意。」

桑治平忙說：「請丹老賜教。」

閻敬銘說：「據我看來，太后表面上討厭洋人，心裏其實很看重洋人，洋人說的一句話，抵得上文武大臣的十句百句話。修京廣鐵路這樣的大事，若僅張香濤一道摺子，太后很可能會被建這條鐵路的困難所嚇住，不會同意。若有幾個洋人，尤其是英、法這些強國的洋人也說中國宜建這條鐵路，太后就會心動了。據說張香濤的幕府中有好些喝過洋水的人，叫這些人用洋文洋名在幾家外國報紙登幾篇文章，那就起大作用了。」

「用洋文洋名」，這不是明擺着叫中國人冒稱洋人嗎？這不是與聖賢「誠實不欺」之教大相徑庭嗎？倘若這句話，從時下的一般官員口中說出，自是毫不足奇，但卻由這位丹老口中輕輕鬆鬆地說出，卻令桑治平頗為吃驚。然而也就在這一刻，他突然意識到，自己對這位傳奇式三朝元老的所知，或許僅只皮毛而已！

「丹老，外國報紙上的文章，太后是怎麼知道的？」

閻敬銘微笑着說：「總署裏有一個翻譯館，館裏也有十幾個深懂洋文的譯員。這些譯員甚麼事都不做，天天讀外國的報紙，遇有議論中國的事則譯出來，送給總署大臣，再由總署大臣揀大的送給太后親自過目。太后每天上朝之前要看一個小時總署送來的譯文。」

啊，原來慈禧並不閉塞寡聞！

看到閻丹初再次按壓大腿，桑治平不敢久坐了。他起身告辭，急忙奔到仁權家，要仁權將閻敬銘的建議用電報發往廣州。

將拜訪闔宅的情況稟報張之萬後，在仁權的陪同下，桑治平看望了王懿榮。

這個未來的甲骨文之父至今仍屈居於中下級京官之列，翰林清貧，加之他兩年來身患腹脹之病，藥資耗費不少，家境頗為蕭條。桑治平拿出五百兩銀票來，說是妹婿所贈。妹子已去世八年了，妹婿還念及舊情，重金相贈，王懿榮很感激。因為是至戚，桑治平將進京的意圖毫不隱瞞地告訴王懿榮，並坦率地對他說，希望藉助當年清流的力量，為張之洞謀求支持。

王懿榮沉吟片刻後說：「好！今天天晚了，明天一早，我們僱個騾車到西山去一次，我陪你去看一個當年清流中的重要人物。」

「誰？」

「明天在車上我再跟你說吧！」

王懿榮有意賣了個關子。吃完晚飯，仁權回家去了，桑治平則和王懿榮閒聊京師官場士林。夜裏，桑治平躺在王家書房的單人木床上，將往日清流名士們排了個隊，卻始終拿不準眼下住在西山的是哪一個。

第二天，是北京秋日的一個好天氣，陽光和麗，藍天高爽，想起西山此刻正是紅葉浪漫的時節，桑治平便歡喜難耐，轉念又想：這位翰林老弟怕是藉看人為由，邀我秋遊西郊？坐上騾車後，王懿榮笑着問：「你想得出，我今天帶你到西山去看誰吧？」

桑治平搖了搖頭。

「當年與四爺齊名的翰苑四諫之一的寶廷。四爺放外晉撫不久，他也擢升為禮部侍郎。」

啊，原來是滿洲第一才子寶竹坡，當年京城赫赫有名的清流黨，桑治平怎會不知，只是沒有見過面罷了。

「他在禮部做侍郎，為何又住在西山？是不是西山有別墅，他這段時期在西山養病？」

王懿榮笑道：「哪裏養甚麼病，他早已不是侍郎，隱居西山兩三年了。」

「這是怎麼回事？」

「你聽我慢慢地說吧！」

於是，在通往西山的古道上，在騾車清脆的銅鈴聲中，王懿榮為遠道客人講敍了一段清流黨人中的風流故事。

三年多前，黃帶子寶廷以禮部侍郎的身份出任福建鄉試主考。鄉試完畢，寶廷離開福州北上回京。這一天，來到浙江衢州府江山縣。江山縣風景秀麗，尤其是流經境內的衢江兩岸更是山清水秀，風光如畫。載舟泛衢江，便成為江山縣的一大特色，向為文人雅士所稱道。船家為了攬客，常以年輕的女人作誘餌。這些女人打扮得漂漂亮亮的，都能唱幾曲歌子，彈兩手琵琶。她們賣唱也賣身，多花幾個錢，大白天裏也可在烏篷蓋着的艙裏陪遊客睡覺，故而好色之徒趨之若鶩，江山船妓也便豔幟高張。這寶廷本就是一個極好女色的文人，早聞江山縣有這等美事，遂有意在這裏玩樂玩樂。他悄悄吩咐貼身僕人，去尋找一家有着最美女人的船戶，不管他開價多少，都可以。僕人很快便給他找了一隻船，船上有一個能歌善舞的美女，白天陪他看兩岸風光，晚上在船艙伴宿，一天一夜收白銀三十兩。寶廷主考福建，放榜後新舉人們合夥湊了一千五百両銀子送給他作程儀，三十両不過區區小數，他滿口答應。

第二天一清早，寶廷帶着僕人上了船。這個船比別的船都大，船板船艙都像新油漆過似的光亮亮的。船上的各種器具也都整齊乾淨，駕船的是一對五十開外的老夫妻，對這個捨得出大價的遊客兼嫖客十分殷勤。自然，最令寶廷開心的，是那個濃妝豔抹、打扮時髦的船妓。這女人大約二十五六歲，高挑而豐滿，美麗而妖冶。特別是那一對三寸金蓮嬌嬌小小，託在手掌裏都嫌纖弱。寶廷是滿人，家裏的福晉也是滿人，滿人不裹腳，故而在寶廷的眼裏，小腳更顯得可貴。那女人邊彈邊唱，琴聲婉轉歌喉甜美，說起話來，一口軟綿越語，又溫又柔，如糖似蜜。寶廷完全被這女人給迷住了，哪有心思去看兩岸的風景，一雙眼睛總盯着船妓眨都不眨一下。天色尚未斷黑，便擁着那女人進了艙，一夜顛鸞倒鳳，銷魂蕩魄，寶廷似乎平生沒有這樣暢快過。他決定將她買下來，帶回京城去。

「姑娘，我是當朝的禮部侍郎，聖祖爺的後裔，你願意跟着我嗎？」

姑娘被嚇懵，瞪着一雙大眼睛藉着閃來晃去的豆油燈，將眼前這位年過半百的單瘦嫖客，從頭到腳仔仔細細地看着，心裏想：禮部侍郎，聖祖後裔，這可能嗎？這大的官，這尊貴的身份，他會來江山縣嫖船妓嗎？她驚疑萬分地搖了搖頭。

「你是不同意，還是不相信我說的話？」

寶廷平靜地笑了笑。那姑娘還是只瞪眼看着，不說話。

「我給你看樣東西。」

寶廷從隨身帶的藍布包裹取出一段三寸長一寸寬厚的銅柱來，悄悄地說：「這是朝廷頒給我的福建正主考官銅印，不信，我蓋一個給你瞧瞧！」

說着，又從藍布包取出一團印泥來，將銅印在印泥上擦了擦，看看左右找不到蓋印的紙張，突然他靈機一動。「姑娘，伸出你的手臂來。」

船妓不知他要做甚麼，順從地將手臂伸過來。寶廷捲起她的袖子，將銅印往她的手臂一壓。立時，姑娘雪白的手臂上現出幾個鮮紅的字來。姑娘識得一點字，看那上面果然印着「欽命福建鄉試正主考關防」十一個字。

果然是一位貴人！這船妓從十六歲開始便做皮肉生意，她做夢都不敢想在這種場合上能遇到如此貴人，真是可遇而不可求呀，老天爺送來的好運，豈可讓它失掉。姑娘忙磕頭說：「若大人不嫌我卑賤，我一世做牛做馬侍候你。」

寶廷笑道：「不要你做牛做馬，要你做我的姨太太。」

姑娘歡喜無盡地說：「能給大人做姨太太，是我三生修來的福氣！」

寶廷摸着姑娘的臉蛋說：「船上老兩口是你的父母嗎？」

「不是，我八歲上被人賣給了他們。」

「你看，我從他們手裏買下你，會要多少銀子。」

姑娘愣了一下說：「這個我不知道，他們一定會要大價錢的。」

寶廷沒有做聲。

姑娘急了，忙說：「如果他們要價太高，我會幫大人說話的。我死活要跟你走，他們說不定會把價降下來的。」

寶廷笑了笑說：「難得你一番好意。」

第二天清早，寶廷就向船主提出要買走姑娘。

船主問：「她本人同意嗎？」

「同意。」寶廷答。

船主想了想說：「你拿一千五百兩銀子來吧，一手交銀一手交人。」

僕人在一旁聽見，嚇了一大跳，忙把主人拉到一邊，偷偷地說：「大人，你不能買這種女子，以後讓人知道了，多不好！」

寶廷一本正經地說：「買妾是常事，有甚麼不好？青樓女都可以買，船家女就不能買？」

僕人又說：「即便要買，也要還個價呀！一千五百兩，這價出得太高了。」

寶廷笑道：「你不知道，這女子是無價之寶，一千五百兩不貴。我主考一次福建，都得了一千五百兩程儀，她還比不得我一次主考嗎？退一萬步，就算沒放這個差，我沒得這一千五百兩程儀嘛！」

僕人無奈，只好不做聲了。寶廷痛痛快快地交給船主一千五百兩後，高高興興地帶着船妓繼續上路。途中的某一天大清早，他突然發現，剛洗好臉未及化妝的船妓臉上長着十多顆淺麻子。那女子見寶廷看出了她的毛病，十分羞愧。寶廷卻不以為然地說：「你這麻子淺，多搽點粉就行了，我與你相處十多天了才看出，別人誰會知道我娶了麻女？」

後來寶廷刻印自己的詩集，命名為《一家草》。因為江山縣的這種船業以九家船戶最為著名，浙江人稱之為江山九姓。於是有好事之徒以此作聯：「宗室一家名士草，江山九姓美人麻。」

寶廷並不在乎別人的訕笑，將這個麻美人當作無價寶看待。到了京師後，先在西山買了三間房子，讓麻美人住，自己常來西山與她相會。後來此事終於被人發現，京城裏弄得沸沸揚揚的。寶廷於是乾脆上了一道自劾摺，說身為宗室侍郎，在奉命主考期間嫖船妓，又買之為妾，實屬有違聖命，有辱斯文，請朝廷准予辭職為民，以肅言箴以懲來者。慈禧也深恨寶廷太不爭氣，便真的將他削職為民。福晉和兩個翰林兒子也以他為羞，於是寶廷索性離京長住西山，與麻美人廝守在一起，這一住便是三四年了。

「真正難得的一段風流佳話！」桑治平聽完王懿榮的故事後快活地大笑起來。「想不到張香濤當年的清流朋友裏還有這等性情中人，想不到宗室中還有這樣不愛高官愛美人的風流名士！如此有趣的人，我真想結識結識他。」

王懿榮也很高興地說：「馬上就要到了，你可以在西山多住幾天，和他說個透！」

3 經閻敬銘點撥，慈禧重操制衡術

說話之間，騾車拐進了山村小道，四周盡是黃黃紅紅的樹葉，連茅草也被映得火亮亮的。西山，果然已被它獨特的秋景所包圍，與塵土飛揚人聲喧囂的市廛相比，眼前的西山真是神仙居住之處。

王懿榮指着前面的幾間簡樸的泥木房說：「寶廷和他的麻美人就住在這裏。」

他們剛下騾車，就見屋子裏走出一個面容清癯的半老頭子來，一身布衣布履，頭上戴的也是一頂布帽子。他朝騾車看了一眼後高聲招呼：「稀客，稀客，我聽見騾鈴聲，知有客人來了。原來是你王廉生，你可是難得來的呀！」

王懿榮也笑呵呵地說：「你是西山之主，這麼美的西山紅葉，也不發個帖子請我們來玩一玩。」說着走近了，王懿榮指着桑治平介紹：「你知這位是誰嗎？他就是這幾年協助張香濤成就大業的桑治平桑仲子先生！」

寶廷滿臉笑容地說：「早就聽說張香濤身邊有個了不得的桑先生，今日能在西山與您相見，幸會幸會。也不必進屋了，就在這坪裏坐吧！」

桑治平也笑道：「久仰竹坡先生大名，有緣得見，足慰平生。這坪裏最好，一邊暢談，一邊欣賞西山秋景。」

坪裏擺放着幾把木桌木凳，大家坐下。一陣山風吹來，夾帶着幾聲雀兒啼叫，頓覺心曠神怡，渾身清爽。

寶廷朝屋裏喊道：「水妞，來貴客了，快端茶點上來。」

王懿榮悄悄地向桑治平使了個眼色。桑治平明白，這水妞就是剛才說的江山船妓了。

水妞出來了，手裏端着一個大木盤，盤子上放着茶杯、果點等。桑治平仔細地看着這個女人：豐腴勻稱，五官端正，臉上笑意盈盈，或許忽聞客至來不及化濃妝的緣故，當她走進桌邊時，明顯可見臉上的麻子。桑治平心想：即便除開麻點不論，要說這個女人多麼美豔迷人，似乎過份了點，這種女人多的是。她到底憑藉甚麼將寶竹坡迷戀到神魂顛倒，以至於連官位家室都不要了呢？想到這裏，桑治平越發覺得眼前這個宗室可愛起來。在許多人看來，此乃典型的不足為訓的放浪行為，可他卻能頂得住壓力，受得了寂寞，守住這個麻女怡然自得地生活着。這種與世俗為敵的勇氣和耐力，顯得多麼難能可貴！桑治平想起張岱說的兩句話來：「人無癖不可與交，以其無深情也；人無疵不可與交，以其無真氣也。」這話雖被視為驚世駭俗的怪誕之言，然衡之於世人，又的確如此。這位寶宗室可謂癖惡疵大，然而卻又是真正的有深情有真氣的人。桑治平的確樂意與他做朋友。

「仲子先生，這裏不比城裏，沒有好東西款待，將就吃一點。」正在桑治平神思遐想的時候，寶廷給他遞上一片野梨。

桑治平接過，順口問：「竹坡兄這幾年過得還好嗎？」

「馬馬虎虎也還過得下去。」寶廷一邊嚼着野梨一邊說，「我就好喝酒，這個毛病到死都改不了，故而日子過得拮据。」

桑治平想起隨身帶的銀票，便摸出一張來遞給寶廷：「這是一千兩銀票，是張香濤送給你的。他說他做督撫七八年了，從來沒有對過去的朋友有過絲毫資助，心裏有歉意。竹坡兄，看來你正需要它，你就收下吧！」

寶廷並不推辭，立時接過說：「這是張香濤送給我的銀子，我有甚麼收不得的？何況我這幾年缺的就是這東西。」

說着又掉過頭對裏屋叫道：「水妞，張香濤送銀子給我了，你出來一下。」

水妞又出來了，笑吟吟地從寶廷手裏接過銀票，向桑治平深深地道了一個萬福後，捧着銀票又款款地進了內室。

看着水妞左右擺動的細長腰肢，桑治平看到了這個女人與眾不同的風韻，他似乎突然明白寶廷被她迷住的奧妙所在。

桑治平不由得讚歎：「竹坡兄，你真好豔福，有個這麼年輕漂亮的太太。」

「不是太太，是姨太太。」寶廷大大方方地糾正。

王懿榮笑着說：「在來的路上，我把你們倆人的故事說給仲子聽了。他高興得不得了，連連稱讚你是性情中人，真名士，願意與你做朋友。」

寶廷喜道：「看來仲子也是個性情中人，我很樂意有你這樣的朋友。我跟你說句大實話，你別看張香濤是個八面威風的總督，於性情中事，他比我決不遜色！」

說罷，自個兒哈哈大笑起來。桑治平、王懿榮也跟着笑了。王懿榮說：「竹坡，我問你一件事，你要對我說實話。」

「甚麼事？」

「你那年帶着姨太太回京師，為何一定要自劾，而且自己提出要朝廷准你削職為民。無論宗室裏，還是卿貳一級的官宦中，買妓做妾的都大有人在，讓人說說議議一段時候，興頭一過自然也就風平浪靜了，有的人乾脆來個不承認，反說人家誣陷大臣。你怎麼這樣膽小怕事，難道你真的認為自己是有辱朝廷嗎？」

寶廷笑着說：「你看我像個膽小無主見的人嗎？」

王懿榮說：「就是看着不像，我才有這個疑問。」

寶廷收起笑容，過了好一刻才開口：「你是我過去的清流朋友，仲子和我一樣是個性情中人，當着你們真人，我不說假話，我對你們說實話吧！」

寶廷端起手邊的茶杯來，喝了一口，對着兩個聚精會神的聽眾繼續說：「我原本也並沒有想為這件小事自劾的。帶着水妞走到山東的時候，突然聽到張幼樵充軍新疆的消息，心裏大吃一驚。到了通州，又聽人說陳弢庵降五級處分，已回原籍福建去了，心裏好一陣難過。回到家沒幾天，又聽說吳大澂與俄國人勘定邊界受辱而回，京中官場對他倍加奚落。這一連串的壞消息，使我突然醒悟過來。我自思前些年也愛放言高論，得罪過不少人，張、陳、吳都是被人誘進圈套，跌到陷阱裏去了。看來，這不僅僅只是對他們三個，而是對清流黨的算計。李中堂、潘部堂都不在軍機處了，保護傘已失去，說不定哪天自己也會糊裏糊塗地進了別人的圈套而不自知，何不索性藉這事來跳出是非圈。兩位，實話告訴你們，我寶竹坡用的是苦肉計，以自污來免禍，苟全性命於亂世。」說罷苦笑起來。

王懿榮說：「原來如此！看到這幾年清流凋零的現狀，我也猜到幾分，只是不能坐實罷了。」

寶廷說得興起，指着不遠處一個棚子說：「你們看那是甚麼？」

桑治平順着手勢看出，茅草棚裏放着一個大木器，像是棺材，卻又比通常的棺材大得多。

王懿榮也不知道那是甚麼。

「告訴你們吧！那是一口可裝兩個人的棺材。」寶廷爽朗地笑道，「這全是黃體芳那促狹鬼害的。」

黃體芳現為通政使，早些年也是清流中的一員幹將。王懿榮和他很熟，桑治平也知此人。

「黃體芳說，你每次彈劾別人，都聲言不畏死，並曾買過一口白木棺材寄在龍樹寺，這事太后早已知道。說不定你這次自劾，太后會賜你自盡。你為船妓而死，船妓自不當獨存，故要死就會同時死兩個，不如乾脆先定做一個可盛兩屍的大棺材。過去你是為義而不畏死，而今是為情而不畏死，普天下都仰慕你是個漢子。我聽信黃體芳的話，果然做了這口可盛雙屍的大棺材。不料太后並沒有叫我死。我拿這口大棺材真沒辦法。要賣出去吧，那家會買這樣的棺材，準備一天死兩人？要劈掉當柴燒，大清律有規定，劈柩有罪。只好供在這裏，今後惟有慢慢讓它腐爛好了。」

說罷又縱聲大笑起來！

世上居然有這等胸襟的人！桑治平望着這位滿洲絕無僅有、天下罕見其雙的名士，不覺從心裏爆發出酣暢淋漓的笑聲來。

三人快樂地大笑一陣後，寶廷說：「不說我的那些無聊事了，仲子，談談張香濤吧。你從廣州到京師，又從城裏來西山，想必有大事，說說你們的事吧！」

在這樣胸無城府、曠達脫俗的人面前還有甚麼可隱瞞的，桑治平將他心中所想的一切毫無保留地全部掏了出來。

寶廷平靜地說：「自光緒二年張香濤從四川回京，到光緒十年張幼樵、陳弢庵獲罪，這八九年間是京師清流最活躍的時期。那時國有大事，清流必集會商討；參摺朝上九重，犯官夕入詔獄，是何等的風光！但後來，香濤外放，潘伯寅、李高陽相繼出軍機，再到張、陳貶謫，我寶某人隱居，鄧鐵香病歸，這幾年來，風流雲散，人去樓空，京師不聞清流之名已久矣。」

寶廷這幾句話說得桑治平心裏沉重起來，是呵，今非昔比，先前震懾朝野的清流還可以借重嗎？「儘管清流輝煌不再，但餘韻尚存。」寶廷的語氣顯然轉變了。「李中堂現仍做着禮部尚書，潘伯寅在家養病，國家大事他還掛念着。黃體芳做通政使，他的侄兒黃紹箕在翰林院做侍講，這小黃比老黃更敢作敢為，日後前途無量。此外，還有我們這個大學究王廉生在。張香濤是清流的驕傲，他現在有事求大家幫忙，眾人豈能袖手旁觀？這事交給我好了，我來做串通人，五六年沒有集過會了，不妨藉這個題目大家再聚一聚，議一議，也讓官場士林知道，清流還在，大家做事還得留神點。」

桑治平剛要變冷的心立時被寶廷這番話燒熱了：原來這個退出官場的隱士還依然熱情如故！此時他才明白，為甚麼王懿榮要帶他上西山來會寶廷。正在高興時，一個顧慮冒了出來。

「竹坡兄，這修鐵路是大洋務，據說當年的清流們是以談洋務為恥的，他們會對鐵路熱心嗎？」

寶廷哈哈笑道：「仲子，你這是老皇曆了，經過甲申年跟法國人這一仗，大家都看出洋務的重要了。徐桐、崇綺等視洋務為仇的老頑固沒有幾個了，即便翁同龢等人反對修鐵路，也是別有用心，並不是反對洋務。」

「好，這就好了。」

桑治平放下心來，開始和寶廷、王懿榮細細研討每一個環節。黃氏叔侄也屬清貧之列，依王懿榮例，贈五百兩銀子。李鴻藻是個清高之人，絕不收銀，這幾年他一直遵照當年龍樹方丈通渡所說，服飲龍樹寺代為炮製的丹皮茶。於是決定送三百兩銀子給龍樹寺，寺裏每三個月給李府送去五斤丹皮，直到將三百兩銀子用完為止。寶廷說至少可以用十年，老頭子今年六十九歲了，還不知活不活得了十年。潘祖蔭也是個不收銀子的名士，他一生愛的是鼻煙壺。就叫精於鑒別的王懿榮到古董舖給他買一對極品鼻煙壺，再貪心的古董商，喊出二百兩，也是天價了。

送銀送禮請幫忙的事，都由眼下無任何職銜在身的寶廷去辦，可以不露聲色，不着痕跡。眾人收下銀禮答應後，桑治平再一家家去走訪，代張之洞去看望他們。寶廷建議：「在翠華樓置一桌酒，大家一起見見面，聚一聚。」王懿榮認為現在已不是八九年前的情形，清流們還是宜散不宜聚。桑治平也以不聚為好，免得招來閒言碎語。

就在寶廷與眾清流聯繫的時候，閻敬銘也為此事做出一個重大的決定。

一連服用十天洋藥後，閻敬銘感覺風痹痼疾有了明顯緩解：可以拄杖在胡同裏來回走上三五次，腿腳不脹痛了，右手也可以握管作字了。號稱風痹聖手的蕭太醫開的單方，吃了一年多，並沒有大的效果。看來這洋藥是真的好。老頭子因病情的好轉，這幾天裏心緒很好，故而當張之萬來看望時，兩個老搭檔興致勃勃地說了一個下午的話，趁談話投緣之際，張之萬將桑治平的那番話婉轉地說了出來。送走張之萬後，閻敬銘躺在床上思索良久。自己一個無官無職寓居京師的衰老頭子，又如何能將那些話上達天聽呢？即便想出個法子，那些話又如何既含蓄又不致很費解地來表敍呢？琢磨來琢磨去，閻敬銘覺得最好的方式是面見太后。如今要面見只有一個藉口，即要離開京師回原籍了，請求陛辭。不是在任要員，太后能撥冗召見嗎？沒有別的路可走了，且試一試，太后實在不肯召見，那也只能歸之於天意了。

寓居京師，原是為了治病，現在蕭太醫既然治不好，而張之洞送來的洋藥卻有效，不如回解州去專吃洋藥好了，滯留京師已無必要。倘若因此而成全張之洞的好事，也算酬謝了當年他的推薦之德，於人有利，於己無損。臨天亮時，閻敬銘終於拿定主意。他用心口敍一篇情意殷切的摺子，叫侄孫記下封好，遞交給午門侍衛，由午門侍衛代送到宮中外奏事處。

出乎閻敬銘意外，慈禧在看到閻敬銘的摺子後，立即傳令，次日上午在養心殿召見。這一年多來，慈禧多次從蕭太醫的嘴裏聽到閻敬銘居所是如何的卑陋，自奉是如何的簡樸，也多次從戶部堂官口裏聽到閻敬銘留下的賬目是如何的明白清晰，與部屬的交往是如何的公私分明。慈禧對這位致仕大吏有了更深的了解。

不要因慈禧日食萬金、揮霍數千萬兩銀子修建頤和園，就以為她也贊同別人奢豪糜費；不要因慈禧用賣官鬻爵籠絡收買等手法來駕馭臣工，就以為她也希望別人貪污中飽、拉幫結派，恰恰相反，歷朝歷代的專制者，從來都是將他本人與律令法規分開的。國家律令、祖宗成法都只是對臣下而言的，他本人決不在其管轄約束之中。他本人可以窮奢極慾，卻要求臣下越節約越好；他本人可以無端猜忌，卻要求臣下忠誠不二；他本人可以培植私黨，卻要求臣下決不能朋比結夥。古往今來，凡專權擅政的帝王，莫不如此。慈禧就是這類人中的一個。閻敬銘不貪不欲，是難得的好官，過去的不滿早因他的致仕而消除，如今對他施行格外的優渥，正好為文武大臣樹立一個典範。

「閻敬銘來了嗎？」第二天上午，慈禧帶着光緒，剛在養心殿東暖閣炕床上坐定，便問當值的端王載漪。

「閻敬銘已在朝房恭候多時了。」載漪恭恭敬敬地回答。

「你去把他叫來。」

「喳！」載漪沒想到第一個叫起的便是閻敬銘。

一個鐘點前，朝房裏便坐滿了等待召見的大臣。今天共有五起，有軍機處的，有刑部的，還有外省進京的督撫。因為知道閻敬銘是個致仕回家的人，這把年紀了，也不會再有起復的可能，對官場而言，已是個沒有用的廢物。載漪只對閻敬銘不冷不熱地打個招呼後，便熱情地與那些現任軍機督撫談天說地聊家常，再不理他了。這麼多肩負重任的人等着要見，為何第一個召見他呢？載漪不明白太后腦中的機奧，來到閻敬銘的面前，臉上略有點笑意：「閻大人，太后叫您哩！」

太后第一個召見一位致仕回籍的革員，這是件稀罕的事，滿屋大臣都用驚異的眼光望着閻敬銘。七十三歲的閻敬銘確實已經衰老了。他的鬚髮已全部變白，而且白得啞暗沒有一點亮光，面孔削瘦，本來就粗糙多皺的皮膚上又增加了密集的老人斑，更顯得老態。他慢慢地站起來，步履沉重緩慢，略帶有點顫巍巍的樣子，好像兩隻細長的腿已沒有足夠的力量支撐起整個身軀了。

來到養心殿東暖閣，按照規定，閻敬銘向太后和皇上行了跪拜禮。慈禧指着旁邊的一個尺把高鋪着西北毛毯的四方木墩，對閻敬銘說：「起來吧，坐在這兒說話。」

「臣不敢。」閻敬銘堅持要跪着。

「閻敬銘，你七十多歲了，又是先帝簡拔的重臣，今日陛辭，非比平時奏事，坐着說吧，也算是我和皇帝為你送行了。」

慈禧的出格禮遇使閻敬銘頗為激動：「臣謝太后和皇上的恩賜。」

他站起身，雙腿似覺麻木，趕緊坐在木墩上。

「一年多不見了。」慈禧望着閻敬銘顯得龍鍾的身態，關心地問，「病都好了嗎？」

「託太后、皇上洪福，這一年來，多虧蕭太醫的精心診治，風痹宿疾已好多了。老臣準備離京回籍慢慢調理。老臣這一去，便再無覲見之日了。天恩高厚，粉身碎骨不足以報答，故懇請能再見一次太后、皇上，以表老臣依戀感激之心。」厚重悶實的陝西腔，從這位土得像黃土高坡上的農佚，老得像華山深處的百歲道長的前協辦大學士口中吐出，顯得格外的質樸誠懇。

慈禧聽了這話，也頗為感動，以難得的和藹問：「你離京以後，是回朝邑本籍，還是回解州書院？」

「臣本籍朝邑已無房屋，故打算先回朝邑，借親戚家住幾個月後，依舊回解州書院去住。」

「再給士子們講點書吧，為國家培育人才，是一件好事。」

「怕不行了。」閻敬銘悽然地笑了一下。「臣這一年來精力已大不支了。」

慈禧聽了這話，心中憮然：「莫說你已七十多，我才過五十，便常有精力不支之感。好在皇帝已成年，過幾個月就親政了，今後我也不再為他操心了，國家大事就讓他自己做主。」

說罷，特意看了光緒一眼。平時，光緒陪着慈禧召見臣工，向來不說話。一則因為馬上要親政了，二則出於對三朝元老的敬重，光緒問了一句：「閻相國你就要走了，國家大事上，你還有哪些要對朝廷說的？」

閻敬銘正愁無法切入正題，光緒這句話，恰好幫了他的忙：「老臣自離開戶部、軍機處後，就不再過問國事了，太后、皇上英明聖睿，國家大事，樁樁件件都允洽天意民心，老臣也實不能置喙。老臣只想說一句話，眼下鐵路一事，依老臣愚見，應當修建。」

兩天前，軍機處將張之洞的摺子呈遞給了慈禧，慈禧對張之洞的建議也有興趣。閻敬銘既然說到這樁事，不妨聽聽他的看法。慈禧問：「李鴻章建議修津通鐵路，張之洞建議修腹省幹線。你看先建哪條為宜？」

閻敬銘答：「從對國家的作用而言，腹省幹線要遠遠大於津通鐵路，老臣以為當先修腹省幹線。」

慈禧說出她的顧慮：「從京師到漢口，有三千里，需銀一千六百萬兩。張之洞提出分八年修造，每年提二百萬。你是做過多年戶部尚書的人，你說說，戶部每年二百萬提得出嗎？」

「提得出。」閻敬銘不假思索地回答。

這兩年來，頤和園工程因有海軍衙門的資助款子，正在大張旗鼓地興建。慈禧對此雖然很滿意，但也常聽到一些閒言閒語，有些言官的摺子中也會旁敲側擊地點到此事。慈禧希望能有一項大的工程，轉移大家對園工的視線，讓他們看到，朝廷並非只注意太后的住宅，更注重國計民生。她心中也傾向建一條大鐵路，但她被戶部叫窮叫怕了，面對這樣一件大事，她心裏沒底。閻敬銘堅定的回答使她一時突然感到，朝廷真的不能缺少閻敬銘。他這一走，戶部今後還可以每年撥得出二百萬嗎？

「閻敬銘，這些年來你實心為朝廷辦事，我和皇帝都是知道的。你走後，我以後會想起你的。」

慈禧這兩句充滿感情的話，使閻敬銘很覺溫暖。他本來想就修鐵路的事再多說幾句，並藉這機會推薦張之洞做這樁大事。但現在不宜再說這種話了，於是說：「七年前，蒙太后、皇上不棄，召老臣來京師，這些年又得以入軍機，晉相位，享盡人間的至高尊榮，老臣肝腦塗地，不能報太后、皇上之恩於萬一。為朝廷辦事乃臣子本分，只是老臣稟賦愚鈍，性情憨直，辦事多有不中意之處，尚請太后、皇上寬諒。臣走後，請太后多多保重玉體，天下臣民都仰仗太后的庇護。」

這後一句話，最使慈禧聽了舒心。慈禧最擔心的便是一怕皇帝親政後全不把她當一回事，大事小事，都自己說了算，心目中已不再有她這個聖母皇太后了。二怕文武大臣們的心全都轉到皇帝那邊去了，不記得是她給他們帶來如今的榮華富貴。三怕今後住到園子裏，沒有國事要辦，再也看不到百官匍匐在她面前唯命是從的場面了，那日子將怎麼打發？一句話，即將交出最高權力的慈禧心裏有一種隱隱的失落感。「天下臣民都仰望太后的庇護」，這句話說得有多好！她突然發現，閻敬銘是真正忠於她的大忠臣，悔不該去年接受他的辭職。慈禧這樣想過後，立即意識到，應該在此時聽聽他這方面的想法。

「過了年後，我就再不管國事，都由皇帝自個兒處置。他也長大成年，我也放心了。」

「孩兒不懂事，還請皇額娘多加訓誡。」十八歲的皇帝深知太后這話背後的潛台詞，不顧有外臣在旁，趕緊接話。

慈禧笑了笑說：「閻敬銘，我一向知你剛直公正。你要走了，我也要歇息了，你給皇帝薦舉幾個人吧。」

提鐵路的事，就是要將太后的思路引到用人這個點子上來。但這話要怎麼說才能得體呢？他迅速將昨夜的思索回憶一下後稟道：

「皇上天稟聰明，有太祖太宗之風，十多年來，又得到太后的精心培育，大清將會一天天強盛興旺，這是老臣和中外文武所意料之中的事。向朝廷推薦人才，這是本朝二百年相沿的良法，臣蒙三朝特達之恩，又曾忝列內閣軍機，自是更有義不容辭的責任。得太后聖睿的啟發，老臣於此也有過一些心得。」

慈禧心想，這個倔老頭子得到了我的甚麼啟發？遂認真地聽。光緒則聽得更加聚精會神。

「臣年輕時好讀史書，對前代治亂之世都極有興趣，然終不甚明瞭治世何以治，亂世何以亂，為人君者其應世之方，處世之術，又何以有高低之別。咸豐十年文宗爺擢湘軍統領曾國藩為江督，同治二年太后擢楚軍統領左宗棠為閩督，爾後又擢李鴻章為湖督。從此，湘淮楚三軍鼎足於世，互為激勵，收長毛、撚子於彀中，固祖宗江山如金湯，老臣終於茅塞大開，佩服太后御政之高明。這治與亂，一字之差，全在於為人君者的如何制衡。」

閻敬銘說到這裏，有意停了下來。為了這幾句話，他昨夜很費了一番心思。桑治平所挑明的「牽制平衡術」，的確是慈禧太后從執政之初便採取的成功手腕。但這種手腕只可由她本人做，卻不能容忍旁人說。如何來表敍，既讓她知道，又不使她不快呢？閻敬銘左思右想了許久，最後，他想一是還得說，二是點到為止，神明保祐她明白才好。倘若她明白不過來，那也無可奈何。其實，閻敬銘太過慮了，這幾句話儘管年輕的光緒根本聽不出個味道來，但慈禧已很快明白。她不希望閻敬銘說得太透，幸好，也還未說透，且看他的落腳立在哪裏。

「臣以為大清要在二十年內確保安寧，內當重用翁同龢，外當重用張之洞。至於夷務，李鴻章老成持重，自可依畀。李、翁、張共同輔佐皇上，就像當年曾、左、李中興同治朝一樣，可無懼洋人之騷擾，長保海內之太平。」

翁同龢是光緒帝的師傅。光緒五歲時，翁同龢便為他啟蒙授書，十三年來師徒之間有着父子般的情誼。光緒正尋思着親政後要重用翁同龢以謝師恩，聽了這話，忙高興地說：「閻相國說得對，翁同龢當重用。」

光緒皇帝的表現，很令慈禧不悅。她心裏想：都十八歲了，怎麼還這樣不懂事！身為皇帝，須有人臣不能測之威儀，用人大事，哪有臣子奏對時便立即表示態度的？大清這萬里江山交給他，如何能放得下心呀！

慈禧已知道閻敬銘所推薦的人選了，她不願看到皇帝再有甚麼失態，必須立即結束這次召見。

「閻敬銘，你的意思我已明白了，下面還有幾起等着召見。這天氣眼看就要涼了，你回籍途中要一路保重，多穿點衣。送你人參六兩，銀一千兩，禮不重，也算是朝廷對你的一點酬勞。你跪安吧！」

「臣謝太后、皇上的恩賞，到籍後，臣再上摺請安。」

閻敬銘走出養心殿時，周圍院牆上反射過來的強烈陽光，刺得他睜不開眼。他一邊揉着昏花的雙眼，一邊暗暗想着：太后聽懂我的話了嗎？

閻敬銘的擔心是多餘的，工於心計的慈禧已聽出他的弦外之音。洋人也說中國宜在中原省區內興建從北至南的大鐵路，其看法與張之洞不謀而合。就連沉寂多年的李鴻藻、潘祖蔭、黃體芳等人居然也上摺大談修建鐵路的好處，而且主張修大鐵路，不僅要利國，而且要利民。而湖廣總督裕祿卻依舊腦瓜不開竅，拚死反對架電線修鐵路。不僅奕譞罵他頑固，就連慈禧也嫌此人太不通時務了。

光緒十五年秋天，一道改授張之洞為湖廣總督、督辦腹省幹線南端的聖旨遞到廣州。張之洞如願以償。他欣然接旨，立即離粵北上。此刻，張之洞或許沒有料到，他從此便在江夏古城最高衙門裏，一坐便是十九年，開創有清一代湖督任職時間最長的記錄。他或許更沒想到，近世史冊也從此將「張之洞」三字與湖廣總督緊密聯繫起來。百餘年來，歷史老人彷彿將一個錯覺刻意留給後人：一提起湖廣總督，便是在說張之洞；一說起張之洞，便想到「湖廣總督」在中國近代洋務史上的特殊地位。

一個人能與一個職位如此緊密地聯繫在一起，能給一個空洞的官職填上如此充實而傳之久遠的內容，在中國兩千餘年的官場史上極為罕見。且讓我們來看看張之洞是如何將湖廣總督做得這般色彩斑斕、不同凡響的。

遺憾的是，張之洞踏進湖督轅門的第一天，接到的便是一份措辭嚴厲的訓諭。

第三章
督建鐵廠

1 盛宣懷「官督商辦」之策，遭到張之洞的否定

張之洞一行取道海路，沿着廣東、福建、浙江的海運航線北上。他素來厭惡官場的無聊應酬，何況在他現在的眼睛裏官場上更沒有幾個人可以值得晤談，故而沿途各級地方官員的盛情邀請及登船拜訪等等，他一概謝絕，甚至連閩浙總督卞寶第的面子也不給。船至閩江口，福州府近在咫尺，他既不上岸進城去看卞，也謝絕卞上船來看他的好意。

張之洞的此種舉動，為官場所少有。有說他不近人情的，有說他清高的，也有說他居功驕傲的，他都充耳不聞，我行我素。佩玉勸他不必如此固執，像上海道、浙江巡撫、閩浙總督，這些官員地位既重要，資格也老，不妨見見聊聊，只有好處沒有壞處。

張之洞冷笑道：「甚麼地位重要資格老，盡是些尸位素餐之輩！」

桑治平將這一切看在眼中，心裏想：他這是在高標耿介絕俗的為官操守呢，還是因成功而滋生了目空一切的驕慢習氣？不管如何，張之洞的待人接物已明顯地發生了變化。

張之洞充分利用這段難得的空閒，大量閱讀有關湖北湖南兩省的書籍。從歷史沿革到近世建制，從文化源流到風俗物產，從江漢荊襄往日的大事名流到晚近湖湘人物的風雲際會，他都一一裝在胸中。在

他看來，這些湖廣省情要遠比言不由衷的客套話、別有所圖的殷勤款待重要得多。惟一中斷的一次是在得知彭玉麟病死衡陽的訃聞時，他整整半天傷感不已，並親筆寫了一封悼函，寄給老將軍的親屬。

從廣州到武昌的千里航程中，張之洞只接見了一個人。

那一天，船在上海黃埔港剛剛停泊時，一個衣著闊綽態度謙卑的人，自稱是上海電報局的局員，有一封重要信函請轉交給新任湖廣總督張大人，希望立刻得到回音。大根對來人說：「我家大人很忙，說不定他這會子還沒有功夫看你的信哩。你不要在這裏等，回去吧！」

那人說：「我在這兒等一個小時，一個小時若無回音，我就回電報局。」

大根拿着信走進船艙時，張之洞正在吃午飯。大根不想打擾四叔，正要退出，張之洞叫住了他。他只好把信遞上去。張之洞便放下碗筷將信箋抽出。匆匆看過後，便要大根告訴在岸上等候的送信人：晚七時，在輪船上接見。

大根大出意外，興衝衝地快步下船來到岸上，對電報局的人說：「你家主人是個甚麼角色？一路上的巡撫總督，我家大人都一概不見，走了幾千里，你家主人還是第一個得到召見的人。快回去告訴他，作好準備，晚七時來輪船上拜見我家大人。」

電報局員聽了這話，喜孜孜地回去覆命了。

此人是誰，他怎麼會有這大的面子？這位使得張之洞破例召見的人，正是官居山東登萊青兵備道兼煙台東海關監督，現任中國電報局、輪船招商局督辦的盛宣懷。

得知張之洞走海路赴任的消息後，盛宣懷特為從天津趕到上海，住在電報局的上海分局，等候拜見張之洞。盛宣懷為何要花這大氣力，請求與這位一路倨傲的新任湖督會面呢？是成心要巴結打敗洋人的英雄制軍嗎？巴結之心固然有，但更主要的，是另有一番宏圖存於他的心中。

原來，這個天字第一號的長袖善舞者，正要藉助於新一任的湖廣總督，來辦成他在湖北經營已久的一項大事業。他的好朋友鄭觀應此時正在上海辦織布局。他知道鄭觀應與張之洞熟，請鄭觀應陪同他一道前去黃埔港。鄭觀應滿口答應。

盛宣懷拿出他從天津帶來的兩件價值昂貴的禮物：一個鑲金嵌玉、逢時奏樂並加上洋妞旋轉的三尺高英國造座鐘。一個佈滿一百零八顆珍珠的和闐墨綠玉如意，問鄭觀應：「這兩件禮物，一是西式，一是中式。你幫我參謀參謀，送哪件合他的胃口，或是兩件都送。」

鄭觀應笑了笑說：「你今天若是拜訪兩江總督曾國荃，則送中式的，若是拜訪閩浙總督卞寶第，則送西式的。只不過，今天拜訪的是清流出身湖廣總督張之洞，依我看，西式中式都不要送。你送他重禮，他反而會懷疑你對他有非份之求，破壞了晤談的氣氛。不如甚麼都不送，彼此都輕輕鬆鬆，反而可暢所欲言。」

「好，就依你的看法。」

正當盛宣懷在鄭觀應的陪同下，乘着電報分局考究的黃包車，穿過十里洋場一條條繁華街巷，向黃浦港奔去的時候，粵秀輪甲板上，辜鴻銘握着一張洋文報紙，興高采烈地從自己所住的二等艙向頭等艙快步走來。

「香帥，極好看的花邊新聞，你看看吧！」辜鴻銘衝着一身便服斜躺在軟皮沙發上的張之洞大聲說着。

張之洞放下手中的《荊州府志》，笑着說：「甚麼好看的花邊新聞，讓我看看解解悶。」

「醇親王得了梅毒病，已病得不輕了。你看看這個。」辜鴻銘將手中的《泰晤士報》遞了過去。

張之洞接過一看，見是滿紙洋文，心裏不悦道：「哪裏撿的一張垃圾紙也來蒙我，你這是欺負我不懂洋文是不是！」

辜鴻銘見狀忙說：「香帥息怒，我哪敢欺負您，我是一時高興得忘記這是一張洋文報紙了。但這報的的確確不是垃圾紙，這是我剛在碼頭上散步時和一個英國人聊天，他送給我最近出的《泰晤士報》。」

見到花邊新聞便高興得忘乎所以，一定是個好色之徒；不過，他毫不掩飾自己的內心想法，也坦率得可愛，比起那些又要做婊子又要立牌坊的僞君子強多了。想到這裏，張之洞臉色平和下來：「到底是怎麼回事，你說給我聽好了。」

辜鴻銘笑嘻嘻地說：「報上是這麼說的，英國公使館裏一個醫生，前不久應醇王府之請，進府來給醇王瞧病。醫生仔細診斷後，明確告訴醇王得的是梅毒病。醇王大驚，說他壓根兒就沒有逛過妓院，哪來的梅毒病。英國醫生說，病是梅毒，這是確鑿無疑的，若不是外面惹來的，便是府裏的姨太太傳染的。醇王說，別胡說了，我的側福晉都是規規矩矩的女人，她們怎麼可能得這種惡疾。英國醫生說，除開姨太太外，王爺還喜歡過府裏別的女人沒有。這句話提醒了醇王。他想起身邊新來的一個丫鬟。一個月前，慶王盛情邀請醇王到他的王府做客。席間，一個特別嫵媚妖豔的女人，將醇王勾引得目不轉睛，魂不守舍。慶王笑着說，王爺喜歡她，就帶回府去吧！醇王很高興地接受這個禮物，當夜便帶回王府。

一個月來這個丫鬟夜夜陪他睡覺，把他服侍得心花怒放。莫非是她帶來的病？醇王把這個丫鬟叫來，讓英國醫生一檢查，果然毛病出在她的身上。醇王氣得痛打這個丫鬟一頓，叫她從實招來。丫鬟於是招供，她本是八大胡同一個妓女，被慶王府買去的第二天便被送到醇王府。醇王聽後大吃一驚，心裏想：慶王為甚麼要這樣害我呢？後來用重金買通一個常在太后身邊的小太監，才知原來是慈禧叫慶王這麼做的。於是醇王知道自己必死無疑，從此不再請洋醫生看病了。」

「胡說八道！」張之洞生氣地說，「這一定是下三流洋痞子編造出來的！醇王府裏即便有這等事，他怎會知道？再說，太后為何要這樣害醇王？醇王是個老實人，又不礙她的事。」

辜鴻銘依舊笑嘻嘻地說：「這事不可全信，也不可不信。《泰晤士報》是家嚴肅的大報紙，不比那些無聊小報，沒有根據的事它不會登的。為醇王瞧病的漢姆是個名醫，他也不會瞎說。香帥，你不要說醇王就全不妨太后的事，你還記得吳大澂上表為醇王加尊號的事嗎？」

這就是不久前發生的事，怎會不記得！

前清流名士現任東河河道總督的吳大澂給朝廷上了一道奏疏。奏疏上說，本朝以孝治天下，普通百姓尚且以本身封典貤封本身父母，何況皇上之父母，應更有尊崇之典禮。當此歸政前夕，請太后飭下廷臣會議醇王稱號典禮，以滿足皇上和百姓之所望。奏疏又提到歷史上最為有名的宋代濮議和明代大禮議兩個典故。並以乾隆的批示為依據，肯定了明代大禮儀，即明世宗尊其父為興獻帝、廟號睿宗的作法是對的。吳大澂的意思很明確，請封醇王為太上皇。過幾天，一道聖旨下來，說早在光緒元年正月，醇王便有奏摺上稟兩宮太后，永不接受尊封，如日後有援明世宗之例說進者，務必目之為奸佞小人，立加屏斥。並附着醇王當年的這道奏摺。

此事在朝廷內外引起很大震動。有人說，吳大澂一貫以清流自居，常常拿「羣居閉口，獨坐防心」的自撰格言送人，看來是一個典型的偽君子，一個善拍馬屁的奸佞小人。不料這次馬屁沒拍到點子上，惹得太后惱火。

但更多人卻認為所謂醇王光緒元年的奏疏很可能是臨時偽造的，一則先前為何從未聽說醇王有過這樣的奏疏，二則這道奏疏字字句句都是針對吳奏來的，就連所舉的前代事例，也是濮議和大禮議，難道十五年前醇王就知道吳大澂會要上一道這樣的說進摺嗎？不久從內宮傳出消息，說太后對此甚為惱火，懷疑醇王想以太上皇的身份取代她這個已歸政頤養的太后。吳大澂是奉醇王的旨意而上摺的。太后與醇王之間的嫌隙，為朝廷政局罩上了一絲陰影。

難道說，太后因此要除掉醇王？但用這種手段卻未免太出之卑下了。太后會這樣做嗎？

正在這時，楊銳進來稟報：「盛宣懷已到碼頭邊，等候接見。」

張之洞說：「叫他上船。」又轉臉對告辭的辜鴻銘說：「洋報上的這段花邊新聞，萬不可再對人說起。」

盛、鄭二人上了船。楊銳先進去稟道：「香帥，盛宣懷、鄭觀應在艙外等候接見。」

「陶齋也來了！」張之洞放下手中的《荊州府志》，「叫他們進來吧！」

鄭觀應走前半步，盛宣懷緊跟在後面，二人欲行大禮。張之洞說：「都免了吧。」說着指了指對面的沙發。

鄭觀應說：「大人榮調湖廣，杏蓀特為從天津趕來，向大人表示祝賀。我也有兩年未見到大人了，沾他的光來拜見拜見。」

盛宣懷忙說：「職道久仰大人威名，多年來渴望拜謁。今日能蒙大人撥冗賞臉，實榮幸之至！」

「哦，你就是盛杏蓀，我也久聞你的大名了。坐吧，坐下好說話。」

趁着盛宣懷落座的時候，張之洞將他認真看了一眼。只見盛宣懷四十多歲年紀，不僅身材矮小單薄，而且頭臉也小，眼睛細細的，下巴尖尖的，渾身上下，就像一隻猿猴似的。張之洞儘管自己長得醜而矮，卻不喜盛宣懷這等長相，心裏想：難怪許多人說他是個嗜利小人，看這模樣，真的不像個大人君子。先自有了三分不悅，轉念一想：張樹聲稱讚他十個尚侍也比不上，必定有些真本事，自己不正是衝着這點決定見他的嗎？想到這裏，張之洞換上笑臉對盛宣懷說：「張軒帥可是大大地稱讚你，說你是洋務奇才。我張某人，別人可以不見，豈能不見你？」

盛宣懷頗有點受寵若驚地說：「軒帥言重了，當年他要我到兩廣去幫他架電線。我沒有去得成，心裏一直覺得對不住。沒想到他不久就過世了，我難過好長一段時期。」

鄭觀應插話：「軒帥是給法國人氣死的。香帥打敗了法國人，為軒帥報了大仇。」

「是的，是的。」盛宣懷忙說，「自從與洋人交戰以來，還沒有人打敗過洋人，香帥不僅為軒帥報了大仇，也為我們大清國長了大威風。」

鄭觀應、盛宣懷的這幾句話，說得張之洞甚是高興。這兩年來，張之洞最喜歡聽的就是別人恭維他打敗洋人的話。「文瀾不取歸熙甫，兵略時同魏默深」，年輕時他便以文武兼資自許。文章倒的確已為世所公認了，多少年來，他一直盼望兵略也能為世所認可。現在有了鎮南關外大捷，這兵事上的謀略，誰敢有目不睹？五十出頭的張之洞，儘管口裏不說，心裏早已認定自己是天下第一臣了！

「盛道，你從天津千里迢迢趕到上海來見我，究竟有甚麼大事？」

「職道來上海，一來是想見見大人，二來聽說大人要將為廣東購買的鐵廠機器運到武漢來，在湖北建立一座煉鐵廠。因為此事，職道要向大人稟報一些情況，或許於大人有點作用？」

「你是怎麼知道煉鐵廠的機器要運往湖北的？」張之洞盯着盛宣懷兩隻綠豆大的眼。

原來，仍被朝野公認為第一臣的李鴻章，對張之洞一向抱有成見，即便張之洞在越南的戰爭打贏了，李鴻章也認為不過僥幸獲勝，並不因此改變對張的看法。李鴻章知道廣東無煤鐵，對於張之洞在廣東建鐵廠的想法他以冷笑待之。當他得知李瀚章要從漕督移督兩廣，便對胞兄說，張之洞這個人好大喜功，在廣東所辦的事都要細細審查，不合時宜的要堅決停辦，鐵廠不能接受，要他遷到湖北去。

李瀚章雖為李家老大，卻素來慣聽老二的話，因此人尚未到任，便有急函給張之洞。離穗前夕，張之洞接到李瀚章的信。他正為鐵廠不能帶到湖北而遺憾，此議恰合他的心意，忙回函李瀚章，表示同意。這事只有他和李瀚章兩人知道，盛宣懷怎麼這樣快就獲知了？

「前幾天，職道在北洋衙門看望李爵相，爵相對職道說的。」

哦，張之洞頓時明白了，盛宣懷不是李鴻章一手提拔的人嗎？怎麼忽視了這一層！因為不滿李鴻章，張之洞又對眼前這個容貌不起眼的李氏家僕生出反感來。

「筱荃嫌鐵廠是個麻煩，這事是我張某人幹的，爛攤子也只能由我張某人收拾，我不把它帶到湖北又如何呢？」

機靈精明過人的盛宣懷，已從這話裏感受到張之洞態度的冷淡，他不敢說「鐵廠辦廣東不合適」的話，怕觸犯了大帥的虎威。「香帥，把鐵廠帶到湖北，實在是極為英明的決定。職道認為，在湖北辦鐵廠，比廣東強過十倍二十倍。」

「為甚麼？」張之洞用一種懷疑的眼光打量着這個電報局兼輪船局督辦。

「鐵廠的原料一是鐵礦二是煤，這兩樣東西湖北的蘊藏量最多。」

「哦！你有確鑿的根據嗎？」張之洞的興致明顯有了提高。

「香帥，」鄭觀應插言，「杏蓀在湖北辦了好幾年的礦務。」

張之洞的雙眼裏亮出幾分喜悅的光彩，望着盛宣懷說：「難怪你對湖北的礦藏清楚，你是辦的鐵礦還是煤礦？」

「煤礦。」盛宣懷答。

「你細細地說說。」張之洞蹺起二郎腿，向沙發墊背靠過去。

「家父在湖北做過多年的官，先是在胡文忠公幕府裏做事。」

「令尊叫甚麼名字？」張之洞打斷盛宣懷的話。

「家父叫盛康。」

盛康，張之洞努力回憶在胡林翼巡撫衙門所呆過的短暫時期，盛康這個人既沒見過，也沒聽胡林翼說過，大概是個地位不高的幕僚。

盛宣懷期待張之洞的熱烈回答「哦，我認識」，或者是「哦，我聽說過」。但張之洞甚麼也沒說，乾等了一會，盛宣懷繼續說下去：「後來做了湖北鹽法道。同治六年，職道在武昌鹽道衙門住過一段時期，在家父簽押房裏見過廣濟縣稟禁止開挖武穴煤山的公文。此事一直存在職道的心中。」

「你那時多大？」

「二十四歲。」

張之洞心想：通常的官家子弟，這種年紀或是在書齋攻讀舉業，或是在酒樓妓院裏花天酒地，很少有人去關心百姓生計的，盛宣懷確有不同常人之處。「你那時還很年輕，怎麼會注意些這樣的事？」

「香帥不知，職道二十餘歲才中秀才，後來幾次鄉試都未中。或許是職道生性愚鈍，但平心而論，職道從年輕時就不樂於舉業，一向對經濟之事極有興趣。」聽出張之洞的話中帶有肯定的語氣，盛宣懷的情緒比剛才好多了。

鄭觀應說：「杏蓀多次跟我說過，做事要做對國家有實在利益的事，當今對國家大有實益的事便是辦實業，辦洋務。」

張之洞點了點頭，微笑着望着盛宣懷。

得到鼓舞，盛宣懷開始滔滔不絕地說下去了：「職道在輪船招商局做會辦時，深以洋煤價格昂貴，所費太多為慮。心想，我們中國有的是煤，為甚麼還要買洋人的呢？別人告訴我，中國的煤質不好，又少，不夠用，所以要買洋煤。我又問，我們中國這樣大，就找不到好煤嗎？屬員說，好煤在地層深處，中國土法挖不到。如果買進洋人的機器來，用洋法開採，既可得好煤，又可大量生產，兩個問題都解決了。」

鄭觀應插話：「十多年前，中國用洋法採煤的的地方只有兩處，一處是直隸的開平，一處是台灣的基隆，都是英國人辦的。」

「聽了這些話後，我在心裏盤算着：若是我在湖北辦一個洋式採煤的礦，不僅自己輪船公司不再買洋人的煤，而且還可以賣給別的輪船用，甚至還可以賣給在中國的外國輪船。於是我請人先行查勘，最後看中了廣濟一帶。為確定準確位置，特為聘請一個洋礦師，英國人，名叫馬立師。」

張之洞半瞇着眼睛望着盛宣懷，問：「這個英國礦師本事如何？」

「這個洋人徒有虛名。」盛宣懷苦笑。「他鬧騰了三個月，還沒有找到好煤層。跟我說，再給他三個月時間，他一定可以找到。我看他銀子花了三萬，一點成效都不見，不知他是本事不高，還是根本就沒本事，純是騙局，我沒有答應，讓他走路。」

張之洞點點頭說：「跟洋人打交道，要多存幾個心眼。我在兩廣這幾年，就積了這個經驗。好多洋人，就仗着紅毛綠眼睛會嘰哩哇拉地說洋話，便在我們中國人面前耀武揚威，自以為了不得，其實大多沒有甚麼本事。有的是在本國混不下去了，到我們中國來渾水摸魚，有的很可能就是他們國家中的流氓、痞子、偷兒、乞丐之流。在本國只是做孫子的角色，到我們這裏來卻要做大爺！」

鄭觀應聽了這番話，哈哈笑起來。盛宣懷心想：別看他張香濤現在要辦洋務了，骨子裏還是過去那一套；把來中國的洋人如此奚落，也太刻薄了點。嘴裏卻說：「香帥說得對。跟洋人打交道，是得多存點心眼，後來我就謹慎多了。我知道赫德這個人值得信任，又知他推薦的一個礦師在台灣基隆煤礦辦理礦務有條有理，於是請赫德推薦。不久，赫德推薦了英國礦師郭思敦。郭思敦有本事，又捨得幹。經過半年的實地考察，他認定興國、廣濟、歸州、興山等地均無好煤，湖北的好煤在荊門、當陽之間觀音寺窩子溝和三里崗一帶，這裏的煤層有二尺來厚，蘊藏量為二百萬噸。」

「二百萬噸，何為噸？」張之洞打斷盛宣懷的話。

「噸是洋人的叫法。」鄧觀應解釋：「一噸為二千斤，一萬噸為二千萬斤，二百萬噸則是四十萬萬斤，即四十億斤。」

「而且煤質好，可以和美國的白煤相當。郭礦師說鐵礦也很好，蘊量大約五百萬噸；含鐵成分也很高，一萬斤鐵礦石裏含鐵十二斤，可以煉出上等好鐵。」

「大冶應該是有好鐵。」張之洞摸着下巴下濃密的半尺餘長鬍鬚說，「好幾部書，比如《太平寰宇記》《方輿紀要》都記載過大冶附近有鐵山。從三國吳王孫權起便在此地設爐煉鐵，一直到明代都不斷地有人採礦煉鐵。岳飛在此地鍛造了一批極鋒利的劍，被稱之為大冶之劍。大冶之劍，是當時的寶劍。我看，在孫權之前肯定有人做過這種事。大冶之名從何而來？當然是源於此地曾有過大規模冶鐵之事嘛！」

兩位偏重於實業而讀書不多的洋務家，對總督的博學強志很佩服。

「制台說得對。大冶大冶，必與冶煉有關。職道先前倒還沒有這樣想過。」盛宣懷連連點頭說，「荊當煤礦和大冶鐵礦找到後，職道決定開採，但難題也便接踵而來。」

「銀錢不夠充足？」張之洞問。出任督撫以來，他才深刻地懂得，辦任何一件實事，最先面臨的便是銀錢二字，而銀錢的籌集，真正千難萬難。

「正是。」盛宣懷說，「職道和郭礦師初步籌議，開採煤礦與鐵礦添置機器，需二十萬両銀子，還須修建一條鐵路從煤礦到長江邊，需銀三十萬両，兩項加起來，為五十萬両。當時，職道領取的銀子不足二十萬両，且前期查勘已用去了十萬。經報請李爵相同意後，採取招集商股的辦法來籌錢。」

以發行股份的方式來集聚商人手中的銀錢，用以辦事，在廣東，並不是新鮮事，但張之洞認為官府辦事不能這樣做。官府辦事，目的在為民造福，商家辦事，目的在獲利。官府如果與商家糾合在一起，就會將造福變成了獲利，官府在百姓的眼中便沒有了地位。自古以來，官府做官府的事，商人做商人的事，從來沒有官商結合辦事的。官商勾結，這成何體統？

「原擬發一千股，一股一百両銀子，結果只發了五百股，招銀五萬両，機器無法買了，只得用土法採煤。」

張之洞說：「商人是要賺錢，他沒有看到有七八成賺錢的可能，他就不會把銀子拿出來的。萬一虧損了，他的銀子怎麼辦？官府辦事用這種方法不妥當。」

盛宣懷聽張之洞這樣說，心裏愣了一下，略停片刻，他硬着頭皮，繼續說下去：「因為缺乏資金，又因為管理方面的一些問題，結果煤礦虧損厲害，不到一年，礦務局便關閉了。」

張之洞心想：張樹聲把盛宣懷抬得那樣高，看來也不過如此。但這次他要見我的目的是甚麼？專程從天津來上海，總不是就為了向我稟報礦務局關閉的事吧！

「盛道，礦務局關閉這幾年來，那裏還有人在採煤嗎？」

「當地的百姓仍在那裏用土辦法挖煤。因為沒有機器，採不到底層的好煤，而且沒有官府的監督，也就沒有章法。老百姓顧自己的眼前小利，把礦區破壞得很厲害，給今後的開採帶來很大的麻煩。我知道這事後深為可惜。」盛宣懷以熱切的眼光望着張之洞說，「香帥，職道這次之所以來打擾您，就是為了這湖北的煤礦事。我想請香帥到了湖北後，立即下達一個命令，就如當年湖北巡撫衙門的禁令一樣，嚴禁荊門、當陽一帶老百姓擅自開挖煤礦。香帥，職道這個建議，純是為了國家為了湖北。那樣好的煤區，據說現在已糟踏得不成樣子了，若再挖幾年，就會全部毀掉。」

從盛宣懷的神情上，張之洞看到一種發自內心的誠意。這種誠意源於一個人對自己的所愛而生發的珍惜之心。好比說一個古董愛好者，看到一件珍稀古董被破壞，儘管這件古董不是他的，他心裏也很痛惜。又如一個塾師，看到一個聰穎的孩子不能上學，心裏也很痛苦，與這個孩子跟他之間的關係無干。張之洞是個古董愛好者，也做過多年的學政，他常有這種心情的產生，因此很能理解盛宣懷的這種情感。他相信盛的話不是做作的。

「你放心好了，這件事，我到武昌便可以做，而且我很快會把這礦務局恢復起來。要辦鐵廠，先得要有鐵和煤，恢復礦務局還得先行一步。」

「香帥說幹就幹，真是雷厲風行。」盛宣懷高興起來。「郭礦師是個很優秀的人，他早已回英國去了。如果香帥需要的話，我可以寫信請他再來中國。」

「好。」張之洞爽快地說，「我相信你的眼光，到武昌後，我再跟湖北的撫藩臬商議商議，到時再請你幫忙。」

「職道理應效勞。」盛宣懷說，「剛才香帥說，立即恢復礦務局，實在英明。雖說當年因銀錢不夠，沒有添置足夠的機器，但還是買了一些器件，發電機、鼓風機、膠皮車等，後來都堆放在倉庫裏鎖起來了。礦務局一旦辦起來，這些就全部送給礦務局，不收分文。」

「那就先謝謝你了。」張之洞笑着說，心裏想：此人器局還不窄小，怪不得這幾年電報局、輪船公司都辦得不錯，真正有所作為的商家也不能事事斤斤計較。

盛宣懷此行的真正目的，是勸張之洞將湖北的礦業交給他，由他來實行招商集資，重操舊業。盛宣懷相信，如果這樣的話，他有十足的把握能把湖北的礦業辦得紅紅火火。這是因為第一，五年後的今天他已積累更多的經驗和更多的錢財，各方面的實力雄厚了。其次，比起五年前，買股份的風氣在中國更加盛行，而且也有一批發了財的商人，故前來認股的人會遠比先前的多。還有更主要的一點是張之洞在湖北辦起了鐵廠，煤和鐵礦有了固定的買主，礦務局的生意包賺不虧。這樣的發財好機會，真是可遇而不可求，他怎能不抓住？

剛才對招商集股的辦法，張之洞明白地表示不同意，這樁事還提不提呢？盛宣懷雖是一個最善於察言觀色、看風使舵的乖巧人，但也是一個拚命追求成功的執着者，集商股的辦法本就是從洋人那裏學來的，中國官府要員們難得接受，是不奇怪的，關鍵是他們還不明白它的好處。張之洞是個明白人，若對他說清楚，他應該會支持。想到這裏，盛宣懷壯起膽子說：「職道無能，在湖北辦了三四年礦務而沒有成功，但職道經過上次的挫折後也積累了幾條經驗，也算是前車之覆，可作後車之鑒吧！」

張之洞對這句話很感興趣：「有哪幾條經驗，你說給本督聽聽。」

盛宣懷說：「這第一條經驗，要慎選礦師，馬立師這人因為沒有選對，不僅一無所獲，還害得我耽擱三個月時間，丟了二三萬兩銀子。郭礦師則發現了埋在地下三四百丈的寶貝，這樣有真才實學的礦師，不妨付給十倍八倍的俸金，因為他為我們所創造的財富當以十萬倍百萬倍計。」

張之洞點點頭沒有做聲。盛宣懷繼續說：「第二是慎選礦區。最好的礦區是蘊藏量大，品質優良，而且要考慮到運載的方便；運載不便，得專為修路架橋，耗資就大了。」

張之洞仍沒作聲，但看得出他在認真地聽。

「最後我想向香帥詳細稟報一下，礦務局宜採取官督商辦的形式。」

「官督商辦？」這個名稱顯然使張之洞感到陌生。他放下蹺起的二郎腿，不自覺地前傾着上身問。

「是這樣的，香帥。」盛宣懷解釋，「官督，就是由官府來監督。礦務局的大計決策都要稟報官府，由官府定奪。商辦，就是由商人來具體操辦。因為開採礦藏是一樁投資巨大的事情，採取集股的辦法則可以較快地籌集大筆資金。」

「盛道，」張之洞打斷他的話，「集股事，你不是試過不靈嗎，為何不吸取教訓，還要再用這個辦法？」

「香帥，」盛宣懷耐着性子說，「剛才我在說到集股事時，還沒來得及說明它的另一大好處，即集股除可籌集資金外，還有更重要的優越，便是將礦業的虧損與辦礦人的利益緊密聯繫在一起。洋人的通常作法是，凡買股的人都是股東，由一批大的股東結成董事會，由董事會推選出能幹的人來經營，錢賺得多，股東們分紅就多，虧損了則大家吃虧。這樣，就使得他們只能賺而不能虧。如果由官府來辦，錢由藩庫支出，賺和虧都與經辦人無關，他們就不會好好操辦。」

「盛道，你這話不對。」張之洞斥責道，「由官府委派去辦礦務局的，當然是選品行好、操守好的人去，藩庫的銀錢都是老百姓的血汗錢，一不能貪污中飽，二他應該知道要把事辦好，怎麼能說，賺和虧都與他無關呢？一年到頭，官府要辦的事很多，都是由各級衙門委派的人去辦。照你說的，事事都得由董事會來推選，否則便辦不好？如此，還要官府做甚麼？」

張之洞咄咄逼人的口氣，很有點使得這個官居道員身負重任以能人自許的洋務派受不了，但為了遠大的目標，盛宣懷壓下心中的不悅，極力擠出笑容來辯解：「香帥，這辦洋務的事，與過去官府辦差有所不同。官府辦差不與生財有關，且不擔風險，而這不同……」

「有甚麼不同？」張之洞立即打斷盛宣懷的話，「牙局、釐卡，不都是與生財有關嗎？還不都是由官府在辦，要甚麼董事會？」

盛宣懷被這幾句話堵得語塞。張之洞本不想再理睬了，看他畢竟是遠道專來拜訪的客人，說的都是關係湖北國計民生的大事，於是又說了幾句：

「盛道，你有沒有想過，這埋在地裏的煤和鐵礦都是國家的財富，商人怎麼可以拿國家的財產來為自己謀私利呢？開礦採煤煉鐵，這樣的大事，當然只能由官府來做，取之於國，用之於國，決不能讓那些貪得無厭的商人們來染指。他們想利用國家的財富來發自己的財，在別人手裏或可行得通，在我張某人的手裏，辦不到。」

盛宣懷聽了這話，滿肚子裏都是委屈。他很想細細地向這位想辦洋務又不懂如何辦洋務的總督大人說清楚：煤和礦是國家的財產，不錯，但埋在地裏，不挖出來利用就不是財富。商人固然是要謀利的，但他在謀利的同時，也為國家帶來了利益，這種謀利，官府應當支持。集股就是把分散的閒置在民間的銀錢融聚起來辦事，這是一種很好的辦法，尤其是國家銀錢緊缺時，更要多採取這種形式來辦大事。但是，他聽說張之洞固執剛愎，這兩年更以英雄自居，聽不進別人的話，又眼見這種毫無商量餘地的神態，知道再多說也無益，於是向鄭觀應使了個眼色。鄭觀應明白，說：「大人百忙之際能抽空接見，杏蓀兄和我都感激不已，不敢再多打擾，就此告辭了。」

說着起身，張之洞也起身說：「盛道剛才說的這些，對湖北今後的礦務和創辦鐵廠都很有益處，本督理應感謝。到時，或許還會請二位專程到湖北來實地指導。」

盛宣懷忙說：「指導不敢當。香帥今後若有用得着的地方，職道當盡力效勞。」

張之洞站着不動，對着窗外喊了一聲：「叔嶠，代我送客人下船。」

目送盛宣懷、鄭觀應走出艙門後，張之洞背着手在船艙裏踱步，腦子裏總在想着：湖北的採礦冶煉之事，今後應當如何去辦呢？

2 遊方郎中給張制台潑下一瓢冷水：橘過淮南便成枳

粵秀輪慢慢靠近司門口碼頭時，早已等候着的湖北巡撫奎斌，帶着武漢三鎮各大衙門的官員立即走到江邊來熱情接待，接着又在總督衙門舉行盛大隆重的接風酒會和交接儀式。所有從九品以上的官員們全都緊張熱烈興致勃勃地參加這些活動，絲毫也不以繁瑣冗長、耗時傷神為意，有幾個因陰差陽錯沒有收到請柬的低級官員，為沒有出席這場盛會而憂心忡忡、驚疑不安，不知何故而失去了這個資格，十分當心頭上的那頂小烏紗帽能否戴得下去，直到一兩個月後見並無動作才稍稍安寧下來。就連年近古稀身患重病的藩司黃彭年也硬撐着病體應付着，待到兩天的儀式結束後，他便重新躺到床上去了。

走進奎斌所佈置的豪華氣派的大簽押房，張之洞的第一件事便是將那幅《古北口長城圖》高高地懸掛在南面正牆上。這幅氣勢磅礴的丹青，從太原到廣州，如今又隨着主人來到武昌衙門。張之洞凝神看着，覺得自己既像那蜿蜒的長城，又像那高高聳立的關樓，心中很是自豪。他轉眼看了看擺在房間正中央的那張寬大的案桌。案桌上已疊起尺餘高的文冊牘書。他順手拿起放在最上面的一件，乃是軍機處寄來的四百里急件。看收函的單子，已是十天前便到了武昌督署。出了甚麼急事，讓軍機處發這樣的快件？張之洞邊想邊打開，幾行字赫然跳進他的眼帘：

近來總督赴任，輒帶親兵營隨行，既多縻費，且與制度不合。據傳張之洞此次赴任，隨帶親兵二百人，數量之多，駭人聽聞。着張之洞將所帶親兵除酌情留一二十名外，其餘皆遣回廣東，不得有誤。

張之洞萬萬沒料到，以湖廣總督身份第一次收到的上諭便如此令他窩火。他氣得將軍機處函件一推，離開書案，在鋪着西域紅長毛地毯上急速地來回走動。

急步走了一袋煙的功夫，他的心情才略為平靜下來，叫門外的衙役將桑治平請來。

一會兒，桑治平走進簽押房，見張之洞的臉色灰黑黑的，知他心情有不快：「遇到了甚麼事，心裏不舒服？」

張之洞指了指桌上的函件說：「你看看就知道了。」

桑治平拿起軍機處的函件，很快瀏覽了一遍，輕輕地說：「這是我害了你。」

原來，從廣武軍中選拔一批軍官帶到湖北，這個建議是桑治平提出的。為顯制軍的威風也為了沿途的安全保衛，總督調動遷徙時往往帶着一大批親兵同行。近幾十年來，已成慣例。奉到湖督令後，桑治平對張之洞說：「廣武軍創辦三四年了，請的是德國教官，德國陸軍是當今最強的軍隊。廣武軍這幾年在德國教官的訓導下，很像個樣子。若從廣武軍中的中下層軍官中抽調一批優秀者，將他們編為一支親兵隊，帶到湖北，再以這批人為骨幹招募一支湖北新軍，湖北新軍便可以很快訓練起來。張之洞同意桑治平這個建議，遂委派桑治平、大根及已升為親兵營都司的張彪到廣武軍去秘密地選派人員。於是桑治平、大根在三千廣武軍中挑選了一百五十名中下級軍官，張彪則從親兵營中挑出五十名自己的哥兒們，一共二百人，組成一個新的親兵營，乘坐另一隻海輪，一路護送到武昌。原本一個很好的設想，突然被打亂了，是誰將此事捅到朝廷去了？

唉！張之洞在心裏歎了一口氣後想，子青老哥因病請假才幾天，軍機處便下這樣的上諭！

他走到桑治平身邊說：「『害了我』的話，從何說起！你的主意，我至今仍認為是很好的。我氣的是有人在暗中搗我的鬼。」

「只要你不後悔就好。」桑治平擰緊雙眉說，「搗鬼是一定的，你在廣東這些年，哪有不得罪人的地方？好在上諭並沒有給你以處罰，只是令隨行的親兵遣回廣東。我現在問問你，這些親兵你是遣回還是不遣回？」

張之洞問：「遣回怎麼樣，不遣回又怎樣？」

「若是願意遣回，那很簡單，遵旨辦事，將這些人都打發回廣東，仍到廣武軍營去，我也沒有話可說的。如果你不想遣回的話，下一步我們再商量。」

張之洞咬住牙關，繃緊着臉，思索很久後，從嘴裏迸出兩個字：「不遣！」

「對，應該不遣！」桑治平臉上露出喜慰之色。

「你看下一步怎麼辦？」

「得想個辦法應付朝廷。」桑治平將軍機處的急函上下打量着，腦子裏有了一個主意。「看這樣行不行？」

「怎樣應付?」

「你就給朝廷上個摺子，說這些親兵本是淮勇。他們不慣廣東水土，寧願回安徽原籍務農，不願再回軍營。現遵旨就地遣散，發給途費，讓他們回原籍務農。朝廷之所以這樣，不是因為廣東少了二百號親兵，而是怕你在湖北安置跟隨已久的將士，只要這些人離開了湖北，朝廷就不會過問了。」

「來廣東的淮勇，幾乎沒有幾個能適應那裏又熱又潮的氣候，都想回家，這個說法應付得過去。麻煩你告訴楊銳，叫他按此意思擬個摺子。」

軍機處寄來的這道上諭，提醒了張之洞，立即要做的事情除鐵路、礦務、鐵廠外，這組建湖北新軍的事也不能拖延太久。若時機未成熟，可先辦一所陸軍學校，早日培養一批新式軍官出來。

張之洞拋開上任伊始的不快，以比在三晉兩廣更大的熱情投入事業。但他根本沒有料到，朝廷將他從兩廣調到兩湖所要辦的頭等大事，尚未措手便胎死腹中。

原來，李鴻章對朝廷否定津通鐵路方案，贊同蘆漢鐵路方案，一直大為不滿。在他認為，蘆漢鐵路方案是典型的好大喜功，不僅路線太長，花錢太多，更兼路況複雜，河南、湖北一帶山多水多，還有一條黃河天塹要飛躍，興建這樣一條大鐵路談何容易！何況眼下鐵路，首先不是為了利民，而是為了利於打仗。大清國的敵人是洋人，洋人對我皆有掠奪之心，而掠奪又分掠奪財物和掠奪領土之別，掠奪領土才是最可恨的敵人，有這種野心的一是日本，一是俄國，故而鐵路首選地在華北東北，而不在腹心省份。朝廷被那個愛出風頭善於論辯的張之洞所迷惑，真是令人痛惜！為津通鐵路的修建，李鴻章已向外國銀行借款二百萬両，前期籌備已用去十三萬両，現在這條鐵路不建了，十三萬両銀子就白白地花費了，李鴻章對張之洞甚是惱火。

正在這時，一個機會給了李鴻章報復的藉口。就在張之洞剛剛到達湖北的時候，俄國派遣一支軍隊進駐朝鮮。俄國這支軍隊對東北構成的嚴重威脅，引起滿洲親貴大臣的不安。李鴻章抓住這個機會，聯合總理各國事務大臣奕劻一道上奏，請求緩建蘆漢鐵路，集中全力先辦關東鐵路，萬一戰火燒到滿洲，可用該鐵路迅速調兵遣將。朝廷立即接受這個建議，下旨停辦蘆漢鐵路，而將興建關東鐵路的一事交給李鴻章全權處理。

張之洞奉到這道旨令後，儘管對朝廷處理國事大事這等輕率隨意深感不滿，但他無可奈何。恰好一部分原本在廣東訂購的機器，已從美國運到武漢，辦理鐵廠一事便迫在眉睫，於是張之洞摒棄一切雜事，將滿腔心血全都撲到這件大事上來。

不久，一個由張之洞親筆題寫的「湖北鐵政局」招牌，在總督衙門大坪外的高大轅門楹柱上掛了起來，此事引起武漢三鎮市民的格外注意。這個地方做了兩百多年的總督衙門，衙門的主人前前後後換了幾十個，從來沒有哪位總督把另一個衙門的招牌懸掛在轅門上。兩湖地區有哪一個衙門能有資格獲此殊榮？年輕人覺得很新奇，對着礦務局的招牌指指點點，議論它的品銜和職權。許多人都認為這個充滿洋味的「局」的品級一定很高，能夠掛在總督衙門的轅門上，大概不會低於巡撫衙門。有人說能在這裏謀個差事就好了。旁邊立即就有人譏笑：到這裏來謀差事，你懂洋文嗎？你懂洋人學問嗎？那人不再吱聲，臉上現出幾分沮喪來。

年紀大的人路過這裏，都被這種怪現象所唬住。其中讀書識字與官場多少有些往來的人則搖頭歎息：這成何體統！一個臨時辦事的「局」招牌，怎能掛在一品衙門的轅門上，這不有損朝廷的尊嚴嗎？何況這個局還不是通常的「救濟局」「善後局」，而是甚麼「鐵政局」。《說文解字》、《康熙字典》裏都沒有「鐵政」二字，鐵政是做甚麼的？有激烈的甚至罵道：這個張之洞崇洋媚外，標新立異，已沒有絲毫清流氣味了！甚麼不倫不類的鐵政局，竟然掛在總署轅門上，要摘下砸掉才是！

罵歸罵，恨歸恨，但到底也沒有哪個敢冒制台虎威，將鐵政局的牌子摘下來砸掉。湖北鐵政局的招牌，天天都堂堂正正地掛在高大的轅門上。在衙門二進西側的幾間寬大的房子裏，由督辦蔡錫勇協辦陳念礽為首，包括當年在廣東招來的十幾個滿腹西學的局員，天天都在緊張地忙碌着。

光緒十六年春末夏初的和暖季節，張之洞在蔡錫勇、陳念礽的陪同下，花了整整一個月的時間，親到大冶及廣濟、荊門、當陽等地，實地考查這些鐵礦和煤的開採情況。湖北豐富的煤礦蘊藏，更加堅定了張之洞籌辦煉鐵廠的信心。

機器早已運到武昌，但鐵廠的廠址立在何處，卻一直沒有定下來。礦務局的意見：鐵廠的兩大主要原料是鐵礦和煤，故毫無疑問，地址應當依這兩大原料而定，或就鐵礦或就煤。陳念礽認為鐵廠可定在荊門、當陽一帶的觀音寺附近，此地煤極好，可煉出很好的焦炭，供鐵廠使用。鐵廠的用焦量很大，以節省運費來考慮，鐵廠以靠近煤產區為宜。另一些局員主張鐵廠立在大冶附近。理由是大冶產鐵礦，且靠近長江，今後煉出的鐵易於運出。兩種意見都有道理，蔡錫勇認為這是一件很大的事情，應該由總督本人來最後定奪。

「毅若，談談你的看法？」

當蔡錫勇把選址情況向張之洞稟報後，張之洞想先聽聽這位督辦的意見。

「我較為傾向於在大冶建廠。大冶鐵礦含鐵量高，冶鐵的歷史也很悠久，我們化驗了前代大冶出的鐵，質量不錯。從前是土法冶煉，尚且能煉出好鐵，現在我們用新式的洋法冶煉，一定會更好。至於荊州、當陽的煤，論煤質來說是很好，這不錯，但沒有煉過焦，不知道焦的質量如何。」

「你是說，大冶的鐵礦能出好鐵，是有把握的，而荊、當一帶的煤能否煉好焦沒有把握。」

「正是這樣。」蔡錫勇繼續說，「況且荊、當一帶交通太不方便，鐵礦運進固然難，今後煉出的鐵塊要運出來也是難事。若廠址在大冶，便只有煤運進的一次難。況且廣濟一帶也有不少煤，若能從廣濟的煤裏煉出好焦的話，煤的問題也可能得解決，故我以為鐵廠以建在大冶為好。」

張之洞聽了蔡錫勇的話後，摸着滿臉大鬍子，好半天才說：「依我看，鐵廠還是建在武漢三鎮為好。」

「建在武漢？」蔡錫勇對總督的這個看法不能同意。「武漢既無鐵礦又無煤，合適嗎？」

「武漢雖無煤無鐵，但它有一個最大的好處，交通方便。」張之洞其實早就在思考這件事了，蔡錫勇意見使他對自己的思考作了一番反思，但他還是堅持自己的意見。「江漢舟楫之利，是不必再說了，還有鐵路之利。你莫看眼下蘆漢鐵路讓李少荃的關東鐵路取代了，但過幾年總是要興建的。這條鐵路非建不可，李少荃拿俄國嚇朝廷，朝廷不得不改變主意；關東鐵路建好後，朝廷一定會再建蘆漢的。等蘆漢建好後，我們再建粵漢。鐵廠乃百年大計，眼光要放遠一點，待蘆漢、粵漢兩條鐵路建好後，武漢的鐵便可以四面八方地運出去。」

蔡錫勇覺得總督的這席話也有道理。不過，蘆漢和粵漢甚麼時候能建好呢？按照洋人辦工廠的慣例，鐵廠投產三年後就應當贏利，若不贏利就辦不下去，倘若蘆漢、粵漢十年二十年後才建好，虧欠十年二十年的鐵廠還能堅持得下去嗎？他把這個顧慮說出後，張之洞笑道：「你太過慮了，本督辦鐵廠，贏利不贏利，不是第一位的。第一位的是要用我們大清國的鐵礦和煤，煉出我們大清國自己的好鐵來。這個好鐵要賽過洋鐵，至少不比洋鐵差，為我們大清國爭下這口氣。從我們的鐵廠出鐵後，中國就不進洋鐵了，大家都用我們湖北鐵廠的鐵。你算過這筆賬沒有，這為大清國和湖北贏來的臉面，怎麼能由錢來計算？」

望着總督神采飛揚的自豪之色，蔡錫勇也不由得受了感染，心想：倒也是的，中國受洋人欺侮太久了，長自己威風，滅洋人志氣，不但是朝廷上下，也是全國百姓的共同願望。不惜代價來辦鐵廠，即使在銀錢上虧了，但在志氣上是贏了。到底是總督，看得要比自己高遠！遂點頭說：「大人說得對！」

「還有，鄙人身為湖廣總督，怎麼能讓一個鐵廠因不能贏利而停產呢？我可以全力保證它的開支，藩庫再沒有錢，也要保證鐵廠的錢。贏利不贏利，不是你們礦務局考慮的事。」

蔡錫勇想想也對：礦務局都是些技術方面的人員，把關的應是採礦、煉鐵等具體的生產過程，至於贏利與虧損等事，是總督管的，不宜多插手。

「還有一點，辦鐵廠是鄙人又一樁大事，要時刻關注，一管到底。籌建時管，投產以後也要管，隔三差五，我就要去看看。若鐵廠設在大冶，我怎麼能常去看？不常去看，如何談得上管？將它建在武漢，我在督署就能看見鐵廠冒煙沒冒煙。今後廠裏的一點一滴，能逃脫我的眼睛嗎？」

蔡錫勇終於被總督這種高度的責任心所感動，點頭說：「好，就按您的意見，鐵廠就建在武漢。只是武漢三鎮這樣大，廠址具體設在哪裏呢？」

張之洞說：「過幾天待我稍有空閒後，我們一起到三鎮各地走走看看，選一個合適的位置；要麼這幾天你們先去看看，提出幾個地方來，然後我再有目標的去看。」

「行。」蔡錫勇稍停片刻，又提出一件事。「鐵廠裏最重要的設備，我們還沒有去買。現在各方面準備都已就緒，這個設備應該要開始訂貨了。」

「甚麼設備？」

「煉鐵爐。」蔡錫勇說，「鐵廠的最主要設備便是煉鐵爐。」

「趕快訂！」張之洞立即做出決定。「向哪個國家訂好，美國，德國還是英國？」

「英國好。上次訂購的機器也是英國的，乾脆這煉鐵爐也在英國訂，英國人辦事認真，放得心。」

「好吧！這事就交給你了，你去辦。先訂兩個，越大越好。還有別的機器，也要考慮了。凡是所需要的，都趕緊造冊，我寫一封信給駐英公使劉瑞芬，叫他替我們一併在英國訂購。我的目標是要在中國建一座世界最大的鐵廠，超過洋人，至少要超過日本，在亞洲是第一。」

總督宏偉的氣魄，果斷的決力，使蔡錫勇激動不已。這個四十三歲的林則徐同鄉，二十年前從廣州同文館走出之後，便為推行西學西技不遺餘力。他一心一意希望落後貧窮的中國，能通過學習西方日漸繁榮富強。但他沒有科舉功名，儘管有一顆赤誠愛國心和滿腹真才實學，官場的大門卻一直對他死死地關閉着，他做不了官。在大清國，沒有官就沒有權，沒有權就不能做事。多少年來，他始終只是在翻譯、教習的位置上徘徊，空有一腔熱血，卻無灑處。看着那些實權在握的大官們一個個花天酒地醉生夢死，全不把國家大事百姓生計放在心上，看着國勢一年年地衰弱、百姓在飢寒中掙扎，蔡錫勇只有憤恨歎息而已！

來到廣東後，蔡錫勇親眼看到張之洞是個與眾不同的官員，他真心誠意辦洋務，腳踏實地做事情。蔡錫勇感覺到自己多年來積蓄的學問有了用武之地，為國家效力的抱負可以得到施展，他熱情萬分地在督署洋務科沒命地做事。現在，看到總督居然有將湖北鐵廠辦成世界第一的想法，蔡錫勇怎能不為之興奮萬分！為了給張之洞節約時間，也為了給鐵廠的籌建多盡一分力，蔡錫勇帶領着礦務局的一批局員，先行在武漢三鎮踏勘廠址。一個月後，他請張之洞看看由他們初定的幾個地方，再做最後定奪。

六月中旬，正是一年中氣溫最高的時候。武漢三鎮地處長江和漢水的交匯處，白天，火球似的太陽將兩條江燒得熱烘烘的，猶如即將沸騰的滾水。夜晚，餘熱還不斷地從江面散發出來，將一股股熱氣擠進千家萬戶。又加之人口眾多，車馬繁華，武昌、漢陽已是十萬戶以上的都市，而漢口鎮更是從宋代以來便與江西景德鎮、廣東佛山鎮、河南朱仙鎮並稱天下四大鎮。清代人口劇增，漢口鎮匯集八方商賈，四鄰游民，居住人數之多，為全國城鎮所少見。武漢三鎮集這地熱人多於一身，於是成為長江沿岸大小火爐之最。

一到入夏，溫度便一天高過一天地直線遞增，人們的手中不僅拿着扇子，許多人還得要加上一條毛巾，以便隨時擦去身上的臭汗。到處都是熱的。路邊的石頭固然熱得燙腳，連家中的桌椅板凳都熱得不敢沾邊。別的地方白天熱，晚上較涼爽，武漢這地方，夜晚之熱，絲毫不亞於白天。每天只在凌晨三四點鐘時伴着一絲兒拂曉的涼風，才可勉強睡一兩個鐘頭。因為熱，心頭煩；因為煩，人的脾氣就變得暴躁。到處都可以看到吵架鬥毆的，動不動便揮拳踢腿，拔刀相向，所以外地人都害怕，不敢招惹。有兩句民諺最是形象道出此地的民風人情：「天上九頭鳥，地上湖北佬。」然而，奇怪的是湖北人尤其是武漢人，並不覺得這是在罵他們，反而以九頭鳥自居，生發出一股令人畏懼的莫名自豪感。

就是這樣的高溫酷暑的時候，五十四歲的湖廣總督每天戴着涼帽穿着綢衣麻鞋，在蔡錫勇、陳念礽、楊鋭、大根等人的陪同下，親自察看礦務局所看定的幾個廠址。連日來，他已看過城外的武勝門塘角、武昌城東南的湯生湖和漢口城外的黑龍廟、青石橋、棗林等地。張之洞對這幾個地方都不太滿意。看着丈夫每天回來時那副疲憊不堪的神態，及換下那身濕了又乾、乾了又濕盡是汗味的衣褲，佩玉總是心疼地勸他：「這一把年紀了，不能跟年輕人樣天天在爐火裏煎烤，要麼等秋涼時再去看，要麼乾脆交給蔡督辦他們定下好了。」

張之洞則總是説，選擇廠址是頭一件大事，不親自去看不放心，鐵廠要加緊興建，也不能等老天爺涼快了才辦事。佩玉知道他的犟脾氣，不再多説話。待張之洞洗完澡吃了飯後，叫他在竹涼床上躺着，吩咐春蘭替他扇扇子。自己則彈幾曲輕柔的古曲，讓他好好休息休息。

這一天清早，他對蔡錫勇説：「你們所看的武昌、漢口幾個地方，都不算太好，今天我們一道去漢陽看看。」

於是，一律便裝簡從的督署官員們，靜悄悄地渡過天塹長江。來到漢陽城時，已是午後三點多鐘，大家由臨江門進了城。咸豐八年，張之洞來武昌看望胡林翼時曾經來過一趟漢陽。如今三十一年過去了，眼中的漢陽古城依舊是當年矮矮的店舖，窄窄的石板街，除開來來往往的人多些外，市容並沒有多大的變化。張之洞正在歎息間，忽然感覺到一股涼風從西北邊吹過來，渾身上下一陣舒服。抬頭一望，原來不知不覺，太陽早已被滿天黑雲所遮蓋，天色比剛才暗多了。大根說：「武漢這裏的日頭比哪裏的都毒，想不到也有被烏雲吞沒的時候，再不要讓它鑽出來了！」

楊銳說：「要是下場雨就好了。」

話音尚未落，一陣大風吹來，立即就有豆大的雨點打在大家的臉上。大根興奮地拍起手：「好啦，好啦，下雨了，老天爺，下久點，好讓我們今夜睡個安穩覺。」

蔡錫勇說：「要找個地方躲躲雨才好。」

大家四處張望，陳念礽發現了一個好地方，指着左側大聲說：「那邊有一處大院落，我們都到那裏去。」

大家簇擁着張之洞快步向左側走去。走到近處，張之洞高興地說：「原來這就到了歸元寺。早一會兒我還在想，這次要好好地到歸元寺去看看。」

除張之洞外，其他人都是第一次到漢陽，遂興致勃勃地說：「下雨了，反正也踏勘不成了，今天我們好好地看看這座江夏名刹。」

歸元寺的確是一座名刹。它建於清代順治年間，相對於那些漢唐時期的古寺來說，它的歷史並不久遠，但它的名氣卻很大。這一則是歸元寺的規模宏大，殿閣很多，包括大雄寶殿、韋馱殿、天王殿、地藏王殿、藏經閣、大士閣等大小建築幾十座，且都一色的黃綠琉璃瓦，配上朱紅色的楹柱、窗欞，顯得份外的莊嚴肅穆，氣象宏偉。二來歸元寺在宏闊的大佈局中又用心設計不少精巧細微的小院落小景致。如翠微峯、翠微井、梅花壇、鳳竹亭等。這些地方小徑曲廊清幽雅潔，是修煉、讀書、療疾、幽會的極好去處。歸元寺將天竺國崇隆偉岸的佛學藝術與中國江南的園林景致融為一體，形成獨具一格的建築體系。在數以千計的華夏寺院中別樹一幟，從而名播大江南北。此外，歸元寺位於漢陽城裏，漢口、武昌近在咫尺，使得它的香客眾多。尤其是那些商賈們，因為商海風險難測，求神拜佛之風特盛。若遇有菩薩保祐發了財，則不惜將大把大把錢花在回報上。焚香獻禮自不待說，更有人修繕廟宇，重塑金身。故而，這歸元寺一年四季信徒絡繹，香火隆盛，殿閣佛像金碧輝煌。寺院也因此收入豐厚，僧眾們也很富裕，大小和尚個個僧袍光輝，身軀肥胖，令那些普通庵寺的窮僧苦尼們豔羨不已。

剛一進門，便有知客僧走上前來。知客僧迎的各方來客多了，見這一羣人雖沒有軒車肥馬跟從，卻皮膚白淨，舉止斯文，知他們不是俗人。知客僧連忙叫來幾個小沙彌，拿來臉盆布巾，給張之洞一行洗臉擦手，又殷情地說：「寺內有乾淨僧衣，若衣服濕了，可以換下來。」

陳念礽覺得若穿上僧袍，真是一件太有趣的事情，便說：「有乾淨衣服最好，我們身上的衣服都濕了，正要換，你給我們拿五件來吧！」

張之洞心想，一個總督穿上僧袍像甚麼樣子，正要阻止，卻發現自己的衣服也已打濕，貼在背上，很不舒服，萬一病了更不好，只得讓他們去拿。一會兒，小沙彌捧來五件僧袍，大家都換上。陳念礽問知客僧：「有鏡子沒有？」知客僧搖搖頭說：「寺院裏從不用這些東西。」

「不要照鏡子了，我給你看。」楊銳走過來，上上下下打量一番說：「不錯，蠻整齊的，若戴上僧帽，更像一個風流倜儻的美和尚。」

陳念礽笑着對大根說：「你更好，若剃掉髮辮留下絡腮鬍，那就是一個十足的花和尚魯智深了。」

說得眾人都笑起來。

知客僧把眾人帶進會客室，立刻有小沙彌送上香茶。外面早已濃雲密佈，大雨如注，涼風從窗外吹進來，大家都有渾身舒坦之感。

知客僧笑着說：「阿彌陀佛，菩薩保祐，這場大雨下得及時，萬物都蒙它的恩惠。」

張之洞說：「武漢的熱天真不好過，這要熱到甚麼時候才涼爽。」

「要到大暑前後才慢慢涼起來。」知客僧望着張之洞說，「聽施主口音，不像是本地人。你們是在漢口做生意，到寺裏來求菩薩賜財，還是路過此地，順便到寺裏來看看？」

張之洞略為想了下說：「我們不是做生意的，也不是遊客，是奉人之命來湖北採風的，要在武昌住幾年。」

「採風」是甚麼？見多識廣的知客僧一時摸不清這幾個人的身份，也不便細問，便說：「雨看來一時停不住，我叫伙房預備下，晚上就請在這裏吃一頓齋飯吧！敝寺也有乾淨客房，今夜就請諸位施主在這裏過夜。」

張之洞見雨雖然比剛才小了點，但看起來一時半刻也停不了，眾人臉上都有欣色，顯然對吃齋飯住寺院這種新鮮事有興趣，便點頭同意了。

知客僧見有錢可賺，立刻來了興致，一面吩咐小沙彌通知伙房，一面又忙叫上瓜子糕點，好好招待。

突然間，隨風傳來一陣中氣甚足的朗誦聲，大家側耳傾聽：

天連吳楚，地控荊襄，吞雲夢之空闊，接洞庭之混茫。有大禹之鎮石，留黃鶴之遺響。魯肅墓長眠忠厚，孔明燈燭照愚氓。萬古悲憤，三閭魂魄今何在？千載知音，流水涓涓繞高山。靈龜伏北，金蛇盤南。遙望赤壁烽火昨夜息，又見小喬今宵宴周郎。險哉夏口，扼江漢之交匯；壯哉三鎮，居九州之中央。

「好文章！」張之洞禁不住脫口讚道，「這是誰在朗誦，寶剎還住着攻讀詩書的士子麼？」

楊銳笑道：「莫不是一位待漏西廂的張秀才！」

知客僧嗔道：「施主取笑了，哪裏有甚麼張秀才，那是一個年近花甲的遊方郎中，敝寺住持虛舟法師的朋友。」

張之洞起身說：「遊方郎中有如此雅興，我們去見識見識！」

眾人都跟着總督起身。大雨已停，天井裏積滿着一時流不走的渾水，對面的一個小院落裏，站着一個身材矮小的漢子，雙手捧着一張長長的紙條，背對着天井在全神貫注地欣賞着。顯然，正是此人剛才情不能自已地朗讀紙條上的文章。

「吳郎中！」知客僧對着那漢子叫了一聲。

「哈子事！」那漢子操着一口四川話，邊說邊回轉過身子來。

哎呀！這不是吳秋衣嗎？他怎麼會住在這裏？張之洞揉了揉眼睛，又仔細地盯了一眼。不錯，正是那年給他治病的吳秋衣！他快步上前，驚喜地喊道：「秋衣兄，你甚麼時候到漢陽來了！」

那人先是一愣，隨即大聲一叫：「是你呀，香濤老弟，巧遇巧遇！」

吳秋衣迎上來，鬆開一隻捧紙條的手，重重地拍着張之洞的肩膀。張之洞把吳秋衣緊緊抱住。

「秋衣兄，離開京師後，一直在想你，不料一別就是八九年了。你這些年都還好嗎？」

「好，快活得很哩！」吳秋衣爽朗地說，「你這些年來也好嗎？」

「也好，也好，我們今夜慢慢談！」

楊銳、大根與吳秋衣也是老熟人了，異鄉重逢，都激動不已。

張之洞向蔡錫勇、陳念礽介紹：「這位吳秋衣先生是真正有道德有學問的處士。十六年前，有一次我在路上中暑，幸虧當時遇到他，不然早就沒命了。」

原來是總督往日的救命恩人，蔡、陳對眼前這個乾瘦矮小的半老頭子肅然起敬。

張之洞笑着問：「秋衣兄，你剛才讀的文章在哪裏？」

「這裏，這裏！」吳秋衣立即興奮起來，將手中的紙條揚了揚。

「黑底白字，原來是一幅拓片！」

「我上午從禹王磯上拓下來的。甚麼人作文不知道，甚麼人書丹也不知道，卻真正的是好東西。」

吳秋衣不去問張之洞緣何到了此地，張之洞也不詢細問吳秋衣的近況，兩個金石愛好者湊在一起，細細地品賞起這幅尺餘寬、三尺餘長的拓片來。楊銳等人也圍過來欣賞。

「這文章做得真好。尤其是這兩句：遙望赤壁烽火昨夜息，又見小喬今宵宴周郎。絕妙好文！」

「好文，好文，集豪雄與豔美於一身！」

「你看這字，學二王是學到骨髓上去了。」

「刻工也好，一點沒有走樣失真！」

「看來這文和字都出自平凡人之手，卻比不少名家大家的強得多！」

「是呀！世上許多傑作妙品都出自民間無名之輩，他們不想揚名謀利，故反而能得物理之精奧，而那些沽名釣譽之徒，才得皮毛便迫不及待向世上誇耀，汲汲以求名利，反誤了正業。老子說聖人為而不恃，為而不爭，講的就是這個道理。」

蔡錫勇、陳念礽靜聽着張之洞與吳秋衣的隨口談論，覺得很有意思。

談了好一會子拓片，吳秋衣才問：「你怎麼也到漢陽來了，是不是從山西調到湖北來做巡撫了？」

張之洞還未來得及回答，大根早在一旁大聲說：「吳郎中你說錯了，我家大人早在六年前就做了兩廣總督，這次是從廣州到武昌來做湖廣總督的。」

知客僧在一旁聽得呆了：真的是湖廣總督到寺裏來了？豈不是活菩進了山門！他拉着楊銳的衣角悄悄問：「這位真的是制台大人？」

「不是真的，難道還假冒不成？」楊銳得意地撩起僧袍，將掛在腰帶上的銅牌亮了亮。知客僧確知來的是現世菩薩，忙分開眾人，對着張之洞連連打躬：「小僧肉眼不識金佛，適才多多怠慢。」又對身邊的小沙彌下令：「快叫方丈出來迎接貴客！」

一會兒，便見一位矮矮胖胖身披暗紅袈裟的老和尚急步走來，知客僧忙將他帶到張之洞面前。老和尚雙手合十，深深地彎下腰說：「小僧虛舟，不知制台大人光臨，未能迎接，萬望寬宥，請制台大人賞光，到方丈室一坐。」

張之洞笑着說：「暫借寶刹，以避風雨，多多打擾，甚是不安。」

廚頭過來對方丈說：「齋席已備好，請客人入席吧！」

虛舟說：「把那年我從雞公山上帶來的猴頭菌和運光法師送的武當山黑木耳拿出來，再做兩樣好菜款待制台大人。」

廚頭得知今日的客人原來是制台大人，忙銜命回廚房趕緊張羅。

張之洞在方丈室剛剛落座，外面就喊入席了。只見雲水堂燈燭輝煌，一桌豐盛的酒席早已擺好。虛舟將張之洞奉在上席，然後請吳秋衣右邊相陪，自己在左邊陪坐。又叫知客僧請蔡錫勇、陳念礽、楊銳、大根在客位上坐下。一張八仙桌，恰好坐得滿滿的。上座虛舟親自把盞，下座知客僧把盞，頻頻勸着素酒素菜，殷勤備至。酒過三巡，虛舟問：「制台大人酷暑過江來到漢陽，想必有要事。」

張之洞說：「總督衙門打算籌辦一個鐵廠，在武昌、漢口看了幾處廠址，不很滿意，今天特為到漢陽來再次尋找。」

虛舟問：「鐵廠大嗎？」

張之洞說：「大概要十多二十頃地的範圍。」

虛舟的心動了下，又問：「請問制台大人，這衙門要地給錢不給錢？」

「給錢。」張之洞應聲答道，「如果真是好地，寧可高於市價我們也買。另外，住在這裏的老百姓的損失，比如莊稼、果樹、房屋，我們也要考慮到。」

「善哉善哉！」虛舟左手五指並攏，在心口上移動幾下。「官府不與民爭利，真正的青天大老爺。」

張之洞想，這歸元寺每天接待南北香客、十方商旅，最是消息集散之處，方丈和知客僧無疑是民間的頭面人物，可以藉他的口來傳揚傳揚本督以洋務強國富民的施政大計。於是放下碗筷，正經八本地說：「法師是出家人，不管俗世之事，現在的俗世是又貧又弱，國勢不振。但大海之外卻有一批洋人，比如離我們最近的東洋日本人，離我們很遠的英國洋人、美國洋人、法國洋人、德國洋人，他們都又富又強，老是欺負我們，憑藉着手中的船炮從我們國家取走千千萬萬兩銀子。」

虛舟說：「貧僧雖是出家之人，但吃的稻粱，穿的衣服，無一不來自俗世，且天天與四面八方香客打交道，眼中所見，耳中所聞盡是世俗之事，貧僧何能離得了世俗？眾生貧苦、洋人欺負這些事，貧僧心裏也知道，不知大帥有何妙法解除眾生之窮苦，抑洋人之強梁？」

張之洞說：「此事鄙人已思之甚久，最重要的一條路子便是把洋人那一套富強之術搬過來。我手下有好些個幕友都在海外生活很多年，他們都說洋人並不比我們聰明。他們的那一套只要我們肯學，很快就可以學好。鄙人要充分利用兩湖的財富大辦洋務，鐵廠是第一步，以後還要修鐵路，建槍炮廠，建織布局、紡紗局，還要辦新式軍隊，辦洋學堂，把這一切都辦好以後，我們就跟洋人差不多了。兩湖百姓的日子就好過了，我們的軍隊強大，洋人也不敢欺負我們了。」

對於張之洞勾畫的這一幅美好的富強藍圖，六十多歲的歸元寺方丈一點興趣都沒有，他在心裏盤算的是另一回事：龜山靠漢水邊有一塊三十頃的荒地，是相沿已久的寺產，只是這裏瀕臨漢水，每年都要遭受大水的淹沒，低窪處甚至一年遭水淹達兩三個月之久。因為這個緣故，那塊地便荒蕪下來，地雖大，並不能給寺裏帶來收益。前一任方丈是個精明人，他想與其荒蕪下去，不如租給農人。於是他把這塊荒地分成十多塊，租給了十多戶附近少田無田的農人，規定他們每年向寺裏交十多二十擔穀，其餘的收成都歸農人自己。寺裏的要求並不高，租地農人樂於接受。從那以後，寺裏每年可以坐收二三百擔穀子，十多戶農人又有了安身立命之處，荒地得到了充分的利用。虛舟心裏想，歸元寺的眾僧吃飯不成問題，每年二三百擔穀子對於歸元寺來說不是太重要的事。那年虛舟在京師西山碧雲寺掛單，看到碧雲寺的五百羅漢堂，讚歎不已，心裏起了一個念頭：要是在歸元寺也建一個這樣的羅漢堂的話，不僅為佛門做了一樁大善事，同時也大為提高歸元寺在天下叢林中的地位，做為辦理此事的方丈，自然功德無量。但建一個五百羅漢堂，沒有三五萬兩銀子不行，歸元寺哪裏拿得出這筆巨款！此事在虛舟心裏存着十餘年，突然他看到了希望。

「大帥，當年白光法師建好歸元寺後，還剩下一筆銀，大家都勸他到天竺國去買幾尊玉佛和幾百冊貝葉經來供奉。白光法師沒有同意，卻拿這筆錢在龜山腳下買了一塊三十頃的荒地。眾僧都不理解白光法師如何要辦這樣的傻事。白光法師對大家說，諸位不知，這是武漢三鎮一塊最好的風水寶地，二百年後，有一位能人會在這裏煉出烏金來，給歸元寺帶來百倍的好處。」說到這裏，虛舟臉上流露出抑制不住的喜悅。「大帥今日來此尋找鐵廠，正好從三個方面印證了白光法師當年的話。」

張之洞來了興趣，笑着問：「哪三個方面？」

「第一，白光法師說的是二百年後的事，歸元寺最後完工是在康熙二十二年。」虛舟左手指頭彎了幾彎後說，「到今年恰好二百零六年，這是第一個印證。第二，大帥是今日海內數一數二的能人，這是舉世公認。」張之洞微笑着沒有做聲，大根自豪地說：「誰還比得上咱們家大人，連洋人都得舉白旗投降。」

一句話說得眾人都快樂地笑起來。

「白光法師說的是煉烏金，鐵是黑的，不正是烏金嗎？」

蔡錫勇說：「洋人是把鐵煤稱作烏金的。」

虛舟高興地說：「這位老爺幫我證實了白光法師的話，如此看來，三個方面都應驗了。這塊風水寶地的確是專為大帥買的。」

虛舟的話說得大家都心癢癢的，張之洞也被他說動了，於是說：「明天一早，煩法師陪我們去看看！」

吳秋衣一直沒有說話，這時也笑着說：「真有這麼好的風水寶地，明天我也跟你們去瞧瞧！」

吃完飯，虛舟要將寺裏最好的客房安排給張之洞。張之洞說：「好客房讓我的幕友們去住吧，我今夜要跟我的老朋友住在一起，好好地聊聊。」

接着，他把那年因中暑偶遇吳秋衣的事說了一遍。虛舟很興奮：自己的朋友竟然是總督大人的恩人，這真是一座通向兩湖最高權力的橋樑。忙叫小沙彌好好打掃吳秋衣的房間，送上香茶糕點，臨時又移來一張寬大的涼床。

夜裏，在明亮的燈燭下，一對分別八九年的老朋友促膝細談，互相敘述別後這些年來的情況。

「老弟。」遊方郎中不客氣地沿用着十多年的舊稱，彷彿今日對面坐着的並不是建立過赫赫戰功權傾一方的總督，依舊只是一個無實權的學官。

「席上，你對虛舟談了一套富強之術。我問你一句話，你要對我說實在的，你就真的相信那會給中國帶來富強嗎？」

「老朋友，你是怎麼看我的，」張之洞頗感意外地說，「我不相信，我為甚麼會努力去做？這樣熱的天，普通百姓能躲涼的都躲涼，我一個五十多歲的總督，在火毒的太陽下，一連走了幾天尋訪廠址。我若不相信，我為何要這樣做？再說，虛舟法師乃歸元寺的方丈，佛門之人，我若不信，我跟他瞎說甚麼，我也用不着以此博取他的幾句讚揚之詞。」

「老弟，你不要因我這句話而不高興。」吳秋衣笑起來了，說，「我不是說你有嘩眾取寵的意思，我是想你穎悟過人，精通經史，這些年又出任封疆大吏，頭腦應很明白，你沒有想到洋人的那套在中國是行不通的嗎？」

「我不是要把洋人的一切都搬到中國來，我只想學他們建廠修鐵路辦學堂練兵這些東西，有甚麼行不通的？你有何高見，我倒要好好聽你說說。」

吳秋衣連連搖頭說：「老弟，不是我說你，你是書生氣太重了，你其實不懂今日情勢。今日中國，處處都顯露出末世的景象，就跟前明崇禎朝相差無幾，朝廷能多保幾年的命就是好事了，何暇來談富國強兵！還不如安心做你的太平總督為好，不要存甚麼勵精圖治之志。」

國家弊病很多，這點，張之洞豈能不知，但決不是末世，怎麼能拿大清跟前明崇禎朝相比呢？崇禎被李自成給翻掉了，洪秀全鬧騰十多年，到頭來還不是讓朝廷給平定了嗎？太后聖明，比無術多疑剛愎自用的崇禎強多了。張之洞素來對太后懷着感恩情懷，倘若說這話的不是一個老朋友，他早就要將他抓起來當反叛者處置了。這時，他壓下心中的不快說：「秋衣兄，你這話說得過頭了，我受太后皇上恩澤深厚，自當與朝廷休戚與共。太后皇上為國家宵衣旰食，我怎能不勵精圖治？」

吳秋衣斂容說：「你受皇家恩德，願盡忠報效，此心誠然可貴，但可悲也在於此。你是一葉障目，不見泰山。」

「此話怎講？」張之洞神情悚然起來。

「老弟，你想過沒有，你辦洋務，都靠甚麼人來辦？還不是靠官場的這批人。今天中國的官場，已經爛得差不多了，清廉的官，實心辦事的官，十個之中難得一個。這些年來，四川也新辦了不少局廠，每辦一個局廠，就增加一個衙門，培植一批官吏，徒為百姓增添負擔，辦成了甚麼事？老弟，你是官場上的人，不怕你見怪的話，我冷眼觀察中國官場幾十年，是越看越失望，越看越心寒。我的看法與你不同，今日中國的積貧積弱，不是沒有洋務，而是中國有這樣一個腐敗貪婪懶散推諉又盤根錯節官官相護的官場，這是中國的萬惡之源，貧弱之本。古人早就知道橘遷淮北而為枳。好端端的橘，為甚麼變為枳了呢？就是因為水土不好的緣故。今日中國就好比淮北的水土，外國好比淮南的水土，洋務這東西在外國是可口的橘，一到中國來就變成酸澀的枳了。腐敗的官場，就是中國成為淮北水土的根本原因。而這，你一個張香濤是無力改變的。所以，你縱有天大的才幹，也成不了事。」

吳秋衣的話，不是沒有道理，但他太誇大其辭了。官場雖不好，但一則還是有好官，二來也可以整頓，其他省且不管，兩湖是掌握在自己的手裏是的，我難道就不能憑藉朝廷付與我的權力，整頓出一個清廉的官場來？難道就不能利用這官場辦一番轟轟烈烈的洋務事業來？他冷笑着說：「事在人為，兩湖就不能是淮南水土嗎？何以就料定它必為枳呢？」

吳秋衣哈哈大笑，說：「好，老弟，我不和你爭辯了。我們可以在這歸元寺，在佛祖的面前打個賭，十年二十年後我們再見分曉吧！時間不早了，明天還得去龜山看地，吹燈睡覺吧！」

第二天一早，趁着氣溫還不太高的時候，虛舟帶着張之洞一行連同知客僧、吳秋衣等來到龜山。龜山古稱翼際山，又名大別山，座落在漢水與長江的會合之處。山不高，形狀方方圓圓的，從高處看來，猶如一隻巨大的石黿伏在江漢兩水之間，因此俗稱龜山。

知客僧是歸元寺裏的才子，能說會道，登上龜山頂，便興致勃勃地一一指點遠近風光，把它介紹給即將與歸元寺做成一樁絕大買賣的貴賓們。

「諸位大人老爺們，站在龜山上，武漢三鎮風物盡收眼底。就在龜山前後左右，便有大家所熟知的名勝。諸位向東看，那一座直衝長江形如船頭的大石塊，就是有名的禹功磯。」

大家的眼睛都順着知客僧的手勢望去，果然在前面三四十丈遠的江邊，一塊龐大的嶙峋怪石兀然矗立在水中，像一根栓船的石礎，又像一段阻水的石堤，滾滾的江水在這裏被激成飛濺的浪花。使人不由得想起蘇東坡「亂石穿空，驚濤拍岸，捲起千堆雪」的名句來。

吳秋衣對張之洞說：「昨天我得的碑文就出自那裏。湖北百姓為紀念大禹治水，在這禹功磯上建了一座禹王祠。還有一棵千年古柏，相傳是大禹親手種植的，另有元代建的禹王廟。此外還有一塊很好的碑，名叫岣嶁碑，據說是大名士毛會建將衡陽岣嶁峯上的碑文，拓後再刻碑立於此處。」

張之洞問：「岣嶁碑文你拓下沒有？」

「拓了。回歸元寺後我拿給你看。」

「諸位請看，禹功磯上有一座亭閣。這座亭閣叫甚麼名字，貧僧一說出來，諸位大人老爺一定早已知道。」知客僧就像一個訓練有素的導遊似的，弔起大家的胃口。「它就是大名鼎鼎的晴川閣。」

「晴川閣！」眾人不約而同地驚叫起來。有人已輕輕地背誦崔灝的詩來：「晴川歷歷漢陽樹，芳草萋萋鸚鵡洲」。

「對，它就是唐才子崔灝詩中所說的晴川閣。」知客僧很懂得遊客的心理，補充說，「鸚鵡洲在晴川閣的下游，已被水淹了。」

如同故友重逢似的，張之洞將那座童年時代便記於心中的亭閣，佇看了很久。

「諸位再向南看，有一片竹林，竹林裏有一座墓，墓主就是那位幫孔明草船借箭的東吳謀士魯肅。」

魯肅墓！眾人又是一聲驚歎，一齊向南看去。只見臨近山腳邊，果然有一片清清幽幽的竹林，團團圍在一起，墓塚、墓碑都看不見。

張之洞心想：魯肅在生並未為東吳建立大功，只是以忠厚誠信出名，死了一千多年，人們還記得他，墓旁能長年有這一片翠竹陪伴，也足以自慰了。

「諸位再向左邊看，那裏有一座三層六面石塔，名叫石榴花塔，為何叫這個名字，這裏有個來由。」

知客僧面對着大家關注的目光，說出一個悲惻的故事來，「宋代時，漢陽有一個年輕的寡婦，雖丈夫死去多年，一直謹守婦道，對婆婆盡心盡孝。有一天，寡婦殺雞給婆婆吃，婆婆吃後第二天便死了。各種謠言紛起，都說寡婦有意毒死婆母，婆婆的女兒向官府告狀。官府判寡婦死刑。寡婦受此天大的冤屈不能表明心跡，臨刑前，她摘石榴花一枝，插於石縫中。對着石頭說，若婆婆真是我害死的，石榴花枯萎乾死；若是冤枉，則石榴花開茂盛。行刑的劊子手冷笑說，花插在石縫裏，必死無疑，哪有茂盛的，你莫不是瘋了！誰知寡婦死後，插在石縫裏的石榴花果然開得茂盛燦爛，第二年春天還在石縫邊的土裏生出一棵小石榴樹來。這棵小石榴樹長大後，年年滿樹花果。大家憐憫這位蒙受奇冤的寡婦，於是為她建了這座塔，取名為石榴花塔。八百年來，一直香火不斷。」

眾人聽了，都感歎唏噓。

虛舟法師說：「寡婦的冤枉，是龜山的石頭給他洗刷的，可見龜山是一座神山，一座靈山。在龜山辦事，是會得到神靈保祐的。」

大根一向信神信菩薩，聽了虛舟的話忙說：「法師說得有道理，若不是神靈保祐，石頭縫裏的石榴花哪有不枯死的道理！龜山這地方確實通靈性。」

「龜山靈傑之處還多哩！」彷彿龜山是知客僧的家園似的，帶着自豪的神氣，他又指着遠遠的地方說，「那裏就是古琴台，俞伯牙摔琴謝知音的地方。」

高山流水，人世間美好的相知相遇的象徵，竟然就源於龜山，出於腳下的這塊土地。突然間，湖廣督署的幕友們對這座並不高大的山嶺頓生又敬又親的情感來。這是一座多麼逗人喜愛的小山啊！

張之洞的心也激動起來。大禹、魯肅、伯牙、子期、晴川閣，石榴花塔，這一切在他的心裏已構築一幅動人心扉的圖畫。不用具體去踏勘那塊荒地了，他已經在心裏做出決定：鐵廠就建在這裏，有這麼多聖賢神靈聚集，龜山當然是風水寶地，鐵廠藉着它的雄魂精魄，今後必將興旺發達，震撼中外！

「大人。」虛舟見知客僧將龜山四周的名勝介紹得差不多了，適時地建議，「我們下山去看那塊地吧。」

「好，你帶路。」

眾人跟着虛舟，順着一條窄窄的山道從山頂下來，朝着漢水走去。沒有多久，就來到屬於歸元寺所有的那塊土地上。

「這一片都是。」虛舟用手臂在空中畫了一個圓圈，把眾人眼簾中所見的一大塊河灘全部包進去了。「此處襟江帶河，氣象壯闊，地勢平坦，一馬平川，白光法師真正的好眼力。」

虛舟以自己的高度評價，再次為這塊荒地預定基調。

張之洞極目遠眺，但見這塊三千餘畝的大平川，約有一半屬於河灘，上面佈滿沙礫，幾乎不能種植樹木莊稼，另一半雖是黑黃色的泥，卻也大部分長着蒿草雜木，約有五六百畝地被闢為田土，上面正生長着莊稼和蔬菜。也有數百上千株果木。在田土與果木中可見稀稀落落的農舍，間或傳來犬吠雞鳴。張之洞雖看不出它的風水佳妙之處，但可以肯定其水路極為方便，且地勢遼闊坦平，為今後建世界一流的鐵廠提供了足夠的條件。他已經默許了，不過還想聽聽幕友們的看法。

「殺若，你看呢？」

「大致尚不錯。」蔡錫勇的眼光四處掃視一遍後說，「漲水時，工廠有一半會被淹。」

「築一道堤，將漢水和長江的大水攔在堤外。」張之洞早已想到這一點。

陳念礽說：「河灘一帶地勢低窪，容易積水。」

張之洞說：「可以把它填高。」

楊銳說：「築堤、填土這兩項工程，將會耗資不小。」

張之洞胸有成竹：「要建一座鐵廠，當然花費會很大。銀錢一事，由我來設法籌集。」

顯然，總督的主意已拿定，大家不再提出異議了。大根卻有新的發現：「四叔，河灘填高以後，可以做一個很好的跑馬場，今後騎兵可拉到這裏來訓練。」

受大根這話的啟發，張之洞突然間又冒出一個想法來：「花這大的成本來做跑馬場太浪費了，不如在這旁邊再建一座槍炮廠，就用鐵廠出的鐵來造槍炮，省得再外運！」

大家鼓起掌來，齊聲讚揚這個好主意。

虛舟知張之洞已是看定了，心裏高興至極，忙恭維道：「大帥辦事氣魄宏闊，真不愧為讓洋人舉白旗投降的大英雄。富國強兵，扶正壓邪，也是我們佛門的宗旨。這塊荒地上能興建鐵廠、槍炮廠，真是一樁大慈大悲救苦救難的無量善事。阿彌陀佛，歸元寺要為大帥此舉辦一場三天三夜水陸道場，祈求菩薩神靈保祐，諸事順遂，功德圓滿。」

虛舟這番話引起眾人好一陣大笑。張之洞對方丈說：「行，就這樣定了，過幾天，我派人到寶剎來具體商談。」

「善哉，善哉！」法師合十作揖，歡喜無盡。

吳秋衣眼看着這一切，一句話都沒有說。

五天後，從廣州跟隨張之洞來武昌、任職督署總文案的趙茂昌奉命來到歸元寺，就這塊荒地的交割與寺方代理人知客僧清心洽談。

清心將這塊荒地上所包括的水田、果木、池塘、房舍、人口、牲畜等列了一個眉目清楚的明細表，並且一項一項地說給趙茂昌聽。清心不厭其煩地詳盡敍述，趙茂昌耐着性子聽了兩個來鐘點，實在厭煩了，便不客氣地打斷和尚的叨叨絮語：「多餘的話不要說了，直截了當談價吧，你們要多少銀子？」

清心心裏想：昨兒個總督和幕友們一個個都客客氣氣的，這人官架子怎地如此大！他是個慣於和各方打交道的和尚，面對着趙茂昌的官氣，一點兒也不在乎，臉上依舊笑笑地：「好，總爺說得對，多餘的話不講了，貧僧就一項一項地報價。水田一千零二十畝，每畝作價七兩五錢，共計七千六百五十兩銀子。土地八百二十畝，每畝作價四兩，共計三千二百八十兩。河灘地一千四百畝，每畝作價一兩二錢，共計一千六百八十兩銀子。這三項加起來共一萬二千六百一十兩銀子。另房舍二百二十五間，平均每間作價二十兩銀子，共四千五百兩。池塘一百零七口，連所養的魚在內每口作價四十兩，共計四千二百八十兩。另大小牲畜一千一百三十二頭，平均每隻作價一兩，共計一千一百三十二兩。另外尚有果木三千餘株，平均每株三錢銀子，共計九百兩。這四項加起來一萬零八百一十二兩銀子。七項總計二萬三千四百二十二兩銀子。佛門一向與人為善，尾數的四百二十二兩就讓給你們了，我們只要二萬三千兩就行了。」

趙茂昌一邊聽一邊心裏不停地冷笑，當聽到最後報出二萬三千兩的天價時，禁不住暗暗罵道：好一羣貪得無厭的禿驢，還要說甚麼「佛門與人為善尾數相讓」的話，真正地不知羞恥二字！錢莊夥計出身的總文案是個精明透頂的人，這些天他已暗地裏對龜山一帶的行市摸得一清二楚了。

他皮笑肉不笑地對清心說：「和尚，你報的價也太離譜了吧。你不要欺負我們是外地人，不懂本地的行市，也不要把官府的人都當成傻瓜，銀子隨便由你拿。」

趙茂昌這幾句話打中了清心的要害，他心裏一陣發虛：看來這傢伙不是個好對付的人，得小心點。知客僧滿臉堆笑說：「趙總爺，貧僧報的價有那點不屬實，你老儘管指教。」

趙茂昌臉上的假笑一絲兒都不見了，兩道陰冷的目光盯着知客僧，以不容置辯的口氣說：「你報的每一項都不屬實。漢陽城郊最好的水田，也不過六兩銀子一畝。龜山這塊荒地上的上等水田，在漢陽城郊的水田中不過中下而已，值不得四兩，七百多畝水田平均作三兩算都高了，就此一項，可見多報了一倍多的價。其餘土地、果木、池塘、房屋，你都翻了一倍。說句實在話，本總爺早就給你把各項細賬都算清楚了，滿打滿算，給你一萬二千兩銀子就夠意思了，沒想到你們佛門這樣黑心！」

「阿彌陀佛，我佛大慈大悲。」清心嘴裏不停地這樣唸着，其實是強壓住心中的虛恐，同時也在思量着對策。正在這時，小沙彌過來請入席吃飯，清心藉機中止洽談，重新滿臉笑容地說：「趙總爺，我們先吃飯，賬目嘛，吃完飯後再慢慢算。」

趙茂昌順水推舟地起身說：「好吧，吃完飯再說。」

席上作陪的，除方丈虛舟、知客僧清心外，維那清戒也來了。三個和尚殷勤勸酒勸菜，恭維話不斷，把趙茂昌當成真身趙公菩薩一樣供奉着。飯後，清戒親自陪着趙茂昌參觀藏經閣。藏經閣裏藏着歸元寺的鎮寺之寶——三部天竺國的貝葉經。這三部貝葉經從不輕易示人，非達官貴人或佛門高僧不能一觀。

清戒吩咐管藏經閣的和尚打開楠木書櫃，將一部貝葉經取出，親自翻開，講敍給趙茂昌聽。趙茂昌聽不懂貝葉經上的經文，對那些青黃色的長橢圓形樹葉也看不出個名堂來。清戒見趙公菩薩心不在焉，忙收起貝葉經，將他帶到玉佛堂。玉佛堂是歸元寺專為收藏發了財的信徒們，自願捐獻給寺院的佛像的殿堂。

這些佛像大部分是玉雕的，故稱玉佛堂。有幾座鎏金的佛像，還有一座五寸高的金佛像，是一位南洋巨富捐的，深藏在地下室裏。為了對付趙茂昌，管堂的執事和尚在吃飯期間，便奉知客僧之命將所有鎏金佛像都趕緊搬走了，又將一座極普通的黑玉佛像，用一隻四面鑲着花格玻璃的精緻梨木盒裝了起來，擺在最為顯眼的地方。

來到玉佛堂，趙茂昌興致大增。他一座一座地細細看，又不停地用手這裏摸摸那裏摸摸。這種褻瀆佛祖的行為，若是換了別人，一定會受到和尚們的呵斥。但今日此人便是佛祖，維那不但不予制止，反而隨着他的手一起對佛像指指點點，議論玉的質地和色澤。

來到黑玉佛面前，趙茂昌立時被精緻的玻璃框架所吸引，連連稱讚這個架子好。維那笑着說：「趙總爺，這座佛像的玉質更好。」說完，吩咐執事和尚拿鑰匙來將框架上的鎖打開。

趙茂昌的手在玉佛身上摸了摸。他其實並不懂玉，心想在這樣名貴的框架中的玉佛一定很貴重，便點頭說：「這玉質是好。」

「趙老爺好眼力。」維那笑着說，「不瞞你老說，這座玉佛可不一般。它來自暹羅國的古都清邁王宮，是暹羅王的後裔送給寒寺的。這黑玉有一個專有的名字叫暹羅聖墨，黑玉是玉的精品，暹羅聖墨又是墨玉中極品。這座聖墨玉佛在清邁王宮供奉了近百年，後由國王賞賜給他一位寵妃生的兒子，從此離開王宮。六十年前，這位王室後裔來歸元寺朝拜，將它送給了寒寺。這玉佛堂裏所有的玉佛加在起來，都不及這一座。」

趙茂昌的眼睛死死地盯着聖墨玉佛，貪婪的眼神毫不掩飾地流露着。維那知道魚兒已經上鈎，便笑容可掬地說：「趙老爺若是喜歡，就送給你老，為歸元寺與總督衙門結一段善緣。」

見趙茂昌不說話，知已默許，便高聲命令執事和尚：「把這座聖墨玉佛好好包起來，今夜由你護送，送到趙老爺府上。」

就在維那陪趙茂昌遊藏經殿、玉佛堂的時候，知客僧和住持正在方丈室裏密談。見玉佛堂的事情辦好了，知客僧親來邀請趙茂昌去方丈室。

洽談在方丈室裏繼續進行，只是寺方的代表已換成第一號人物住持虛舟法師。

「漢陽那塊地就請趙老爺關照關照，二萬三千兩銀子，委實沒有多要。」虛舟法師說。

「沒有這麼多。」趙茂昌的態度依然和飯前一個樣，只是說話時的聲音柔和多了。「剛才清心法師報的每個細項都多算了許多，比如說牲畜平均每隻算一兩，這裏的馬虎眼就大得很。牲畜中有大牲畜，有小牲畜。我親自查看過，一百一十戶人家中，豬牛這些大牲畜加起來不過三百來頭，其餘的都是雞呀鴨呀這些小牲畜，一隻雞鴨值得幾個錢！清心法師按平均每隻一兩計算，這不明擺着是哄蒙人嗎？」

虛舟法師聽了趙茂昌這番話，心裏又恨又佩服：恨這傢伙拿了歸元寺的玉佛，依舊不鬆口，佩服他精明能幹。

「趙老爺，你是一個真正認真辦事的人，貧僧十分欽佩你。」先給趙茂昌戴上一頂高帽子後，虛舟慢慢地說，「從每項的細賬看，清心是報大了點，這沒有瞞過你老的法眼。但總體來說，二萬三千銀子不算多，因為清心忘記告訴趙老爺了，這塊地是二百多年前白光大法師看中的風水寶地，它今後會給鐵廠帶來十倍的興旺，百倍的利益。」

見趙茂昌並不以這話為然，嘴角邊似乎有着淡淡的譏笑，虛舟明白，這是個不受軟功的強硬角色，到了這種地步，他不得不實話實說了。

「趙老爺，實話對你老說，出家人脫離了世俗，沒有妻室兒女的拖累，也不想去巴結討好別人，要錢財做甚麼？佛門第一戒的是貪。貪使人迷失本性，墜入火坑，乃作惡生孽之根。本來，張大帥辦鐵廠，龜山的那塊地就送給總督衙門也無妨，只是寒寺將有一樁大事要興作。」

見趙茂昌對這句話有興趣，虛舟說話的勁頭更足了。

「二十多年前，貧僧見京師西山碧雲寺有一座五百羅漢堂，氣象宏偉，實北地佛門壯觀，可惜荊襄大地沒有。遂對着佛祖立下宏願，今生要竭盡全力，在歸元寺也建一座五百羅漢堂，二十多年來也為此積下將近二萬七千兩銀子。要建成這座五百羅漢堂非五萬兩銀子不可。貧僧年近七十，來日已不多，不能再行募集，另外的二萬三千兩便只有靠出賣這塊龜山舊地了。實話說吧，這塊地連同上面的房舍、池塘、果木、牲畜大約可值一萬二千兩左右，加上好風水可增值銀八千兩，此外的三千兩就是趙老爺你老送的了。這三千兩銀子的恩澤，貧僧會告許佛祖聽的，並由寒寺十位得道高僧為趙老爺念十天十夜祈福升官保平安經文，保祐你老大福大壽大俸祿，全家老小康泰順利。」

見趙茂昌面色稍懌，虛舟略為壓低了聲音，卻是一字一頓地分外清楚：「寒寺將打一個三千兩銀子的包封送給趙老爺，略表貧僧和寒寺全體僧眾的感激之情。」

這句話，為甚麼不早講，繞這大的圈子多費勁！趙茂昌不動聲色地說：「按理說一萬二千兩都多了，風水寶地嘛，這是虛的，鐵廠尚未建，投產更是三年五年以後的事，拿甚麼來證明？只是你們要建五百羅漢堂，需要銀子用，才不得不哄抬行市。你早說清楚不就得了！趙某祖母、母親都吃齋唸佛，家裏多年來也供奉過菩薩，既然是為五百羅漢堂做貢獻，趙某人就認了你這個數。」

「善哉，善哉，阿彌陀佛！」虛舟忙捻着佛珠，念念有詞。「趙總爺大恩大德，貧僧一定奉告佛祖。」

趙茂昌心裏冷笑了幾聲，接着說：「但有一句話，我先給你說明白了，三千兩銀子的包封，是你們自願給的，趙某人可沒問你們要！」

「那是的，那是的！」虛舟忙點頭。

「所以，不管以後甚麼人來問，你們都不能說。如果有人說出了，趙某人可不是好惹的。」

趙茂昌的厲害，虛舟已經領略了，忙說：「趙老爺放心，此事只是貧僧一人知道，歸元寺眾僧連同清心、清戒都不知。只要貧僧不說，誰人知道？貧僧感激還來不及，又豈會說出去！如若不信，我可以在菩薩面前起個誓。」

「不要起了。」趙茂昌起身說，「還有一點，你們另外再造一個細目，各項加起來是三萬三千両銀子，那一萬両是趙某人核實後減下去的，懂嗎？我走了。」

「懂，懂！」虛舟彎腰合十，恭恭敬敬地將趙茂昌送出歸元寺門外。半夜時分，歸元寺一個年輕力壯的和尚背着那座黑玉佛，悄悄地來到趙茂昌的家中。

聽說趙茂昌將歸元寺提出的三萬三千両核減為二萬三千両，張之洞連連稱讚趙茂昌能辦事，對這個從廣東帶來的總文案更加信任了。蔡錫勇和陳念礽拿出築堤攔水長堤和填高低窪五十萬土方的預算：長堤需銀五萬八千両，填土需銀四萬六千両，連同購地二萬三千両，需銀十二萬七千両。

蔡錫勇問：「這個廠址，費用是不是太大了點？」

「不過十二萬多両銀子嘛，不算多。」張之洞滿不在乎地回答。

蔡錫勇又提出一件事：「香帥，劉瑞芬公使來了電報，承造煉鐵爐的利物浦工廠，要我們趕緊派人送鐵礦樣品到英國去。」

「為甚麼？」張之洞大惑不解。

「煉鐵爐有兩種。」蔡錫勇以專家的身份說，「一種是貝塞麥轉爐，這種爐不能去生鐵中的磷，一種是馬丁爐，可以去磷。」

「為甚麼要去磷？」對冶鐵技術一無所知的總督大人發問。

「鐵廠煉出的鋼含磷量若超過百分之零點二，則質量不高，許多對鋼材要求高的工程就不能用，比如說，鋪鐵路的鋼軌就不能用超過百分之零點二的鋼材，因為容易斷。所以要化驗我們用的鐵礦石，若含磷量不超過百分之零點二則訂做貝塞麥轉爐，若超過就用馬丁爐。」

「大冶鐵礦還沒有開工哩，從哪裏去找鐵礦石？再說派一個人送礦石走英國要花多長的時間，豈不耽誤了我的開工日期！」張之洞不耐煩了，看着鐵政局督辦一副為難的樣子，心中說，到底是一介書生，沒有辦事的魄力。他斷然說：「你給我回一個電報給劉瑞芬，說利物浦那家工廠目前做甚麼爐子方便，就給我們訂下兩座，越快越好。大冶鐵礦石那麼多，豈能只是一個成色？它的爐子能去磷，我們就用磷多的礦石，不能去磷就用磷少的礦。退一步說，大冶的不行，中國這麼大，還能找不到合適的鐵礦！這是很簡單的事，何須如此麻煩，這洋人就是死板！」

一向嚴謹的洋務督辦雖覺得總督的話近於荒唐，但面對着板起面孔不容商議的神態，他一時失去了爭辯的勇氣，只好說電報上的第二件事：「他們要先交六萬兩銀子的訂金，劉公使叫我們趕緊匯銀票去。」

「你告訴劉瑞芬，就說銀錢一個子兒都不會少，請他先給我墊着，我即刻就匯過去。只是要快，鐵廠明年夏天要開工，不能誤了我的工期。」

「還有，電報上說兩個爐子連運費，共需八十萬兩銀子。」

「好，我知道了，到時一手交貨，一手交銀子。這個利物浦的工廠也是小氣，我一個堂堂大清國的湖廣總督，向他買東西還會少他的錢嗎？這些洋人也太計較了！」

蔡錫勇笑道：「香帥，這就是洋人辦事的習慣，事先雙方都說清楚。你對他的貨物可以提出各種各樣的要求，他做得到就做，做不到就不做。他要的錢他也說清楚，你同意，這筆生意就做，不同意就算了。彼此一點不傷和氣。我們這份電報拍過去後，他就會來一個合同，上面將雙方的要求都寫得一清二楚，雙方為頭的在上面簽字。事情就這樣定了，彼此不得反悔，反悔就要賠償損失。哪像我們中國人，起先都是拍胸脯的君子協定，無隻字憑據，到時出了事，彼此又互相推諉，都不承擔責任。」

「洋人辦事死是死板點，但這種認真的態度還是可取的。」張之洞點點頭說，「事先說清楚，白紙黑字，也好免得日後麻煩。待他們的合同來後，我來簽字，你先把電報拍過去吧！」

辦鐵廠、槍炮廠，這都屬於洋務興作，從曾國藩咸豐十一年在安慶創辦中國有史以來第一座兵工廠算起，到現在亦不過二十幾年歷史，其後不論李鴻章、左宗棠，還是沈葆楨、丁日昌等人創辦的各種機器局、製造局，也幾乎都是為軍事服務的。由朝廷頒下專款，通過戶部撥給總署，再由總署撥給辦洋務的督撫。海軍衙門成立後，總署的這個差事便移交給了海軍衙門。

張之洞向朝廷上摺，請求由海軍衙門儘快撥下一百萬兩銀子的專款。他知道掌戶部的翁同龢不是一個好說話的人，軍機處裏，閻敬銘是離開多年了，堂兄這些年也年老多病，長期在家休養，不大問事，大權已逐漸落於最善迎逢又最喜攬權的孫毓汶的手裏。孫毓汶身為軍機大臣，卻並不是個一心為國的人，一向置個人得失在國家得失之上。張之洞不願意拿國家的銀子和自己的人格去走這種人的門子，所以他估計這一百萬銀子的批覆下來不是件順暢的事。

但龜山的地要立即買下來，這遷移、填土、築堤都得抓緊時間進行，買煉鐵爐的訂金也得匯，這幾項銀就得二十萬兩；大冶鐵礦和新近確定的江夏馬鞍山煤礦也必須儘快開工，眼下非得有四十萬兩銀子不可。若坐等朝廷的專款，不知要推延到何時。性情急躁素來辦事只爭朝夕的湖廣總督不能坐等，更何況神州第一大廠的巨大成就感，更在強烈地鼓動着他那顆好大喜功的雄心。他決定先要湖北巡撫拿出四十萬両銀子來。

按照朝廷的制度，總督對所轄省份的民政刑事雖有管理之權，但偏重於軍事。這種制度，咸豐朝期間因戰爭的緣故，在江南一帶則被改變了。因為當時這些省份裏，用兵打仗成為壓倒一切的大事，所有舉措都得服從戰爭這個大局，故而當時的湖廣總督、兩江總督、閩浙總督乃至兩廣總督、雲貴總督都擁有調動一切、指揮一切的權力。為了收指臂之效，所轄省份的巡撫、藩司、臬司便往往由該總督提名，朝廷照准不誤。戰爭進行了十多年，朝廷過去的定制在江南各省被無形中破壞了。待戰爭結束後，已實行多年的制度便成了新的定制。張之洞做兩廣總督時，所面臨的第一樁大事便是在越南的中法戰爭，這又是一場用兵打仗的大事，廣東、廣西的巡撫不能不聽憑他的調遣。來到武昌後，張之洞也同樣以這種心態對待兩湖的撫、藩、臬。他以先前兩廣總督召見廣東巡撫的架勢，請湖北巡撫來督署有要事相商。不料，初與湖北地方大員打交道的張之洞，便碰了一個不硬不軟的釘子。

3 病入膏肓的黃彭年冒死勸諫張之洞莫辦洋務

張之洞到武昌後不久，湖北的巡撫就由奎斌換成了譚繼洵。從小恪遵聖賢之教刻苦攻讀四書五經，一心在科舉功名上下功夫的譚繼洵是湖南瀏陽人，今年已經六十八歲，是個鬚髮皆白的老者。

譚繼洵二十七歲中舉，三十七歲中進士，分發戶部做主事，五十五歲才外放甘肅鞏秦階道，直到六十一歲時仍只是一個四品銜的中級官員。正當譚繼洵歎息仕途不順的時候，不料老來吉星高照，官運亨通。這一年，他被擢升為甘肅按察使，第二年又被擢升為甘肅布政使，今年又簡授湖北巡撫。短短的七年功夫，譚繼洵便直線上升為一省的封疆大吏，而且將他由苦寒邊遠的西北調到湖廣。做為一個望七之年的湖南人，譚繼洵自認為對朝廷的恩德粉身碎骨不足以報答。

二人在佈置得十分精緻的小客廳坐下後，譚繼洵謙恭地說：「不知張大人叫下官來有何事。」

「譚大人，」張之洞也以很客氣的稱呼叫着。「鐵廠的廠址已最後選定了，就在龜山的腳下，我看那地方很寬闊，以後在旁邊還可再建一個槍炮廠。」

張之洞要在湖北辦鐵廠，譚繼洵是知道的，他心裏很不贊成。一來他墨守成規，對洋人有深刻的成見，並不認為洋人的那一套就是致富強的唯一之路。中國是禮義之邦，還是得遵循歷朝歷代行之有效的清吏治、厚風俗、獎農桑、薄賦稅等辦法，那才是一條利國利民的康莊大道。洋人只重強權，不要義理，那只能勝人之口，不能服人之心，終歸不是長治久安之策。二來在甘肅時，他深知左宗棠創辦的蘭州織布局、機器局、製造局等洋務，耗資大而收效微，管理混亂，連年巨虧的內幕。左宗棠是中興功臣，又為朝廷收復了新疆，厥功甚偉。他不敢公開批評，只是私下裏對同僚們說，洋務這碼事，只能由洋人在他們國家裏辦，我們中國辦不成。來到武昌，他聽說張之洞要在湖北大辦洋務，心裏就着急，本想給頭腦發熱的總督潑點冷水，但轉念一想，張之洞是個剛立下赫赫戰功，又倔犟自信、甚受太后恩寵的人，一定聽不進去，於是打消了這個想法。只在心裏暗自決定：他張之洞折騰讓他去折騰吧，只要不損傷湖北就行了，我一個老頭子，既犯不着與他唱對台戲，更不能與他同台共演一齣明知要砸台的戲。

譚繼洵以很不自在的笑容說：「好啊，何時開工？」

「離開工還早哩？地還在歸元寺的手裏沒有買過來，買來後還要築堤、填平，還要買機器安裝，一年後能開工就是好事了。」

唉，太平總督你不當，卻要這樣折騰做甚麼？譚繼洵心裏這樣想，嘴裏卻說：「好，到開工的時候，下官率湖北司道們都去祝賀！」

「祝賀是以後的事。」張之洞與僚屬說話一向不喜歡兜圈子，因為他要辦的事太多了，不願意在這種虛委中浪費時間，遂直截了當地攤明，「眼下鄙人有急務要求助於譚大人。」

「甚麼事，大人只管吩咐。」久為藩司的譚繼洵已大致猜到了張之洞的所謂「急務」。

「實不相瞞，鄙人要向譚大人求助銀子。」

望着張之洞的兩道熱切的眼光，譚繼洵本想不開口卻又做不到，只得應付着問：「大人要多少銀子？」

「四十萬兩。」張之洞正欲開口報出這個數字，轉念一想，譚的年紀既比自己長十多歲，中進士又早兩科，是真正的前輩，不能當尋常巡撫看待，宜逐項報明以示尊敬。於是改口：「有幾大項工程都急着要開工，一是買地，要付二萬三千兩，二是築堤，要費五萬八千兩，三是填平要費四萬六千兩，再是大冶鐵礦和馬鞍山煤礦開採，各要十萬兩，外加煉鐵爐訂金六萬兩。這五筆款加起來共三十八萬七千兩。鄙人萬不得已，要向譚大人求助四十萬兩銀子。」

果然是為了銀子的事。譚繼洵為自己的不幸猜中而深陷憂慮。譚繼洵一到武昌，第一件事便是查看藩庫的銀子。賬面上尚餘五十萬，要從中拿出四十萬兩出來，看似可以，但實際上是做不到的。一則，賬目上的銀兩其中一半是數字，並不是白花花的紋銀，這些銀子還在各地稅卡、牙行和縣衙門裏。自從戰爭以來，各省拖欠中央的銀子，各省下屬拖欠省裏的銀子，已相沿成習。他們應交的銀兩，有意壓下數月半年不交，放在錢莊生息，這息錢便成為個人荷包中的私利。此風已成官場公開的秘密。二則存在藩庫的二十幾萬兩銀子，已是八方伸手，立即就得發下去的。如洪湖水災的救濟款，德安乾旱的救濟款，施南、宜昌瘟疫醫藥款以及從監利到嘉魚段長江防洪堤的加固款，這些都是早兩個月前便應發下去，只是因為奎斌已調走，藩司黃彭年又病重不能理事，眼巴巴地等着譚繼洵上任後早日發下。藩庫僅存的二十幾萬實銀都是救命的專款，豈能交給張之洞去瞎胡鬧！怎樣來搪塞這位偏愛大興作的總督呢？一時間，老頭子急得背上一陣津濕。

他決定實情相告。把湖北藩庫的實際情況詳細稟報後，譚繼洵說：「大人辦鐵廠、槍炮廠，這是富國強兵的好事，湖北自應全力支持，下官也應當全力配合。只是湖北貧窮，災害又多，實在拿不出一兩多餘的銀子來。下官明天就叫藩司衙門一併送來賬簿和各地請求救濟的火急稟帖，請大人驗看。下官若有半句假話，甘願受大人制裁。」

湖北藩庫只存五十多萬兩銀子，這與當年張之洞就任粵督時，廣東藩庫所存銀數差不多。這點張之洞相信。但有一半銀子沒入庫，以及各地急需撥銀的情況，張之洞卻將信將疑。他也不便硬與湖北撫藩作對，去親自驗看，只得擺擺手說：「賬簿不要送了，想必譚大人不會說假話。湖北的銀錢出入，鄙人過段時期也會清楚的。」

張之洞這句不冷不熱的話，說得譚繼洵又不安起來，心裏想：這是一個不好對付的硬角色。譚繼洵做了一世的官，從來不與上司頂撞，何況張之洞這樣的人物，更是得罪不得，要把僵冷的場面緩和過來才是：「大人，過去左侯在蘭州辦製造局、火藥局，都是朝廷總署撥下來的專款，數目大得很。」

張之洞明白巡撫的言外意，冷笑着說：「鐵廠今後需要好幾百萬兩銀子，湖北拿得出嗎？兩湖又拿得出嗎？當然是朝廷專款。但鐵廠辦在漢陽，是湖北省的大事。你湖北省就坐視不理，一毛不拔嗎？」

張之洞咄咄逼人的氣勢，使年邁拘謹的湖北巡撫頗為畏懼，細思藩庫的銀子又不是自己的家產，死命不給，得罪了這位總督，日後也不好相處。他的性格素來是息事寧人，何況辦鐵廠是朝廷同意的，在道理上張之洞也站得住腳。譚繼洵猶豫一陣後，終於讓步：「大人說的是，鐵廠辦在湖北，也是件給湖北大掙臉面的事。藩庫裏現存的實銀，各地救災款和防洪堤款我先照半數撥下去，餘下的一半，估計不會少於十萬，就全部給大人吧！雖然遠遠不夠，但龜山廠址的築堤和填平工程可以先動工。」

張之洞還以為這個老頭子會一兩銀子都不肯拿，沒想到轉眼之間便同意出十萬，也算是傾力相助。他轉怒為喜，說：「譚大人，謝謝你了。」

第二天上午，張之洞正準備讓趙茂昌去巡撫衙門拿銀子調撥單，卻不料周巡捕匆匆進來說：「黃藩台來到柵門口，剛出轎門便跌到了，轎夫已把他背進北溟亭。他說有緊要事即刻見大人。」

黃彭年不是臥床數月、病入膏肓了嗎，他有甚麼要緊事親自來督署見我？張之洞忙放下手中的筆，立即向北溟亭一路奔去。

北溟亭是督署北面的一個小亭閣，四圍栽種一些花草樹木，夏天是一處乘涼休憩的好地方。時正酷暑，武漢三鎮熱得像個大蒸籠，七十二歲的老藩司黃彭年重病已大半年，不能上衙門辦事，一般公文自有各科吏目照例辦理，緊要的則派人送到他的府上，唸給他聽。他有氣無力地交代幾句後，再帶回交相關人員按他的指示辦理。近兩個月，他大門都不出了，只偶爾在自家小庭院裏坐坐，看看樹葉看看天。昨天下午，譚繼洵從督署出來後便到他家，一來看望，二來將張之洞辦鐵廠求助湖北以及已答應給十萬的事告訴了他。黃彭年一聽，氣得頓時回不過氣來，好一陣子才氣息嘶喘地對譚繼洵說：「張之洞這是在胡鬧，不能給他銀子。」

譚繼洵為難地說：「我已答應了他，也不好收回。」

黃彭年說：「明天我去拒絕。第一次若不硬點，他今後會誅求無度。朝廷的銀子由他亂花我們管不着，湖北的銀子不能聽任他丟到水裏去。」

譚繼洵本就不情願，讓這個倔老頭子去阻攔一下也好，但黃彭年病得如此重，能出得門嗎？

「老方伯身體欠妥，還是讓我去轉達吧！」

「不，非得老夫親自去不可。」

黃彭年說完這句話，便氣喘吁吁。他閉目養神不再說話，巡撫悄悄地退出了。

原來，翰林出身的黃彭年是個死硬的洋務反對派，在當年辦不辦同文館的大爭論中，他就堅定站在大學士倭仁的一邊，對倭仁「立國之道，尚禮義不尚權謀；根本之圖，在人心不在技藝」這一套服膺至極，認為倭仁才是安邦治國的柱石之臣，奕訢、文祥等人聽信浮言，浪開同文館，總有一天會把中國弄成和夷狄一樣的論勢不論理的野蠻之國，對後來曾國藩、李鴻章等人的大辦洋務，黃彭年一直持反對態度。黃彭年為人方正剛直，操守清白。他治家嚴謹，獨生子黃國瑾二十多歲便中進士點翰林，現正在翰苑做編修。父子均出身詞臣，令官場士林欽佩。仗着這種身望，黃彭年決定以重病之軀入督署，不惜以死來諫阻這個任性使氣的後生制台，至少要卡住這十萬銀子。

黃彭年晚餐特意多吃了幾片魚肉，天不黑就閉着眼睛強迫自己養足精神，以便明日出門辦大事。第二天早上，他又喝了一大碗濃濃的關外人參湯。人參喝下後，他覺得氣力好多了，居然可以自己走進綠呢紗頂大轎。趁着早涼，轎夫們抬着他向督署走去。走了一半路時，他的感覺都還好，後來便漸漸地不舒服了。太陽越升越高，氣溫也越來越高，雖然是紗頂夏轎，但畢竟四面綠呢圍着，氣不能順暢流動，老頭子在裏面熱得難受。為了使他不受顛簸，轎抬得極慢，到督署大門時已是辰末時分了。轎夫掀開轎簾，他剛邁步出轎，一股熱浪迎面襲來，只覺得腦袋一暈，便昏倒在柵門口。轎夫忙將他背起，隨行的僕人一手提着事先備好的藥囊，一邊嚷叫督署的人出來接應。

張之洞來北溟亭時，骨瘦如柴的黃彭年正躺在藤靠椅上，轎夫在輕輕地扇扇，僕人在給他餵湯藥。他勉強吞了兩口，睜開眼睛，見張之洞站在一旁，忙掙扎着要起身行禮。張之洞趕緊走上一步，制止說：「老方伯，千萬別動，這會子好點了嗎？」

「好多了。」黃彭年答道，聲音比游絲粗不了多少。

都病到這種地步了，還親自到督署來做甚麼？張之洞大惑不解。他拉過另一把藤靠椅，緊挨着黃彭年坐下，輕聲問：「署裏有冰鎮的蓮子湯，要不要喝點？」

黃彭年擺擺手。僕人說：「黃大人再熱的天也不吃冰鎮的東西。」

張之洞又問：「熱茶可以嗎？」

黃彭年點點頭。督署衙役忙送上熱茶，黃彭年喝了兩口，氣好像回過來了，灰白的皺臉上慢慢有了點血色。又過了一會，黃彭年覺得好多了，便對着僕人揮手：「你們都走開點，我要跟張大人說重要的事。」

僕人帶着轎夫離開北溟亭，督署的衙役也自動走開了。北溟亭裏只剩下黃彭年和張之洞。一陣輕輕的南風吹來，亭外盛開的芍藥、玫瑰微微擺動，長長的垂柳上貼着幾隻蜂似的小鳥，不停地在葉片上啄來啄去。黃彭年感歎地說：「我有半年多沒上督撫衙門了，上次來時，柳條兒都是光光的。」

張之洞說：「老方伯大安後，請常來這裏坐坐聊聊。」

黃彭年臉色陰了下來，說：「我是好不了了，這怕是最後一次來督署了。」

「老方伯怎麼這樣想？好好將息，自然會一天天好起來的。」看對面這位藩司的氣色，張之洞也知他活不多久了，但嘴裏還是這樣安慰着。

黃彭年輕輕地搖了搖頭，沒有說話。

「老方伯，這麼熱的天，再有甚麼大事，你也不必親到督署來，可以叫我去府上看你嘛！」

「有一件大事，非我親來不可。張大人，我是個要死的人，甚麼顧慮都沒有了，也不怕得罪你。」黃彭年說到這裏，停了下來，氣在脖子間運了運後說，「聽說大人要在漢陽辦鐵廠、槍炮廠，大人的心意當然是好的，但我要對大人說出逆耳的忠言：請趕快打消這個念頭吧，莫做這種勞民傷財的蠢事，洋務在中國是辦不成的，也大可不必辦。大人飽讀詩書，自然知道治理中國，當用聖賢世代相傳的古法，切不可讓洋人壞了我華夏數千年來的名教綱常。」

原來是為了這件事！張之洞心中頓時不悅。若是換了別人，他必定會大聲呵責。但眼下這個老人，是冒着死的可能在烈日酷暑下親來督署，要當面說這番話，就衝着置個人生死於不顧的這一點上，也不能責備呀！何況「名教綱常」也是張之洞自己心中的最高準則，「切不可讓洋人壞了這個最高準則」，也是他的心願。他壓下心中的不快，露出微笑來說：「老方伯有甚麼話儘可照直說，凡對國家對社會有利的忠言，再逆耳我張某人也不會怪罪的。」

「老朽知道大人當年乃京師清流砥柱，伸張正義，扶持朝綱，大人的那些奏疏真是千古留芳的瑰麗佳作，不愧國朝翰苑翹楚。」

這些話，張之洞聽了很舒服。

「老朽也知道大人數為學台，凡督學之處皆獎掖學子，循循善誘，創辦書院，惠澤士林。大人的這些功德，當今學子們誰不稱讚！老朽在好幾個省的書院裏都看到他們在讀大人所著的《書目答問》，用以做為求學的指南。」

這些話，張之洞聽了也很坦悅。

喘了喘氣，老方伯又開了口：

「老朽還知道，大人外放晉撫時，禁罌粟、復農桑、查藩庫、劾貪官，這些更令老朽敬佩。大人現在總督兩湖，真兩湖三千萬百姓之福。老朽想大人宜以當年的血性整飭兩湖官場，復興舊日湖廣糧倉，培育兩湖學子，踏踏實實地為兩湖做實事，切莫玩洋務這種花架子。譚撫台昨日答應的十萬両銀子，老朽懇勸大人千萬莫接，那是湖北處水火之中的災民所盼望的救命錢啊！大人積積陰德，切不可糟蹋在洋務這種冤枉事上……」

黃彭年正要再說下去，突然雙眼一陣翻白，急得張之洞大聲叫藩台衙門的僕人。僕人同轎夫趕緊過來，一面扇扇一面卡人中，一面調藥撬開嘴角強灌下去。張之洞眼看着一切，真是又急又憫，又氣又恨，萬千憤怨如棉絮堵在他的胸口，一句話都說不出來。

他還能再說甚麼呢？說老頭子無學無知嗎？此人學富五車兩榜正途，文章詩詞盈篋盈筐。說老頭子不諳世事嗎？此人三十年來歷任數省司道，政聲甚好。說老頭子完全是一派胡言嗎？其中可圈可點可警可策的話不少。說老頭子是一意孤行嗎？京師和各省各地持他這種看法的人還是大多數。說老頭子為私利嗎？此人的話堂堂正正為兩湖百姓沒有半個字言及自己。他以一個行將就木的垂死病人來行屍諫，你還能說他甚麼！那十萬両銀子你還能動嗎？張之洞為官三十年，還是第一次遇到這樣的一個人。他怕老頭子還要說下去，萬一一口氣接不上死在北溟亭裏，傳出去有多不好！見老藩台慢慢回過神來，張之洞略微放了心。他雙手握起黃彭年冰冷僵硬的手，儘量做出一副極為誠懇的神態來說：「老方伯此行令我很感動，你說的話也不無道理，我謹記在心。湖北藩庫的十萬両銀子，連提款的手續都還沒辦，就依照您所說的，分文不要，讓它儘快撥到災區和長江防洪堤上去。您放心回府吧，好好保養身體，過幾天，我再到府上來請安。」

說罷，也不等黃彭年答話，便讓轎夫背起。張之洞親自護送到柵門外，看着他安坐在轎子裏。直到轎子走了幾十步遠外，才抬着沉重的雙腿回到簽押房。

怎麼辦呢？當然不能聽信黃彭年這個昏邁老頭子的糊塗話去停辦鐵廠，但即將到手的十萬銀子卻要不到了，一時從哪裏去籌措錢呢？萬般無奈之時，他只得打起軍餉的主意來。

兩湖地區共有綠營四鎮，分別為鎮筸鎮、襄陽鎮、宜昌鎮、永州鎮。嘉慶朝以前國庫充裕，綠營的一切軍餉軍需款項全由朝廷負擔，總督負責監督所轄省份的提鎮大員，按要求開支，定期檢查餉需發放情況。道光以後，帑銀枯窘，綠營餉需常有拖欠，便不能不向地方索求，地方只得從上繳朝廷的地丁銀子中拿出一部分來供應駐省綠營。太平天國平定後，江南練勇解散，不少人進了綠營。綠營臃腫，餉需愈加不足，更是明目張膽地向地方要。於是總督每年都要從所轄省的藩庫提取相當多的錢糧來供應軍營。這筆款子掌握在總督手裏，但也是提襟見肘，入不敷出。

張之洞叫負責這項事情的總署吏目，將賬簿拿過來，整整盤算了一個晚上，好容易從湖北宜昌鎮綠營中擠出十二萬両銀子出來。第二天召來湖北陸路提督程文炳，跟他談起這事。程提督叫苦不絕，滿肚子委屈，直到張之洞再三保證海軍衙門的銀子撥下後立即給綠營補上，程提督才極勉強地答應了。

付出二萬三千両銀子給歸元寺，把龜山的地買過來了。再付六萬両銀給駐英國公使劉瑞芬，把兩個煉鐵爐訂下。剩下三萬多銀子，一萬留給築堤和填土，一萬給大冶鐵礦，一萬給馬鞍山。三處雖可以開工了，但對鐵礦和煤礦來說，這好比杯水車薪，並不起多大作用。

他想起了身為陝西巡撫的姐夫鹿傳霖，要不要求姐夫向陝西藩庫借一點銀子呢？這些年來，郎舅書信雖然密切，但公私還是分得清清楚楚。身為湖督，卻向姐夫借債，話很難說得出口。但是，再也沒有別的法子想了，只有這一條可行的路了。他硬着頭皮向姐夫陳述這一切，請求幫忙；為不使姐夫為難，他願意付以錢莊利息，能借多少就借多少。二十天後他收到鹿傳霖的來信。姐夫體諒他這一片苦心，但身為巡撫不好從藩庫借銀給內弟，只好請他的幾個商界朋友幫忙，籌集了十五萬両銀子，打三張金花大銀票夾在信裏派專人從西安送來。有了這十五萬両銀子，雖可暫解燃眉之急，但與張之洞要辦的鴻圖大業比起來，仍然是區區之數。海軍衙門的撥款一直沒有消息，久病的黃彭年卻壽終正寢了。他的兒子翰林院侍讀學士黃國瑾從北京趕到武昌弔喪。黃國瑾對父親的去世傷心欲絕，一連十多天茶飯不思。白天忙於跪地迎接各方弔客，夜晚睡在靈堂裏的草墊上。素日養尊處優體質單薄的黃國瑾受不了這個折磨，突然病倒了，但他還要堅持繼續履行孝子的職責。在一次大祭奠時，黃國瑾帶着病軀上靈堂，望着即將入土的父親櫬槨，他放聲痛哭，不可收拾，不料昏厥在靈堂。待到大夫趕來搶救的時候，他早已跟着父親的腳步走了。

這一下，黃府的喪事便更加悲痛也更加熱鬧了。武漢三鎮的官場民間，處處在傳頌着黃國瑾這個古今少見的孝子。各大書院均以這一生動的教材教育學子，各個家庭的父母也抓住這一難得的機會訓誡子孫。將三綱五常當做立身之本的張之洞，既深為黃國瑾的孝行所感動，也深知藉此教化風俗的重要性。他以總督之尊親去黃國瑾的靈台致祭，又和譚繼洵會銜朝廷，請求予以特別恩恤，並交付國史館立傳。原本對黃彭年反對洋務的行為很是反感，也因為他有如此孝子而予以寬恕了。

4 以包攬把持在湖北建國中之國

黃府的兩台喪事折騰個把月後，一切又復歸於平靜。龜山及大冶、馬鞍山的三處施工在熱火朝天地開展，白花花的銀子每天水一樣地從庫房裏流出。眼看鹿傳霖借的十五萬両銀子即將告罄，海軍衙門的專款仍沒有撥下，張之洞開始着急，心情也隨之變得煩躁起來。不少僚屬幕友都會無緣無故地遭到他的訓斥，有幾個性格剛烈的師爺受不了他的無禮，乾脆請長假回家去了。桑治平這幾個月一直在悉心在教讀二公子仁梃。唐夫人生的仁梃今年晉二十，仍沒有中舉，明年又逢鄉試了，桑治平和他們父子心情一個樣，盼望他明年鄉試告捷。來武昌半年了，仁梃閉戶不出，發憤苦讀，學生如此用功，老師當然不能懈怠。辦鐵廠所遭遇的種種不順，桑治平自然都清楚，他也正為東家的大事着急。

轉眼到了初秋，荊襄大地令人難耐的酷暑已經過去，早晚涼風習習，正午時光也不很熱了。趁着一天張之洞心情較好的時候，桑治平提起一樁他思之已久的事。

「有一個地方，我想你一定會願望去的，今日有空，我陪你去看看如何？」

「甚麼好去處？」

「胡文忠公祠。」

張之洞果然立時來了興致：「一到武昌，我就想去看看文忠公的祠，這些日子給鐵廠弄得六神無主，差點給忘記了，虧你想起。」

「我已打聽到在城南磨盤巷，但不知怎樣走。」

「我知道去。」

桑治平驚道：「你怎麼知道去？」

張之洞笑道：「你忘記了？同治七、八、九三年，我在湖北做學政，仁梃就出生在武昌城。」

桑治平也笑道：「真的哩，是我一時懵懂了。武漢三鎮，你是二十年後又重遊。」

張之洞說：「吃過午飯後，把大根帶上，就我們三人去看看，再不要驚動別人了。」

吃過午飯，張之洞身著便衣，由桑治平陪着走出督署。大根照例身藏暗器，短衣綁腿，做僕人狀緊隨其後。三人一路穿街過巷，向城南走去。

武昌城北臨長江，西門南門乃是通往湘粵大道的出口。東北一帶乃碼頭所在地，貨物集散，人員游動，場景喧騰雜亂，是腳伕、流氓、乞丐的麇集之處。武昌的商業繁華區在城南。這裏店舖林立，百貨充斥，街巷交錯，人口稠密，配合商務活動而起的酒樓、妓院、戲園子隨處可見。儘管三楚大地到處都是飢餓、貧困，但武昌連同對岸的漢口、漢陽城裏，卻又是畸形的繁華，銀號金舖裏盡皆肥馬輕裘之輩，酒樓妓院中多醉生夢死之徒。

南門大街右邊的一條窄窄的小巷便是磨盤巷，張之洞、桑治平來到祠堂前。只見一道一人半高的青磚砌成的四方圍牆，圍住一個小院落。院子正中是一座雖不高但佔地也還寬闊的青瓦青磚木柱木樑的廳堂。一邊有四五間低矮的小平房。院子裏雜草叢生，幾隻母雞在到處覓食，卻並不見人影。

磚牆上泥漿剝落，磚縫中時見青苔壁虎，灰暗冷落中透露出濃厚的衰敗之氣。祠堂大門額上的「胡文忠公祠」豎匾，也是油漆斑駁，蛛網四結，兩邊楹柱上依稀可辨當年曾國藩贈給胡林翼的聯語：捨己從人，大賢之量；推心置腹，羣彥所歸。

他們進了祠堂。祠堂中間是一個大廳，東西兩廂有着四間小房。大廳正中是一幅胡林翼的半身畫像：圓形臉上微露着笑容，三綹稀疏的鬍鬚掛在下巴和兩耳之下，穿戴一品官服。畫像被煙火熏得黑黃黑黃的。張之洞仔細地端詳着，腦子裏竭力回憶恩師的形象。他覺得這幅畫像與恩師先前的模樣相差很大，分明是有意美化了。像前磚砌的平台上豎立一座二尺餘高的神主，上面寫着：太子太保銜贈總督湖北巡撫胡文忠公諱林翼之位。兩邊還有一大堆高高低低亂七八糟的神主，顯然是當時一批死在戰場上的高級軍官的牌位。能在死後入祀胡林翼祠，這是對死者的一種褒獎。

神主的前面是一個極大的長條形石爐，這是香爐，但上面連一根竹籤子都沒有。石爐與平台之間擺供果燭台的供桌也不見了。再看兩邊的廂房，只有一間空閒着，其它三間都堆積了篋籮、蔴袋、木箱，看起來不是祠堂的廂房，倒是存放雜物的倉庫。這就是闊別二十年，一直在心中視為聖地的恩師祠堂麼？張之洞呆望着眼前那座灰矇矇的胡林翼神主，簡直不敢相信。二十年前做湖北學政的時候，他曾多次前來瞻仰過。那時的光景，仍記憶猶新，歷歷在目。

當年的胡文忠公祠可是城南一大景觀。整個磨盤巷沒有一個閒雜百姓居住。新湘軍的三個哨官兵駐紮在此地。巷子裏干戈林立，旌旗飄舞，一派兵營氣象。胡文忠公祠裏裏外外整齊乾淨，油漆鮮亮，一年四季香煙繞繚，燈火長明，供果不斷，憑弔者川流不息。那種崇高莊嚴肅穆的氣氛，令人崇敬之情油然而生，不能不對祠主頂禮膜拜。

那時距胡林翼病逝不到十年，無論湖廣總督還是鄂省三憲，不是出自湘軍系統，便是與湘系有着密切關聯的人。曾國藩還健在，湘軍雖十裁八九，但從湘軍中走出的人員仍佔據着各省文武要津，尊崇胡林翼及千千萬萬為那場戰爭丟掉生命的湘軍官兵，不僅是為了緬懷先烈，更是為了保障未死者的既得利益。當時異乎尋常的崇祀，是可以理解的，但僅僅只過了二十年，它不應該冷落頹圮至此呀！

張之洞的腦子裏，突然間冒出胡林翼咸豐六年寄給他的題為《武昌軍次》的七律來：

十萬貔貅會武昌，天時人事兩茫茫。
英雄熱血吳江碧，醜虜妖氛楚塞黃。
虎帳夜談窗掛月，霓旌曉發劍飛霜。
相期嘗膽殲狂寇，愁看東南滿戰場。

這就是恩師從長毛手裏奪回的武昌城，如今對待恩師的態度嗎？當年跟隨恩師光復武昌的湘軍官兵，應有不少人仍還在人世，統帥的祠堂尚且如此冷寂落寞，那些普通戰死者的遺屬境遇豈不更可悲？是人間無情，三十年的光陰足可以將赫赫戰功沖刷得無跡可尋，還是當年那一時的戰功本就不值得長留天地間？若說胡文忠公這樣的人都不值得久傳，那事功勳名還有追求的必要嗎？

桑治平見張之洞無語久佇，知他必為祠堂的敗象而神傷，景況之糟也出於他的意外。他悄悄吩咐大根出去買些燈燭果品來，順便把守祠堂的人叫來。

一會兒，一個三十來歲拖着一隻跛腳的男子進來，那跛子見到張之洞，跪在地上大聲說：「不知制台大人駕到，小人有罪！」

顯然是大根剛才訓了這人幾句，又透露了張之洞的身份。張之洞望着跛子，問：「你是守祠堂的？」

「是的，小人在這裏守祠堂。」

「聽你的口音，不像是本地人。你是湖南來的嗎？」

「是的，小人是湖南益陽人。」

「你是怎麼到這裏來的？」

「回制台大人的話。」跛子心神已安定下來，按照官府的規矩回答，「小人名叫胡家信，是文忠公的遠房本家。早先本是小人的伯父在這裏看祠堂，小人一直跟父母住益陽鄉下。八年前伯父去世，小人從益陽來到這裏，接替伯父看祠堂。」

張之洞說：「二十年前我來過這裏，祠堂好像有四五個人在看，那些人呢？」

「回大人，」跛子答，「原本是有五個人，都是從益陽鄉下投奔文忠公的。因在打仗中受了傷，或斷手或殘腳，蒙文忠公家人照顧，在這裏看祠堂。官府每人每月發兩吊錢，我的伯父是其中一個。剛開始幾年，官府按月發，後來總是拖欠，也無人管。這樣拖了三五年，有人呆不下去，走了。到後來，都走光了，只剩下我伯父一人。伯父打斷了兩隻腿，離開祠堂無處可去。他靠着每年死皮賴臉向官府討來的幾吊錢勉強度日，臨死時他叫我來接替。他說，好歹這裏有幾間房子可以安身，多少也有幾吊錢，你可以再找點門路賺幾個，總比在益陽鄉下強一點。」

張之洞心想：怪不得祠堂弄成這個樣子，連幾弔薪水都不發，他怎麼會用心來看管？湖廣官府眼裏，哪裏還有文忠公一絲半點地位？

張之洞指了指房裏堆的雜物問：「那是些甚麼東西？」

跛子瞥了一眼後忙說：「回大人，這些東西都是別人寄存在這裏的貨物，小人也是沒有辦法，靠收幾個租錢過日子。」

張之洞在心裏歎了一口氣，又問：「我記得二十年前祭堂上有一尊胡文忠公的泥木塑像，怎麼不見了？」

跛子答：「原本是有塑像的，四年前，一羣綠營兵喝醉了酒，在祠堂打起架來，把文忠公塑像打得一塌糊塗。小人稟告官府，官府不聞不問。小人拿不出錢來為文忠公重塑，只好用一吊錢請個畫匠畫了一幅文忠公的像。」

原來如此！相對於官府的淡薄無情來，這個跛子還算是有點情義。

這時大根捧着一大把燈燭果品進來了。桑治平說：「張大人要祭奠胡文忠公，你把靈台左右清理一下，再把那間廂房打掃好，燒點開水，也讓張大人坐下歇一歇。」

「是，是。」跛子答應着出了門。

片刻功夫，跛子重新走進來對張之洞說：「請張大人到外面院子稍坐一會，小人把這裏打掃一下。」

張之洞、桑治平走出祠堂。只見院子裏已擺好一張小四方桌，方桌上擺上了茶點，旁邊放着四條凳子，張之洞等人坐下。跛子帶着一個二十多歲的小伙子在屋裏忙碌着，才一袋煙功夫，當張之洞、桑治平再次走進祠堂時，與剛才大為變了樣：靈台上的大大小小的神主已重新擺過，這些神主圍繞着胡林翼的牌位，按大小高低井然有序地分立兩旁。三十多年前，這些人都一個個活生生地恭立在主帥的旁邊，議論戰事，等候將令，而現在，統統成了一座座木牌子，怎能不使人感慨唏噓！

抬頭看胡林翼的畫像，四周的蛛網也給抹去了，只是黑黃黑黃的煙灰塵土無法清除。這是歲月留下的積澱，豈是人力所能撣抹？長形供桌也不知從哪裏拱出來了，上面盡是斑斑駁駁的油漬裂縫。大根帶來的各色瓜果已被幾個碟子裝好，石爐已擺正，上面擺起了燃着火光的白燭黃香，煙霧裊裊，香氣瀰漫。有了這一股迷迷矇矇遮遮掩掩的煙霧氣，祠堂彷佛立時神秘起來、崇高起來。恩師的祠堂應當長年四季都是這個模樣才對。張之洞喃喃自語，從石爐裏拈起三根線香，跪在臨時擺好的棕墊上，向着胡林翼的畫像和神主磕了三個頭，然後挺直着腰膀，默默禱告：

「恩師在上，託祖宗神靈保祐，託恩師之福，弟子今天終於能以兩湖之主的身份前來祭奠。祠堂這般冷清，想必您在天之靈深受委屈。弟子既為兩湖之主，就不能眼看這種景況繼續下去，務必重修祠堂，改換舊貌，讓恩師神主面前日日鮮花供菓，夜夜煙火繚繞。願恩師在天之靈安息，願恩師庇祐弟子在兩湖的事情順利成功。」

張之洞禱告完畢起身。桑治平也拈了兩根香，跪在棕墊上，向胡林翼磕了三個頭。

這時，跛子在旁邊說：「廂房裏已擺好茶水，請張大人進去歇息。」

那間唯一沒有堆放雜物的廂房被打掃得乾乾淨淨，剛才放在庭院裏的那張小方桌，連同桌上的茶點及矮凳都端了進來。大根和衙役在祠堂外面遊弋，桑治平將廂房門虛掩後，坐到小方桌邊，向張之洞建議：「我想應把這個祠堂好好地擴建一番，我看了圍牆外邊的情況，不需要動遷民居，便可將範圍擴大兩倍。」

張之洞說：「擴大兩倍，有這個必要嗎？我只想把它修繕一下，再給文忠公塑一個金身泥像，取代那幅畫像。」

「塑個身自是應該的。我建議擴大兩倍，不僅僅為了尊崇胡林翼，還有另外一層意思。」桑治平端起茶碗，悄悄地說，「武昌城裏應當有一座賢良寺。」

一提起賢良寺，張之洞立刻就想起那座花木掩映的的小別墅，想起清風閣裏與堂兄的親切密談，想起在那裏初識桑治平。京師賢良寺可不是一座單純的驛館，它是一個負有特殊使命的政治場所。聯絡聲息，秘密會談，安置絕密人物，包括中樞要員的暫時隱棲，都是賢良寺的職責。倘若武昌城裏也有一個這樣的處所，那真是太好了。要是單獨建，自然引人注目，招人非議，將它隱於胡文忠公祠堂裏，便有諸多方便。望着桑治平眼內閃爍的神采，想起他突然提出的來祠堂的動議，張之洞突然悟到：桑治平是不是有甚麼重要的話要在這裏對我說。於是興奮地說：「將文忠祠堂擴建為類似京師的賢良寺，這是一個好主意。仲子兄，我們很久沒有好好地說說話了，關於這件事，我想你一定有不少新的想法。祠堂內外無礙事之人，就不妨敞開胸懷來談談。」

「這幾個月來，我走遍武漢三鎮，深感此地江山形勝，風水絕佳，是個出大才幹大事的地方。怪不得古時杜預、羊祜，今世胡林翼、羅澤南都在此地建立了不世功勳。朝廷放你到武昌來做湖督，真是為你提供了一個極好的舞台，若善加利用，杜羊胡羅之功亦可再出。」

「武漢三鎮是個軍事要衝，要說建軍功，的確是個好地方。」張之洞輕輕歎了一口氣說，「我們現在要辦的是洋務，怕不見得有多少優勢。腹省幹線眨眼間就吹了，鐵廠這事，看眼下情形，也不知何年才能建起，胡羅之功，怕是難以後繼。」

「不然。」桑治平斷然說，「武漢三鎮氣勢很好，是英雄豪傑的發祥之地。依我之見，鐵廠一定可以建成，腹省鐵路過幾年也會開工的。今日天下形勢，已是外重內輕、強枝弱幹，為有志督撫提供了做大事業的可能。但督撫要做大事業，一要佔據重鎮。海內重鎮，京師之外，當數保定、江寧、廣州、蘭州幾處。武昌地處腹心，交通便捷，素有九省通衢之稱，更有其他重鎮不及之處。胡羅以此成大業，非唯人和，更仗地利。二是要長時間的經營。本來治理一方水土，沒有一段長時間是不行的，勾踐說越國要強盛，當十年生聚十年教訓，需二十年時間。自古以來，朝廷為防地方大吏培植親信形成自己的勢力，故而頻繁調動，這就使得地方大員們不能有所作為。當然朝廷本來就不指望疆吏有所作為，只要穩定秩序，交糧交稅就行了。近世於此有些變化。」

張之洞雙目炯炯，顯然對此極有興趣。

「前朝前代不去說，就拿國朝來說，督撫在一個地方任職十年以上極為少見，近幾十年來則打破了這個常例。左宗棠從同治五年起任陝甘總督，直到光緒六年，一任十五年。李瀚章同治六年起任湖廣總督，直到光緒八年，一任十六年。李鴻章從同治九年起任直隸總督，直到今天已在直督位置上坐了整整二十年。」

先前對此沒有留心，經桑治平這一指出，倒真的是這麼回事。李鴻章還不到七十歲，身體硬朗，直督這個位置說不定還有十年八年坐，一坐這麼多年，的確罕見。

「李瀚章本是庸才，只是沾着乃弟的光，才有這好的命，他辜負了兩湖給他提供的條件。若說左宗棠、李鴻章，真是得虧了長期穩定，才在蘭州和保定做出令世人刮目相看的業績。而陝甘、直隸也便真正成為大清國的國中之國了。」

「國中之國」。張之洞猛然想起閻敬銘那年在榆次驛館的深談，他說胡林翼之所以成就事功，第一條便是將湖北變成國中之國。

張之洞興奮起來說：「仲子兄，我知道了，你今天之所以讓我來文忠公祠堂，就是讓我重溫文忠公當年將湖北建國中之國的歷史！」

「對呀，就是這個意思！建國中之國。」桑治平再次將這四個字強調了一下。

張之洞說：「建國中之國，按你的說法，除佔據重鎮外，還要有長時期的經營。但這點掌握在朝廷的手裏，並不是由自己所能決定的。」

桑治平說：「掌握在朝廷手裏是不錯，但人為之力要起作用。我想長期固定在一個地方的最大可能，便是不斷地在這裏興辦大事。」

張之洞笑道：「你我不謀而合了。」

「鐵廠是件大事，要辦多年。鐵廠初具規模後，就辦槍炮廠。再辦織布廠、紗廠、製蔴廠，過兩年就得把腹省鐵路再提出來。你張香濤在兩湖熱火朝天地辦大事，朝廷滿意，不想調，你經辦的事情別人插不進手，也不能調，這不就長期經營下去了！」

張之洞說：「我為了強國富民，要大辦洋務，你為了要讓我長保湖督，也要大辦洋務，這是應了一句老話……」

「殊途同歸。」桑治平替張之洞點明了結穴。

二人對視着，哈哈大笑起來。

「但是眼下困難太多了，銀錢緊絀，工匠缺乏，湖北撫藩臬三大衙門都不支持，鐵廠還不知甚麼時候能辦得起來。」

「銀錢、技師都是困難，但最主要的困難還在於湖北省。」桑治平收起笑容，嚴正地說，「當年胡林翼帶兵打仗，若沒有官文的支持，則事事難成。因為官文是制軍，軍事上的事由他做主，情勢迫使胡林翼要出下策籠絡官文。今日你要興作，沒有湖北撫藩的支持，也很難成事，因為錢糧在他們手裏；即使海軍衙門同意撥給你銀子，這銀子也要由湖北藩庫出，只不過在上繳的數目中劃出這部分罷了，這已是近幾十年來的通例。所以，歸根結底還得靠湖北。」

張之洞不懌地說：「文忠公當年以認官文姨太太為乾妹的作法，其心可憫，但這點我張某人做不到。譚繼洵由姨太太扶正的夫人，今年也只四十幾歲，但要我認她做乾妹，我無論如何不會這樣做。」

「香濤兄，你也太拘泥了！」桑治平失聲笑了起來，「官文是滿洲親貴協辦大學士，又是從荊州將軍調到武昌的湖廣制台，無論從哪個方面來說，都在胡林翼之上。譚繼洵怎麼能跟他比，何況如今你身為制台，也不能低這個格。你難道不記得那年閻丹老對你傳授的胡林翼治鄂秘訣嗎？」

「你是說『包攬把持』這四個字？」

「對。胡林翼要達到的目的無非是包攬把持。手腕可以不同，只要達到這個目的就行。你無需效胡氏故伎，眼下有一個極難得的機會，若利用得好，也可達到這個目的。」

張之洞移動了一下身子說：「你仔細說。」

「這個機會便是因黃彭年的去世而造成的鄂藩缺位。」桑治平喝了一口茶，不緊不慢地說，「若新任鄂藩與你同心同德，湖北的阻力就要小得多。」

「你說得很對！」張之洞覺得自己的心扉被打開一點，一束陽光射了進來。

「趁着朝廷尚未定下人的時候，提出一個鄂藩的人選來。你心裏有合適的人嗎？」

張之洞默默地在心中將平日貯藏的人才夾袋調了出來，一個個地排列着。「我看還是王之春這個人比較合適。此人器局開張，熱心洋務，辦事幹練，與盛宣懷、鄭觀應等人也很熟，今後可以藉助這層關係與洋人打交道。」

「王之春是個做事的人。」桑治平與王之春同赴越南考查，對他比較了解。「還有一點，他是你在廣東一手從雷瓊道提拔為臬司的，這次你又將他擢升為藩司，他自然是對你忠心耿耿。」

張之洞一邊思忖一邊說：「廣東方面情形也較為複雜。巡撫一職一直由游智開護理。游智開已過七十，最近又病得厲害，他向朝廷具摺請開缺回籍，估計朝廷會接受。若王之春不離廣東，極有可能升藩司。讓王之春自己挑，跟李瀚章，還是跟我，他自然會願意跟我。王之春要是來湖北了，誰又去廣東呢，也得幫朝廷物色一個來。」

桑治平沉思片刻說：「我有一個主意，推薦臬司成允去廣東做藩司，這有兩個好處。一則成允是世鐸的遠親，世鐸會願意幫他，他自己京師門路也熟。若你向他表示要薦舉他去廣東做藩司，他一定會傾力在京師活動，促成此事，王之春從廣東調來湖北事就好辦多了。二來可騰出鄂臬一職，再招來一個同心同德的人。譚繼洵雖對洋務不熱心，但此人是個本份君子，且年老氣衰，幹不了大好事，也幹不了大壞事。他不過是求平安無事保頭上的烏紗帽而已。若藩、臬齊心支持你，他也不會從中作梗，上次他最後還是同意拿出十萬銀子來，便是最好的說明。」

「這樣移動一下，我得力助，成允得升官，一石雙鳥，好極了！」張之洞興奮地說，「臬司我已有一個好人選。江西義寧人陳寶箴，十多年前我在京師就認識他。此人器宇宏闊，能辦實事，我多次向朝廷保舉過他。三年前在浙江按察使任上被人無端彈劾，現在京師賦閒，正好讓他到武昌來頂成允的缺。」

「你此時保薦陳寶箴，無疑雪中送炭，他自然感激不盡。」

「那就這樣定了，這道摺子得趕快上。」

二人正要起身，走出廂房，突聽得大堂裏有人在似弔非弔似哭非哭地喊道：「潤芝先生，為了一點蠅頭之功、螢火之名，你五十歲就死了，值得嗎？」

張之洞輕輕地說：「好像是吳秋衣在說話。」

「這是個極有趣的人，我去會會他。」

「不要打擾他，且聽他說些甚麼？」

兩人側耳聽時，只見沉寂一會的祭堂裏，又響起了濃重的四川口音：「潤芝先生，我是四川的一個布衣小民，久聞您的大名，這次來武昌，特為到此來看看你的祠堂。世上都說你是個了不起的人，你自己也一定以偉男子自居，殊不知，都大謬不然。」

張之洞聽了這話，眉頭皺緊起來。桑治平卻因此更增加了興趣。

「你若不死的話，今年還只有八十歲，正是兒孫滿堂、四世同樂的時候。春日賞花，冬陽曬背，與鄰下棋，含飴弄孫，人生有幾多樂趣可供八十老人享受。你卻為籌謀糧餉，為調和人事，為算計別人，為衞護爵祿而日夜不安，終於嘔血而死，連個一男半女都沒留下。你以為你是為了朝廷百姓。而今，朝廷依舊腐敗，百姓依舊困苦。你以為你是為了自己的身後之榮，而今才過三十年，你的祠堂便已頹廢如此，冷清如此！再過三十年，怕連這個祠堂都不復存在了，誰還知道有你這個胡官保胡文忠公！人生只有這一回，你不舒心暢氣快快活活地過日子，偏要天天提心吊膽、寢食不安，用三十年陽壽換取這一座冷廟、半幅畫像，你值得嗎？我的潤芝老前輩呀！」

祭堂的大聲喊叫停止了，從腳步聲聽得出，說話的人正在向門外走去。桑治平說：「我們出去和他聊聊吧。這個老朋友是個有自己頭腦的人。」

張之洞凝神片刻說：「讓他走吧，不要壞了他的情緒，改天我們再到歸元寺去看他。銀子還沒消息，我現在最想的是這樁事，不知是卡在戶部，還是卡在海軍衙門？」